U0864743

BLACK SWAN 黑天鹅图书

为 人 生 提 供 领 跑 世 界 的 力 量

BLACK SWAN

全新第3版

这些道理没有人告诉过你

迄今超实用的求职工具书

杨萃先 著

北京联合出版公司
Beijing United Publishing Co.,Ltd.

图书在版编目（CIP）数据

这些道理没有人告诉过你 / 杨萃先著. —北京：
北京联合出版公司，2016.5

ISBN 978-7-5502-7477-8

Ⅰ.①这… Ⅱ.①杨… Ⅲ.①职业选择—青年读物
Ⅳ.①C913.2-49

中国版本图书馆CIP数据核字（2016）第068988号

这些道理没有人告诉过你

作　　者：杨萃先

责任编辑：孙志文

北京联合出版公司出版

（北京市西城区德外大街83号楼9层　100088）

北京鹏润伟业印刷有限公司印刷　新华书店经销

字数：347千字　710mm×1000mm　1/16　印张：19

2016年5月第1版　2016年5月第1次印刷

ISBN 978-7-5502-7477-8

定价：39.80元

推荐语

求职者通读此书，不但会知道我们HR 需要什么样的人，更会了解什么样的人能够获得职场成功。

吴珂

方正集团副总裁

从准备期、选行业，到写简历、网申、面试……求职步骤几乎都在里面了，而且写得很详细，赞！细节之处已做得不错。当时一口气买了5本求职类书，目前感觉这本最实用。

赵洪涛

新浪微博产品市场经理

我上过杨老师的英语课，她擅长把复杂的东西用简单幽默的方式归纳总结出来，让别人学会，这一点堪称绝技，我相信她写的求职工具书也是一把求职利器。

佟大为

著名影视演员

作为一名高校的职业指导教师，我一直有这样的期待：希望我们的大学生们在象牙塔中就能熟悉将来职场的规则，更早了解如何向自己未来的老板展现“我能干好”。事实上，课堂上所能学到的真的很有限，所以，为了实现这一目标，我建议你——马上仔细阅读这本“宝典”，多多实践吧！

谢珊

华南农业大学外国语学院党委副书记

《这些道理没有人告诉过你》这本书虽然在大学就早有耳闻，但只是碰了一碰，到毕业才认真读，感觉相见恨晚。现在总是读了还想再读。

李华

招商证券

Klaus
忠实读者

求职点读机，哪里不会点哪里，so easy!

刘鑫
腾讯

书的内容很不错，连着看了几天，看完觉得对调整自己找工作的心态和将来的定位还是很有帮助的。我本来一直不想在本专业干下去的，虽然硕士毕业，但是一直担心工作前途，总担心相关的工作做不长久。看了书以后我觉得技术型人才不会那么容易被取代，所以还是坚定了自己原本对未来职业的定位。

总之，我觉得这是本不错的书，我会告诉我妹妹，好好按照书中所讲的，从大一就开始职业规划，不要像姐姐我这样，硕士毕业才考虑将来的职业生涯！

酱油已买到
忠实读者

随波逐流地读了硕士以后，在研二的时候突然感到莫名的恐慌，不想继续深造，但也不知道这个大冷门专业出来有什么用武之地，惶恐地去了两家银行实习，准备考会计，结果发现都不是我想要的。有幸去年12月看到翠喜老师的书，花了2个月来检讨自己，选定数据分析师这个方向，3月份去咨询公司实习，并持续学习这方面的知识。现在毕业季到来了，有幸能获得一份互联网数据方面的工作，每天真真切切感觉到自己在进步，感觉自己离梦想越来越近，真的是一件很开心的事情，谢谢翠喜老师。

郭康兴
忠实读者

2015年6月，对我来说是一段特别黑暗的时光。25年了，从未想过工作的我从书本世界中一下被扔进了现实生活。迷茫、无助、惊慌，就好像坐上了不知终点的火车一样，无法预测我要下的站点到底是风景如画还是荒无人烟。大概没有人能体会到个体存在的绝望，因为身处困境，所以怎么都看不到一丝光亮。

找工作是迫在眉睫的事，但连实习经验都没有的我该如何是好？朋友送来的《这些道理没有人告诉过你》便成了救命的稻草。

静下心来，花了一天时间在图书馆翻完了整本书。虽然工作还是没有，但我已然在走夜路的时候找到了同路人。书中大量的人物事例让我明白了找工作也是一门学问。《这些道理没有人告诉过你》确实告诉了我许多别人没告诉过我的道理。

从做简历到第一场应聘，《这些道理没有人告诉过你》伴我跨过了所有困惑和纠结。原本的救命稻草竟长成了深深扎根在我人生悬崖上的树苗。我知道，只要我再努力一些，就能爬上去，就能不畏浮云，不畏前路了。

后来，向许多朋友推荐过这本书。我知道每个人的青春或多或少都会有暗无天日的时候，但至少在找工作这件事上，翠喜老师的《这些道理没有人告诉过你》会伴我们前行，温暖一颗颗涉世未深的心。

看这本书，给我最大的收获就是简历撰写方面，它使我懂得了简历中描述不能段落式，否则就会浅水淹死牛。

徐哲

阿里巴巴

毕业前才看到这本书，感觉很好，也遗憾找工作前没看。现在经常买来送给读大三的年轻人。很值得看！

西师松

某大学应届生

我就读的大学，它的就业指导课只会讲一些令人无比忧伤的就业形势和一些地球人都明白的就业法规、政策。杨老师的书中之所讲比起那些无聊的东西，不知道要有用多少，要精彩多少！真心觉得这本书应当作为大学就业指导课的教材来使用。

《这些道理没有人告诉过你》这本书，对我来说就是“缘分”，在大一的时候就看了这本书。虽然很多人可能会把这本书当成是求职辅导书来看，但是当时，更多的人把这本书当成是“人生加油站”来感悟。没有空泛无力的语言，只有犀利带有一点幽默的观点和实在的案例，让活在象牙塔的我们受到了一次次心灵上的冲击。大一看，让你更加明白读大学的意义；大四看，会让你明白大学的遗憾。所以这本书要趁早看，它会对你职场素养的塑造和职场价值观产生一定的影响。

我带着对这本书的敬意，在微博上找到了杨老师，机缘巧合之下，成为了杨老师为数不多的长期实习生之一。至此，缘分并没有结束，我还成为这本书另外一个联合作者的员工。缘分让我们一次次相遇，能力和端正的态度让我们一次次携手。分享我的感悟，希望大家一起努力，也祝新版《这些道理没有人告诉过你》大卖！

曲萍
百度

人生是一场无法预知的戏，当局者并不能清楚自己的处境，只有通过他人的态度、评价或劝解，才能让自己醒悟。

王惠然
联想

我来自一个三线城市，说真的，当初我姨妈邮寄这本书给我之后，我把自己关在房间里读了整整一天。我心里想：外面的世界真的这么精彩？大城市有这么多的机会？所以，毫不夸张地说，对于我，这本书给我打开了一个新的世界，让我知道了很多我从来都不知道的事情，为我即将踏上的求职之路开启了一个全新的世界、一次全新的旅程。

杨丰瑞
华为高级营销经理

我是一个大四的学生，看完此书的第一章后，有种相见恨晚的感觉。个人觉得这本书是需要求职面试的朋友的一位良师益友，也是刚进大学的新鲜人的一盏指路明灯。它不像其他面试求职类书籍那样严肃乏味，而是以幽默诚挚的语言，让你在阅读过程中能面带微笑、心情愉悦。这本书以丰富真实的过来人案例，让你恍然大悟或心有戚戚然。感谢各位老师让我有幸拜读此书。祝愿所有正在找工作的朋友都能得遂所愿！

孟广博
中国移动

买这本书的时候，我已经工作一年半了，虽然不喜欢自己的工作，但是不错的收入总是让我想跳槽却没有勇气。仔细考虑了书中的道理后，我让自己冷静下来好好思考了一番：年轻的时候到底图“钱途”还是图前途？思考的结果是像本书中所写的道理，按照企业的要求打造自己。我用了半年多的时间，完全按照中国移动市场部招聘的要求塑造自己。也许是多了一点运气，我真的成功了！未必每个人都很有运气，但是有些道理你必须懂，尤其是年轻的时候。

目　录

要找工作，先懂常识

在写这个序之前我首先要批评一下杨萃先，你说你磨磨叽叽写几十万字的求职类的书干吗啊。对求职这玩意儿，大家应该都去找《葵花宝典》，最好就是几十字的武林秘籍——看看人家《葵花宝典》，核心内容就八个字，“武林称雄，挥刀自宫”。多直接，多管用！最好今天看明天应聘，后天就拿聘书。你说你死乞白赖写这么多，这么费劲有啥意思？你当是剥洋葱啊！

我还要替那些励志大师大骂你几句。人家都说意志决定成败，只要打足鸡血，什么泰山、黄山、喜马拉雅山，都直接干倒。什么优势、劣势，只要我们做好准备，世界就是我们的。都照你这个弄法，我们励志课程谁上啊？你还让不让我们活了？

不过最后我真的要替菜鸟们谢谢你，这本书内容不高深，在我看来基本属于扫盲和常识类的东西，属于牛人不屑于写的——比如我。我一般在电视上点评一下就结了，咱写书也是给年薪20万元以上的人看的，没有20万元以上年薪，你还真别看我写的书。话说回来，这本书一般的人还真写不了。

这么多案例，这么多观点，总结那么多常识，没有经历和总结能力你怎么攒得出啊！下手都摸不到门啊！很多人死于常识，常识需要人生阅历。对我这种以“卖人”为生，为大型上市公司搜寻CEO的人来说，这是常识；但对一些刚毕业不久，乃至毕业挺久但没有仔细想过职场问题的人来说，这不是常识，这是高科技——因为你没有接触过，也没有人告诉过你。这些常识，很少有人愿意主动告诉你。还好，有杨萃先这种傻真诚，不分享不快乐的动物，她把这种常识总结出来了，写出来了。

我在《非你莫属》节目中曾经对一个选手说过：“你在简历中误导了一些人，不从道德上评论，这么做你的风险大于收益。”其实这种求职者非常需要看看杨萃先的这本书。

我建议，如果你要买一本武林秘籍，千万别翻这本书，没戏；如果你要喝心灵鸡汤，绕道；如果你已经混到年薪30万元以上，别看，忒浅薄；如果你觉得你对职场有点困惑，或者压根还没有进入职场，建议你少看场电影，用买电影票的钱买下这本书回去翻一下吧！

王洪浩

天津卫视《非你莫属》节目嘉宾，猎头总裁

自 序

这已经是我第三次给自己的这本书写序了，第一次写的时候胆战心惊，第二次扬扬得意，第三次，我想实实在在地唠叨一下我自己的职业故事（糟糕，是不是老了开始怀旧了？惊！出一身冷汗）。

2005年，我在广州新东方讲“面试英语”这门课。我是那种“不分享就想死”的（女）人，看到学生的简历不合格就直接给修改，听到学生面试答案不对劲，就逮住TA左右剖析。当时心里没想着出书，其实也不是为了评那个全5分（对，新东方的全5分好评系统比淘宝早多了），我觉得就是骨子里头有一种“改善”的基因：只要觉得我自己或者周围的人可以做得更好，我就会不遗余力地实现这种“更好”。不知不觉，我修改了上千份简历、数不清的面试答案。后来（刘若英的歌曲响起），一个叫刘沛的美女学员来找我，说：“翠喜老师，我妈在武大出版社，你要不要把你的这些资料整理一下出书啊？”

2007年，《道理》出版了，第一个月就热卖了1万多册，我拿到2万多元稿酬，瞬间觉得美梦成真：我可以“不劳而获”靠稿酬养家糊口了！然而仅仅一个月之后，学员们陆续拿着盗版书找我签名的时候，我的梦醒了，洗洗接着去找活儿干。2009年，从新东方辞职，帮我的朋友王连升（他是谁可以百度一下）卖古方红糖。最初的两年非但没挣到钱，还把我原来挣的稿酬给赔了进去。所以，我一边卖糖，一边继续教书。

2011年我开始“发财”了，由于《道理》正版和盗版都比较畅销，我摇身一变成了畅销书作者，混到中央电视台做了节目嘉宾，又凭着这些荣誉登堂入室，被上海高级金融学院、长江商学院先后特聘为客座教授，开始给相当高大上的MBA和EMBA上课，讲“商务英语沟通”课。课时费当然很高，我瞬间觉得自己成了中国最值钱的英语老师（俞敏洪不能算老师了吧），而且给市长、董事长、电影明星等人上课，虚荣心得到了极大满足。当时，我遭遇了职业生涯最大的纠结，英语教学PK古方红糖，我到底应该把精力投入到哪条路上？英语教学给我带来的高收入，看得见摸得着；而古方红糖虽然困难重重，但如果真的做成中国古方红糖第一品牌，我就算分到一个指甲盖那么大的收益，也足以让我财务自由了。

困惑的时候，我把《道理》重新翻看了一遍，决定不违背自己总结归纳的职业发展要诀：要定下人生的Key，要以终为始，要坚定。我问自己一个“以终为始”的问题：

当我40岁的时候，我想被公认为一名牛×闪闪的英语老师，还是想被称为中国古方红糖第一品牌的核心骨干？

答案so easy，我想打造一个品牌。

于是，我陆续放弃了这些工作：出版社的出书邀约、清华继续教育学院的课程、各个大学的巡讲、过来人网授课、优米网授课……

时光来到现在，指针指向2015年9月8日星期二上午11：39，我刚刚结束古方红糖的月度例会。6年过去了，从3400元到6000万元，古方红糖的确成为了传统红糖第一品牌，淘宝上搜索“古方红糖”，已经有数百家店铺在经营。沃尔玛、同仁堂，以前这些鼻孔朝天的渠道，也陆续敞开大门“迎娶”了古方红糖上架。我想，最多再过2年，它就可以像王老吉一样家喻户晓了。

前天我接到出版社的电话，他们希望我能将《道理》更新一下，重新出版。尽管我真的是“百忙”，但我也一定要抽出时间略作修订。因为，我之所以满意我今天的职业发展，也是得益于我创作《道理》时，更加坚定了我自己的职业发展之道。

最后想给大家留一个提问的通道。百度输入这些关键词：天涯 这些道理没有人告诉过你，你就会看到一个读者交流帖，只要在此提问，我都会给出我的意见供你们参考。

杨萃先

2015年9月8日上午时分写于贵州黔西南兴义市

第一章

择业：找对方向再奔跑

择业真的很难，尤其是在中国，年轻人本来就彷徨，老爸老妈甚至七大姑八大姨在一起叨叨，就更糊涂了。

为了减轻大家的择业难度，我尽量少给主观看法，而是提供一些客观数据以及真实案例，来帮助你们择业。

第一节　选择之前，扪心三问

一、扪心一问：择业，我够认真吗？

无论是正在求职，还是正在追求升职的你，已经做到了下列5件事当中的哪几件？

第一，认真请教过至少一位你心仪行业中熟悉你心仪职位的“年资至少10年的老前辈”。（当然，这个“老前辈”，一要了解你，二要真正关心你，才会细细帮你参谋职业通道。）

第二，研读过至少一本关于职业规划的畅销书。（判断畅销书很容易，你只要在当当网、京东商城、亚马逊网等搜索栏中输入书名，查看这本书的“评论数量”即可，有1000条以上评论的，才值得你去读。）

第三，寻找一些同龄人，一个大你5—10岁的朋友、一个大你10—20岁的长辈来分析你的优点和缺点。

第四，选定一个职业前，至少尝试过三件同类的事情。

第五，严肃地列个5年规划，尽管这个规划未来可能会变。

你打了几个钩？如果你少于3个钩，你真的不够认真。

二、扪心二问：学历心魔，我放下了吗？

有些应届生是考研失败了才求职的，即便找工作，心里也总有个魔鬼在说话：“明年还考吗？”

即便是决定不考研的应届生，有时候也被身边的考研大军熏染得魂不守舍，看见“充实备考”的室友，心里总是会刮过一丝带有危机感的凉飕飕的阴风。

接下来，让我们分析这种情况，帮助大家铲除心魔，潜心找工作！

本科应届生镇魔心法：考研＝我要“他”＋我现在就要！

对于是否考研，其实有一个简单且超级实用的公式：考研＝我要“他”＋我现在就要！

我要“他”，当然指的是你爱“他”、需要“他”。

我现在就要，指的是你现在就需要这个“研”给你带来的文凭＋技能＋人脉。

下面这两类年轻人违反了选择读研的“我要‘他’”要素：

1.不喜欢自己的本科专业，却惯性地选择保研、考研，比如大量的IT类专业学生。

2.从未和某个专业“恋爱过”，只凭神交就选择跨专业考研，比如大量的理科转文科考研族。

还有这两类年轻人，违反了选择读研的“我现在就要”准则：

1.只有22岁，却开始读和管理相关的硕士，比如工商管理MBA，这明显是个你未来才要学的专业。

2.担心“怕我未来年纪大了要不动了”，所以趁着现在就要了！

几年前，学人力资源的小萱这么跟我说：“老师，将来工作、结婚、生孩子搅在一起，哪有时间读研呢？我妈让我趁年轻读完！”相信这段对话放在现在也是许多同学考虑读研的重要原因。我当时对小萱说的是：“22岁读HR这样一个重实践的硕士学位，你得到的是一张纸；32岁至少是HR主管的经验丰富的你读HR硕士，拿到的才会是一块黄金……”

理论也许不足信，我们来看一组对比图。

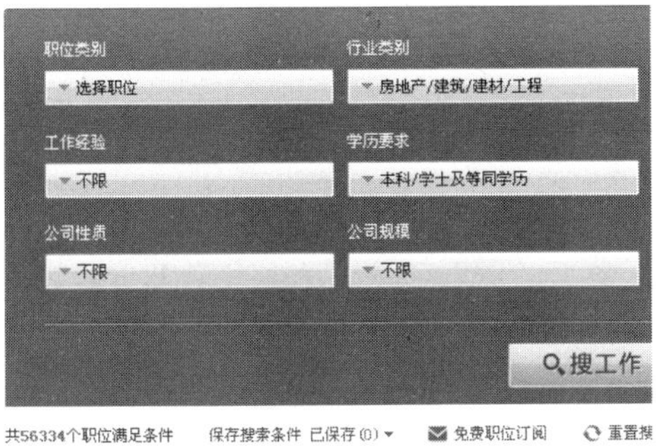

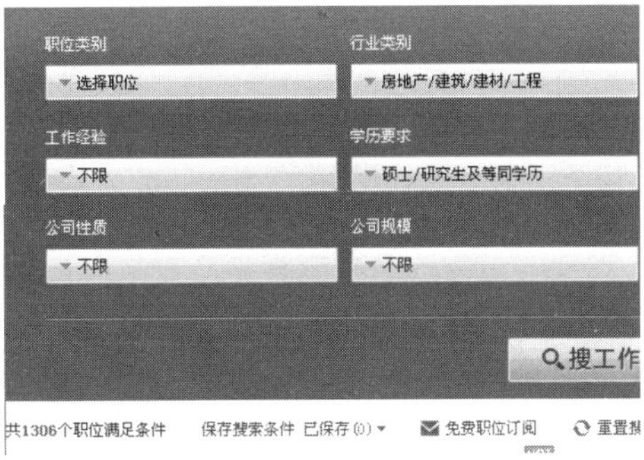

如上图所示，在房地产/建筑/材料/工程行业中，共有56334个职位需要本科学历，有1306个职位需要硕士学历。

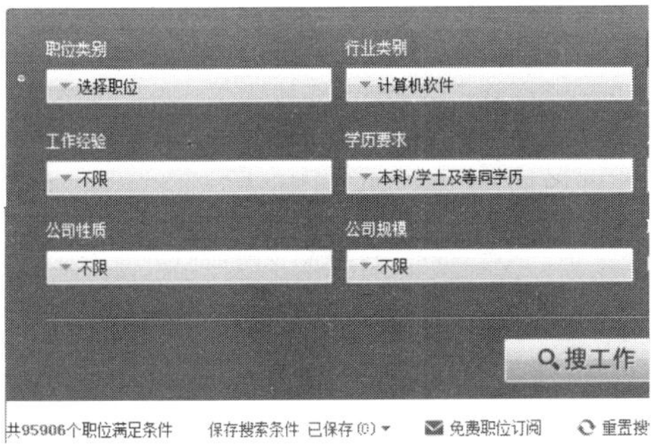

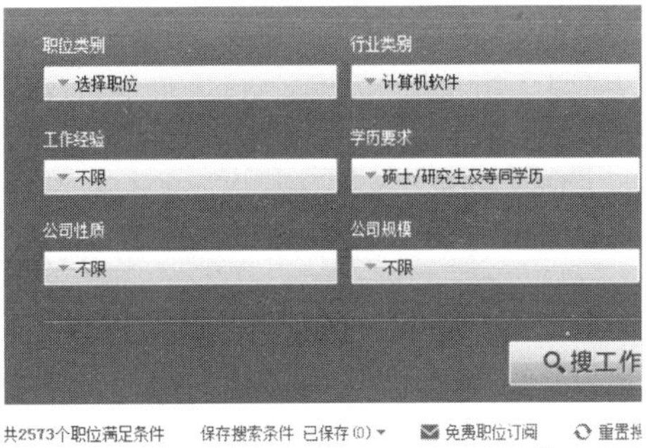

如上图所示，在计算机软件行业中，共有95906个职位需要本科学历，有2573个职位需要硕士学历。

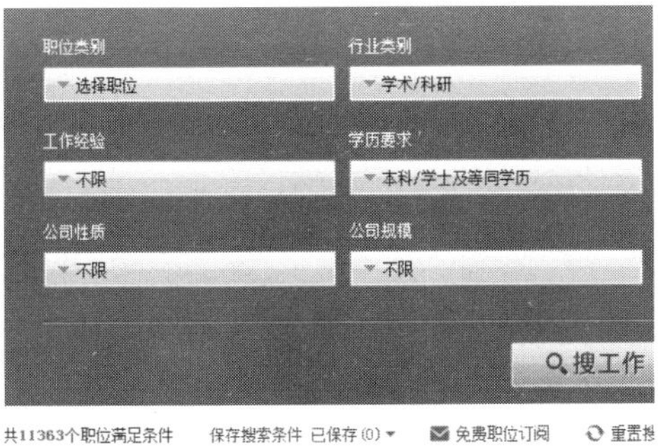

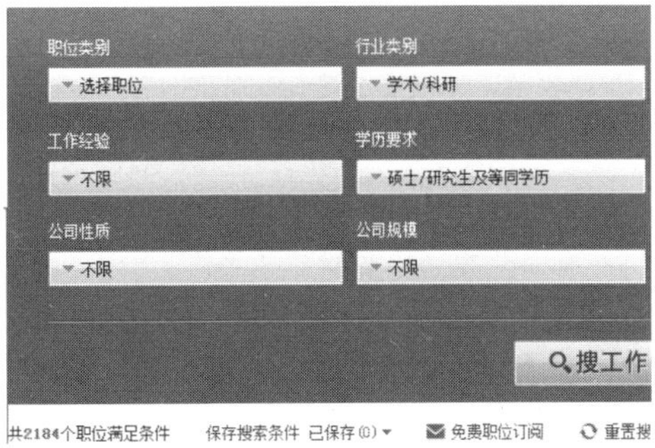

如上图所示，即便是在学术/科研行业中，招聘硕士研究生学历的职位依然比本科学历的要少（本科学历职位为11363个，硕士研究生职位则为2184个）[1]。

---

① 以上数据均于2015年9月16日22点截图于智联招聘网站。

事实上，这样的例子不胜枚举。虽然并无统计学上的准确依据，但就职位与学历的关系而言，也很说明问题。至少就职业门槛而言，本科学历足以应付大部分岗位了。

当然这并非读书无用论的翻版，我想告诉大家的是不同行业对学历要求不同，而且，过些年再读研很可能更适合你。我们来看一组案例：

一些考研案例

这些人都是我接触过的职场成功人士，参考一下他们的选择，你会更清楚自己是否该读研，应该什么时候读。

	现职位	本科专业	何时读研	读研动机
林宾	达爱传媒公司总裁	思想政治教育	42岁读长江商学院EMBA	多些人脉，多点知识，多些好朋友。
孙天豪	宝洁北区经理	外贸	25岁读清华MBA	做过管理再读MBA才有意义。
刘成	中型软件公司财务总监	天文学	25岁读在职管理硕士	已转行销售领域，所以读研来充实自己。
周俊	思科中国销售经理	通信工程	22岁本专业保研	被保研，顺理成章地读了。
王海	香港鸿天网络研发中心总经理	软件工程	22岁读软件工程研究生	我们做技术的，读研很重要。

三、扪心三问：我能打败虚荣这个魔鬼吗？

因为虚荣（别否认，我也有），很多年轻求职者的择业次序大大不妙：

1.名企

2.高薪

3.对职位有兴趣

4.觉得行业有前景

名企＋高薪≈眼前利益，职位＋行业≈长远利益，正常人大概要工作35年，这好比一场超级马拉松，在开始的时候领先并没有太大意义，能稳健地越走越远才是最重要的。所以，不要攀比第一份工作的薪水，而是要按照这样的次序择业：

1. **职位。**我们来举个例子，张薇拿到两个Offer，一个是去欧莱雅当行政助理，另一个是去张三公司当市场助理，她应该怎么选择呢？其实答案真是easy到不能再easy了：5年以后，张薇想做什么职位？如果是行政主管，那就去做行政助理，如果是做市场主管，那就去做市场助理。不要企图进大公司干个边缘职位然后申请转岗，那样曲线救国走起来效率更低。

2. **行业有发展。**这一点就不赘述了，本章中我们会单独探讨如何选择行业。

3. **企业知名度。**大公司有一批优秀人才，耳濡目染，你确实能成长得更快。

4. **薪资。**年轻时收到的几份Offer，往往只有几百元的月薪差距；而几年之后，不同职位的月薪差距很可能是几千元甚至几万元。所以，第一份薪水的多少，其实没有你们想象的那么重要，目标至少要锁定5年后的薪水，才算是有战略眼光的选择。

下面的截图来自招聘网站①的求职搜索页面，这个关键词的排序恰恰说明了正确的择业标准排序：职位>行业>公司>薪资。

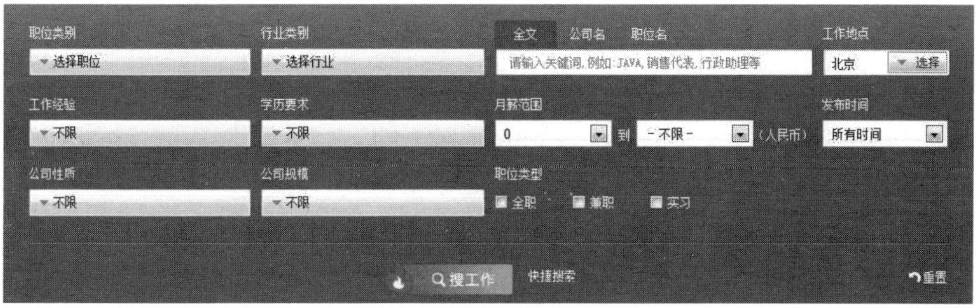

① 截图来自智联招聘。引用时间：2015年9月21日21点。

第二节　选职业：用八个方法验证，不再纠结

一、如果你追求职场成功，请选择主角业务

下面我们用一个简单列表，举例说明一些职位的属性，供你辩证参考。

公司类型	职位	主角还是配角
所有公司	销售相关岗位	绝对主角
大部分公司	行政、人事、助理、偏服务类客服	相对配角
所有公司	偏销售类客服	相对主角
某教育公司	投诉处理顾问	配角
某教育公司	课程顾问（其实是销售岗位）	主角
某教育公司	公关	配角
某公关公司	公关	主角
某汽车公司	英文翻译	配角
某软件公司	公司网站编辑	配角
电子商务公司	网站编辑	主角
快速消费品公司，如洗发水	市场营销	绝对主角
专业产品公司，如锌添加剂制造商	市场营销	相对配角

所谓“主角业务”，是指公司的核心业务。比如，在软件公司做实施工程师、在华为从事程序研发、在康师傅做饮料推广、在本田搞生产管理、在广告公司做文案……

反之，配角业务是辅助性岗位，对该公司的业务关键性不大。举一些例子吧，在协和医院宣传科工作，就算是配角岗位，做一辈子肯定也难当院长。或者，类似笔者翠喜老师的姐姐，她在某著名政法大学工作，教授“汉语言文学”，显然，她的收入会比“法学”教授低很多。其实，当初她也拿到了一所二本师范院校教“汉语言文学”的职位，然而，为了全天下人都珍惜的“面子”，她决然选择了法大。10年后的今天，我问她是否后悔，她说：“当然不，不，后悔。”

二、选职位，以“这辈子就是它了”为标准，尽量别变

如果你选择对象结婚，你是否会问自己：“我想跟这人过一辈子吗？”

你应该会的。

除非你现在还是个没有谈婚论嫁的小屁孩，自以为潇洒。

当你选职位或准备换职位的时候，甚至现在你已经在某个职位上工作了一两年或更多年，你有没有反复问自己：“我想一辈子都干这个事儿吗？”我知道你会反问：“我怎么知道我是否一辈子都干这个事儿？”

知道自己“这辈子要干什么”的确很难，只有少数人才能做到。说大点，巴菲特、乔布斯、比尔·盖茨、俞敏洪这些人，都是刚毕业或者大学没毕业就认准了一件事一路做下来的。说小点，我们看一些真实的案例。

潘怡然，她没有以“一辈子”为标准选择职位，而是存着“先干着再说，不合适就跳槽”，“这个工作的确比较清闲，也没太大发展，不过我可以趁机生了孩子再说”等这些只看眼前的想法，最终耽误了最应该在职场发力向上的毕业后的前5年。

潘怡然和赵火红曾是校友，学的都是计算机科学，潘是赵低一届的师妹。现在，两个人是同事，同在一家公司工作，却拿着截然不同的薪水。让我们来看看她们10年来的职业发展道路。

潘怡然

工作第1—2年：台资药业公司，网络管理员，月薪2000元；工作第3—4年：美资体育用品公司，网络管理员，月薪4000元；工作第5—10年：美资咨询业巨头，网络管理员，月薪从8000元升至1万元。

未来：保持住这个职位直到55岁，每年获得1%—3%的加薪，跳槽可能性为1%（跳到别的公司工资更低），升职可能性为0（网络管理员归行政部总监管辖），转行从事咨询业的可能性为1%（不愿意以33岁高龄从底层做起）。

赵火红

工作第1年：某民营服装公司，网络管理员，月薪2000元；

工作第2年：美资咨询业巨头，网络管理员，月薪6000元；

工作第3—5年：美资咨询业巨头，管理咨询师，月薪8000元；

工作第6—10年：美资咨询业巨头，资深管理咨询师，月薪1.2万元；

未来：目标是在35岁升为管理咨询经理，达到月薪2.5万元；

38岁管理一个部门，年薪40万元。

如果潘怡然早一点问自己这个问题："我想一辈子做网络管理员吗？"她也许能像赵火红一样，及早转到管理咨询的岗位上，逐渐奋斗为专业人士。

看到这里，你可能在想："天啊，网络管理员这个职位不能做啊，没前途啊！"但是，事实并非这么绝对。赵火红就是因为在大企业里面做了几年网管，所以对信息安全、网络建设与维护非常熟悉，才有资格以本科学历转为管理咨询师，专门为客户提供与网络相关的专业化咨询服务。

也许，对于年轻的你而言，还不知道如何锁定一个干"一辈子"的职位，那么，你至少需要不断审视周围的机会，随时问自己："哪个职业，既适合我，又能做一辈子？"伴随着思索和观察，你能更快地定位，找到一辈子该干的事业。

三、不要轻易抛弃本专业

尽管很多职位不限专业，但是，在同等条件下，"专业对口"仍然是一个优势。

我的建议是，除非你已经发现了自己真正的爱好和特长，否则不要轻易否定和放弃自己的专业。新欢没有找到，不要抛弃旧爱，就算不爱，也要敝帚自珍。

我们来讲几个真实案例吧，也许你们对大学的专业会有不一样的认识。

专业对口，其实可以大大减少你的"被替代"风险。请看云佳女士的职业发展道路。

1994年　北京印刷学院毕业

1994—1996年　美国艾利好公司（印刷行业）秘书　月薪2000元

1996—1998年　美国耐克公司　行政　月薪2700元

（1998年耐克中国大裁员，专业不对口的云佳下岗待业2个月。）

1999—2002年　美国某纸业公司　技术支持/销售 月薪9000元

2002—2007年　美国最大的纸业公司　技术支持/销售　月薪1.5万元

2007年至今　某香港纸业公司　销售　月薪4万元

云佳是我的好朋友，尽管她总是喋喋不休地抱怨出差的辛苦，但她和我至少有一个共识：印刷专业使她享受高薪，不必担心耐克裁员的悲剧重演，也不用担心被年轻的美眉轻易取代。容易被取代，并不意味着你会失去工作，但是一定意味着你的薪水长期停滞不前。原因很简单，大把的新人等着你的空位呢，你不想干就拉倒！超过10年工龄的女性，甚至包括男性，越来越关注自己的职业稳定性，而不是还能升到多高的位置。

然而，每次当我强调“专业对口”“不要轻易放弃技术岗位”的时候，总是会遭到很多同学忍无可忍、愤怒而绝望的抗议。

怒女：我学的是高分子，我不喜欢我的专业，当然成绩也不可能好！

我：如果只是不喜欢，我还要问你是否擅长。既然你成绩也不好，那就说明你不擅长。这样的话，就只有一条路：另寻新欢。你的“新欢”是什么？

怒女：我对市场营销比较感兴趣。

我：是什么让你觉得自己喜欢市场营销？

怒女：我觉得市场营销没有我们高分子课那么无聊，很轻松，而且宝洁市场部的工资特别高。

我：那你选修了市场营销方面的课程了吗？

怒女：我们系没有什么市场营销方面的选修课。

我：那你读了市场营销方面的书吗？

怒女：没有，不过我认为市场营销是在实践中学的。我参加了雅芳的校园促销，还有牡丹卡的校园促销。

我：营销和销售，是两个不同的概念。如果你早一点读读市场营销的书，就能明白这个道理……

怒女：这些道理没有人告诉过我啊……

故事中的怒女，实践了一个恶性循环：恨专业—成绩差—竞争力下降—就业难—更恨专业！

其实，当你的确发自内心地讨厌自己的专业时，你唯一的选择就是另觅新欢，那么你就可以实践出一个良性循环：恨专业—觅新欢—在新欢领域取得良好成绩—竞争力提升—在新欢领域就业—更爱新欢！

有很多成功的白领和金领，从事着和大学专业毫不相干的工作。他们及时发现了自己的新欢兴趣点，逐渐把自己塑造成了新欢领域的专业对口人士。

不过，总体来说，专业对口依然算是一个优势，很多企业也都对“专业对口”有一定的倾向性，比如说北汽喜欢北科的人、蓝汛喜欢北邮的人、宝洁研发部喜欢中科院和化工大学的人等。

四、不要轻易说“我不喜欢做技术，我想和人打交道”

学技术专业的年轻人，如化学、机械、IT等，有太多人纷纷表示自己不喜欢做技术，总担心自己一辈子和机器设备打交道。

先看一个80后的案例吧：

刘坚术，软件专业本科，毕业后进入兰州当地一家软件公司做编程，后随女朋友来京打拼，辗转半年后进入人人网做开心农场的程序员。工作仅仅2年后，坚术兄凭借“技术+善沟通”的复合能力升为项目经理，负责一个团购板块。工作1年后赶上了团购网大量融资的潮流，他被一家外资团购网站高薪猎走。

这是个很典型的从技术岗位走上项目管理岗位的例子。

再看一个60后从技术走向创业的案例，如果你觉得这个人太老了不值得你这个职场新鲜人参考，我只能说：“如果20年之后你能成为他，你会觉得自己很成功。”

张平，北京科技大学冶金系毕业后，进入宝钢集团做冶金方面的技术工作，工作了10年时间，一直做到高级冶金工程师。后来，在去外地考察的过程中，发现当地的碳酸锌市场很有利润，但是没有正规化公司运作。他果断辞职，创立了碳酸锌生产公司，当年就获得了丰厚的利润，现在公司年产值已经达到5亿。

也许你会说：“这是牛人，我没法比……”但是，回首当年的张平，也不敢想象自己几十年后的生意成功。60后的张平给90后的你的建议是：好好做技术，管理是一个慢慢学习、慢慢累积心得的过程。

五、5-3-1职业定位法

小新是一名大三的学生，除了社团活动和两个亲戚推荐的“假实习”，几乎毫无职场经验。他在择业的时候遇到了大麻烦：一切想法皆基于假想，“我觉得我适合做营销，因为我有不少好的想法”，“做销售挣钱多，可是我担心自己不能八面玲珑”……

为此，我给小新提供了一个5-3-1职业定位法，也就是说尝试5个不同工作，比对之后选择其中3个，进行深度实践。然后，根据结果，敲定1个作为自己的最终职业定位。小新的5个初始方向如下：

1. 研发类。和同学一起搞了个校园内部的电子商务网站，搞了一个月，流产。

2. 销售类。和同学一起推销网游的点卡，两周后放弃。

3. 市场类。承接了一个留学公司的校园宣讲，拿了人家300元的预算，承诺至少忽悠来100人，结果只来了39个（还有9个是自己朋友来充数的）。

4. 银行理财类。推销信用卡，给人家讲解部分理财产品。

5. 技术服务类。给自己一个朋友的淘宝网店提供技术支持，就是设计一些画面、上传一些链接文件等。

2个月之后，小新确定了自己的3个深度实践方向：

1. 研发类。把那个流产了的网站重新搞起来。

2. 银行理财类。推销理财产品。

3. 技术服务类。继续给自己一个朋友的淘宝网店提供技术支持，并协助他开京东店铺。

又过了2个月，小新决定了一个终生职业：研发！

小新的案例告诉我们：只要有了亲身体验，确定职业目标就会变得易如反掌。

然而，大学生，甚至包括刚就职的职场新人，往往没有任何过去的工作经验作为参照物，一切想法都来自想象，所以有的决定很可能是错误的。

因此，如果你真的毫无工作经验可以参考，请尝试一下我们力推的5-3-1职业定位法吧！

六、充分了解职位，是选择的前提

十几年前，我兴高采烈地得到了一个“翻译”的职位，没想到在给澳大利亚来的老外做了一段时间燃气设备方面的翻译之后，心情变得很失落。因为我特别喜欢表达自己的思想，而不是当个翻译，只能说出别人的想法。

了解职位，有N多方法。

1.对应届生而言，实习是最佳手段。顺便说一句，如果你们想到古方红糖来做实习，就到天涯的读者交流帖给我留言吧。百度键入关键词：天涯　这些道理没有人告诉过你。

2.参加讲座和博览会。

3.向职场过来人咨询。

4.研究网络上的招聘启事。这个可能是最简便的方法。

比如这样一个招聘启事就能帮助你判断自己是否适合做互联网分析师：

互联网分析师

工作性质：全职

招聘人数：1人

工作地点：北京

学历要求：本科以上学历

月薪：面议

工作经验：3年以上工作经验

职位描述：

1.根据市场热点设计和策划选题，制定研究方案；

2.主导和跟踪研究项目的执行和进程管理；

3.撰写研究报告，解读市场趋势；

4.与业界保持紧密的沟通。

任职资格：

1.本科及以上学历，统计学/心理学/社会学/经济学/管理学相关专业，3年以上工作经验；

2.了解统计调查知识，熟悉调查问卷设计，对调查数据敏感，有优秀的数据分析能力和报告撰写能力；

3.有良好的项目管理能力，敏锐的热点洞察力，较强的逻辑思维能力；

4.熟练使用办公软件Word、PPT、Excel等，良好的英文书面及口头表达能力；

5.具有优秀的口头和书面表达能力及开拓精神，具有良好的团队协作精神，责任心强。

为了帮助大家对各个职位有更多一些的了解，我们在此权且对一些非技术类的岗位作一个较为详细的介绍。而对于理工科职位，相信本专业的人都很熟悉，不再赘述。

需要提前说明的是，这里有很多例子，我都是以自己所在公司——古方红糖为例进行分析的，肯定会有一定的局限性。不过，只有讲解我最熟悉的案例，才能说得透彻到位，希望小伙伴们能够理解。

一个市场（Marketing）职员在做什么

1.帮助研发部门确定研究的方向：要接触消费者，了解他们的喜好，为产品研发部提供方向。我举个例子，古方红糖市场部有个员工在跟消费者接触的时候，发现大家特别在意“新鲜”这个概念，于是她就做了一个产品提案，希望能做出“新鲜感”很足的产品，保质期可以从24个月缩短到6个月。目前，这个提案已经被采纳，而这个员工也已经获得了升职。

2.和广告商合作设计广告，选定媒体和播放形式。比如说，是做电视广告，还是投放到爱奇艺上？是用普通人代言，还是找孙俪、章子怡？是每天播放1次连续播放100天，还是每天播10次，10天就播完？我不知道大家是否看过今年的《好声音》决赛，那个“上上上上上优信二手车”的广告是不是让你印象深刻？投入3000万元，一个晚上烧光，这就是优信二手车市场部的杰作！大家如果对广告有兴趣，也可以百度搜搜“古方红糖广告片”，有好几个我本人设计的广告片，我可以在天涯的读者交流帖跟大家分享一下，为什么要把广告设计得这么奇怪。

3.设计广告语、传单、海报、店内陈列品。比方说，在真功夫餐厅，是放一把扇子装饰，还是放一个红灯笼？

4.设计促销的方法，如买一送一好，还是大特价、赠送钥匙扣之类的小礼品更好呢？

5.做市场的人，职位高了以后会“有钱有权有势”。比方说，如果你在宝洁负责海飞丝这个品牌，你每年可以使用的市场预算绝对是数以亿计。各种广告公司、公关公司、推广公司都会用尽全力取得你的信任。

什么样的人适合做市场（Marketing）

1.生来就是“点子王”，总能想出出人意料的好点子，也就是具有“创造性思维”。

2.做事敢于适当冒险，愿意尝试与众不同的新方法并敢于承担失败的责任。

3.有科学的态度和理性的思维，做事比较理智，喜欢用客观分析的眼光和数据说话。逻辑思维能力强，分析问题讲究前因后果，能把复杂问题简单化。

4.有远见，很多市场营销活动是不能够短期起效的，能比其他人看得远、想得早、行动快，并且对未来进行长远规划，然后按照规划一步一步实施。

一个销售职员在做什么

首先，我们区分一下卖方市场型销售与买方市场型销售。

所谓“卖方市场型销售”，指的是你所销售的产品和服务基本处于供不应求的情况，所以客户往往要拍销售代表的马屁才能获得经销资格。

所谓“买方市场型销售”，当然就是大家所熟知的99%的情况：你要千方百计地打败竞争对手，才能把产品和服务销售出去。

其次，再看看大宗交易销售与低额度交易销售。

大宗交易销售是销售岗位中值得骄傲的高端职位，比如说，煤炭销售、矿石销售、货运业务销售（如果你谈定一个大客户用你们公司的船做货运，那么每年的运费可能动辄几百万甚至上千万）、大型机械销售等。

低额度交易销售，指的是每次成交金额并不太大的销售岗位。比如说，你可能在一个教育机构销售课程，在一个中档家具公司卖家具，在一个服装公司做服装分销。通常来说，低额度交易销售的薪资待遇会比大宗交易销售要少很多。当然，即便如此，销售岗位的薪资仍然超过其他大多数岗位。

直接和客户打交道的销售又是一个什么样的职位

（比如ABB的机电销售、百度的产品推广、用友的ERP销售、广告公司的业务代表等。）

直接和目标客户打交道的销售职位，不同于日用消费品的销售代表，后者只和超市或批发商打交道。

不直接面对客户的消费品公司销售是什么样的职位

消费品公司的销售不面对最终客户，而是面对产品的分销商。举个例子，如果你销售某种化妆品，你可能要和线上（网络经销商）和线下（门店经销商）两种分销商打交道。线上经销商很多，例如聚美优品、京东商城、天猫等；而线下经销商，可能包括各种超市、娇兰佳人等化妆品专营店。

什么样的人适合做Sales（销售）

1.销售必须善于和别人迅速建立关系。有些公司招聘销售搞小组讨论，会要求你说出身边两位同学的名字，说不出来的人就自动落选了！

2.你不害怕压力？好！你是否曾经历过考试越近就越睡不好觉？去面试的前两天就

开始变得焦躁？如果是，你很可能不适合。出色的Sales，必定有超乎常人的抗压能力。否则，即使勉强做了Sales，你也会食不甘味、寝不安席。

3.你是把Goal（任务）变成Go（去努力）的动力，还是整天抱怨老板黑了心肝给你这么高的Goal（意义相当于出租车司机的“份钱”）？如果你是那种正因为有了目标所以才充满动力的人，你适合做Sales！

4.你有关心他人的天赋吗？还是你觉得关心一个不太熟识的人会很肉麻？作为Sales，最重要的事情就是快速建立起和目标客户的亲密关系。关心人，而且真诚地、长期地关心人，才能打动你的目标客户。

5.你是有激情的人吗？做销售需要激情勃发，需要你每天都充满完成Goal的欲望，需要你对完成目标以后拿到提成的一刹那充满欢喜的渴望，这才能成为一个好销售。

6.你是一个有责任感的人吗？好的Sales不可能每天都有新客户，你的资源大部分来自老客户。你的客户生意好了，他才会持续地采购你的设备。一个好的Sales会对客户高度负责，把客户的生意当作自己的生意，把客户的问题当作自己的问题，这种责任感是Top Sales（顶级销售）的必备素质。

7.有很多人说能喝酒是做销售的必要条件，但我所见过的软件销售、医疗器械销售、能源品销售等，酒量不过2两的大有人在。还有很多女性担心做销售会被迫喝酒、被迫陪各种客户。但实际上，如果你所接触的客户是高素质的，你应该不会受到骚扰。

考虑从事销售职位的你需要知道，做销售是自由的，不用按时上下班，花钱也比较随便一些；但是必须承受很大的心理压力，销售定额时时都悬在头上。

“人力资源”是个什么样的职业

受《杜拉拉升职记》的巨大影响，很多人（尤其是女孩子）对人力资源这个岗位充满了玫瑰色的梦想。那么，真正的HR工作到底什么样？

1.人力资源负责招聘、培训、考评员工、薪酬福利设计。

2.做HR工作相对比较体面、稳定、加班不多，但是，升职机会比销售、市场岗位略少一些。

3.大公司有很多基层的HR工作，比如：员工的录用、辞退手续，保险和社保费用交纳，个税、薪资计算，考勤管理，人事档案维护，日常考核等。

4.你需要熟悉劳动人事法规，能够起草劳动合同、保密协议和服务期协议等。

5.起草各项人事规章，如《员工手册》《年度考核实施纲要》等，能够协助进行工作分析并整理职位说明书。所以，优秀的人力资源专员必须擅长写作，如果不擅长写作，可能很难升级为人力资源经理。

6.对薪酬管理制度、福利制度、绩效考核、激励手段等进行开发或者提出建议。

说到这里，我的脑海中浮现出几年前课堂上的一幕。当时我们正在讨论“理想职业”这个话题，我的两个学员先后举手发言。

小A：我学的是酒店管理，但是毕业以后我想做人力资源，我觉得我特别适合与人打交道。

小B：天哪，我就是做人力资源的啊！我觉得我的工作挺无聊的：给员工办理或转移三险（养老/失业/大病），给员工转入转出档案，把人事相关的文件比如简历整理并存档等。我原来希望能从事的招聘、绩效考评、员工培训之类的大事情都和我没有什么关系，基本都是经理在操作，我只能打杂。我们经理要是不离职，我怎么办啊?

其实，小B所反映的基本就是人力资源工作的真实情况：

1.当你还在“助理”这个职位上的时候，你的工作性质更多的是Paperwork，是很多事务性的工作，比如考勤，办理录用、退工、公积金、准生证明等手续的时候一遍又一遍告诉员工要带什么资料，找哪些部门办理等。总之，80%的精力都会花在琐碎的事情上。作为助理，你很可能没有太多的机会去做你觉得特别“有意义”的事情，比如“阅人无数”，用你的“慧眼”为企业挑选良才，或者开发一个员工的潜能，让他在某个工作岗位上大放异彩。

2.只有坐到了人事部经理的位置上，才会真正开始与“人”打交道：设计最有效的方式为企业招聘最优质的员工，了解员工的需求并且有技巧地反映给老板，组织最有帮助的培训项目等。而这个职位毫无疑问是非常重要的，所以很多企业的人力资源总监都是领导极为信任的人。

什么样的人适合做“人事”

1.庄重并且有很强的亲和力。大公司的人事经理可能要和媒体打交道，所以仪态庄重往往也是相貌端庄之意。如果容貌低于80分，我个人不建议从事HR工作，除非你真的才高八斗。

2.比较成熟理智，善于观察，善于聆听。

3.言语谨慎，不能八卦，但是也不能给人一种冷漠、难打交道的感觉。

4.能够接受没有太多刺激性、没有什么变化的工作性质。HR工作是细水长流的，你必须接受一个现实，你不能指望自己在一夜之间就获得别人的认同和尊重。你所做的事不是短期的、具体的、量化的，而是间接的、长期的、柔性的。

除非你在小公司，你很难获得火箭式的提升，否则你必须接受相对缓慢的升职。但是，一旦你做到了人力资源经理的岗位，你就变得非常重要，因为你决定着选人、用人。

“行政管理”是个什么样的职业

小公司的行政是“万金油”或者“管家婆”的代名词，说穿了就是什么都要做：买文具、订机票、订水、买植物、搞各种节庆联谊活动、物品坏了要负责找人修理等。说不定还要帮老板做些自己家里的事情，比如交电话费或办理汽车执照什么的。即使在大企业，行政也都是做些杂七杂八的事情。

行政的好处很清楚：很少加班，没有压力，很容易和同事处好关系；很多时候还要尽一切办法帮助公司省钱，多方搜集供货商的消息，对比之下买到最低折扣的东西。

做行政的缺点也很明显：薪水不高，提升较慢，在公司里不容易受到老板的重视。

这里我先举个例子。我们公司有一个女孩，做行政比较适合，但是她总认为市场助理的工资比她高，于是坚决要求调岗到市场部。结果，公司重新招聘了一个行政助理顶替她的位置，她调岗到市场部，工作了两个月，完全承受不了那种头脑风暴的会议，创意和执行力都跟不上，自动申请辞职了。

什么样的人适合做“行政”

1.喜欢做琐碎工作的人。

2.非常有条理的人。

3.对职业发展没有很大野心的人（一般意义而言）。

自媒体运营是个什么样的职业

自媒体运营、电商运营是最近几年新兴起的职位名称。所谓自媒体，就是你自己的媒体，比如微信、微博、QQ空间，只要你自己制造内容，别人看得到，这就是自媒体。

自媒体其实就是市场部的一个模块，以前市场部做了广告投放到电视台，现在，可以投放到自己的公司微信上，也能被看到。比如说，百度贴吧就可以算是自媒体了。上个月我刚刚给负责公司自媒体运营的专员制定了工作目标和考核奖金办法：访问用户数1000+，主题数超过60，每主题互动率（即回复量/查看量）大于10%， 前2页无广告和水帖活跃率（访问用户数/总粉丝数）超5%，额外奖励500元。

什么样的人适合做“自媒体运营”

1. 超级能写。你必须喜欢玩弄文字。

2. 超级与时俱进。流行的元素，你必须知道，不管是章子怡怀孕，还是某某某离婚，或是屠女士获得诺贝尔奖，你必须都能侃上两句。

3. 超级爱玩。如果不喜欢玩自拍，晒照片，刷朋友圈，自媒体运营肯定不太适合你。

七、一个简单粗暴的择业方法：过去≈未来

职场上有一个被广为认可的理论：职业＝兴趣＋ 能力。这个理论貌似简单，但操作难度很大，为什么？第一，年轻人往往兴趣N多；第二，由于缺少实践，有的人觉得自己缺少能力，又有人觉得自己能力N多强，根本不知道该选择哪一个为主业。

对此，推荐一个方法：过去≈未来，虽然它简单得近乎粗暴，却有一定的实用性。当然必须再次强调：这是一个观察性论断，而不是经过大量研究得出的科研结果。所以，你要带着思辨之心来参考这个方法。

所谓过去≈未来，指的是“用过去的履历定未来的职业”。我们先来看两个案例：

1.这些人的职场经历，过去≈现在

过去的履历	所从事的职业	过去的履历与该职位是否匹配
少年时代热爱围棋，细心冷静。	财务管理	很匹配
上大学时最喜欢摄影、做手抄报。	市场营销	很匹配
被公认为“潮人”，什么消息都知道。	微博营销	很匹配
模特、模特队长。	公关公司总裁	很匹配
上大学期间就在批发市场练摊。	律师事务所创始人	很匹配
喜欢十字绣、折纸等需要注意细节的事儿。	银行职员	很匹配

2.对于杨博士，过去≠现在，有些遗憾

过去的履历	所从事过的职业	过去履历与该职业是否匹配
家境贫寒，上大学期间就倒腾裙子、袜子赚钱。	在大学任教期间，兼职开服装店，在1年之内将1家店拓展为4家，3家盈利。	完全匹配。我曾经多次劝她下海经商，但由于大学教师的职位太难放弃，她反而放弃了生意，选择去读博。
大学期间入党，学生会积极分子。	大学老师，然后顺理成章考研、考博，继续大学老师之路，至今在为评教授而挣扎。	不匹配，因为大学老师应该具有的科研能力，她在过去完全没有展现出来。如果她在大学发展，其实应该早早转到行政管理岗位，争取做行政方面的院长。

当然，过去≈未来只是一个选择职业的参考手段而已，不能绝对地去照搬。

八、职业性格测试：多一种方式了解自我

几年以前，我还把性格测评归为严重不靠谱的东西，直到我的同事Amy老师给我详细普及了职业测评的种种手段之后，我才意识到这其实是个相当科学的心理学范畴的好用工具。因此，在此节中，我给大家推荐两个著名的性格测试工具：

1.MBTI职业性格测试（适合大学毕业生、新入职员工）

这是目前性格测试中最著名的，已经应用到全球500强中的很多企业，中国企业有宝钢、海尔等大型公司，主要用于员工的性格确定，以便公司对员工进行有效的发展规划。此测试不适合高中生，主要是因为高中生在性格上还未完全确定。

测试地址：http：//www.yiiway.com/ypca/

2.职业锚定位测评（适合在职员工）

职业锚主要用于在职员工，已经对自己的职业有所了解，尤其前5年的工作阶段是职业转变期，需要在一次次的职业转变中找到真正属于自己的那份职业锚。这个测评主要用于转行、跳槽等员工，便于对自我的定位有个真实的认识。

测试地址：http：//www.yiiway.com/ycas/

需要说明的是，这些网络测试是收费的，大约半个汉堡钱。

第三节　选行业：既不嫁错郎，也不入错行

这是一组真实的数据：

姓名	年龄	学历	职位	行业	薪资
王好航	30	二本	网络维护	黄金开采	15000元/月
张雷	29	二本	网络维护	家电企业	5000元/月

同一个职位，薪资截然不同，你可能会觉得不够真实，但事实是，王好航是我的学生，他目前已经被公司调往澳大利亚矿区工作，按照澳大利亚标准拿薪水了。这个道理所有人都懂，就好像一个保姆，进了普通人家就只能拿普通薪水，进了大户人家必然更多（少数恶劣的有钱人家除外）。论起热门行业，互联网上提供的信息就足够你看上半天。在本节中，我们去伪存真，多提供一些真实案例，供大家思考。

一、选择未来10年可能会高增长的行业

前些年，我一个亲戚小颖在北京同时拿到两个Offer，一个是一家专门代理冷冻薯条的公司，另一个是一家代理纸制品和纸浆的公司。小颖说，如果她只接到一份Offer，不论是哪一份，她都会毫不犹豫地高唱着《义勇军进行曲》第二天就去上班。对于一个民办大专毕业各方面条件都普普通通的女孩子来说，她对工作性质和工资待遇并没有过高的要求，也没想过要慎重地画上一幅抛物线图，分析一下这个公司、这个行业在未来的发展趋势。小颖还说，如果其中一份Offer比另外一份的月薪哪怕只高200元，或者上班离家哪怕近上三站地，她也会毫不犹豫地做出选择。而问题恰恰在于，这两份Offer从工资和上班远近来说相差无几，小颖和她当了一辈子巴士司机、从来没有换过工作的父母一下子没了主意。

我们给小颖所做的分析非常简单：人们越来越怕油炸食品，对薯条的消费不可能大幅增加。相反，人们对纸制品的需求一定会在未来保持稳中有升。包装牛奶盒用的卡纸、在中国市场上销量还微乎其微的厨房用纸，在未来会长期保持强劲的上升势头。

那么，哪些行业在未来10年会有发展趋势呢？翠喜老师发表一下自己的观点，不过要

提醒各位年轻读者时刻谨记：翠喜老师的思维和视野都是有限的，我的意见仅供你参考。

1. 物质消费升级

20年前诞生的品牌，满足的是人们“衣食住行”的基本需求，所以，方便面、饼干、瓶装饮料、高层住宅、耐用的汽车、家用电器都纷纷发展起来，其中有太多大家耳熟能详的品牌。

而现在，在基本需求已经得到满足之后，人们就变得挑剔了，一些原来看上去很“吹毛求疵、异想天开、吃饱了撑的”的需求，将成为未来10年强劲的发展推动力。

我举几个例子：

· 高端制造业将发展强劲。比如说，原来我们用个冲水马桶就行了，而现在，我的马桶，需要不让我屁股着凉、会唱歌来掩盖不雅声音……所以，智能马桶圈肯定会越来越普及。其他类型的智能家居和高端制造品也会发展得好。在日本等发达国家，人们已经可以控制窗户的温度，窗户本身就具备了空调的作用。

· 农产品将成为下一个“房地产”。未来10年，会出现大量的农产品品牌，比如张三萝卜、李四土豆、翠喜牌白菜。将来你爸出去买菜的时候，你妈很可能在后头吼一声：“给我买棵大白菜，翠喜牌的，别买错了！”现在我举个真实的例子，大家都知道，翠喜老师几年前就转行熬红糖了。以翠喜老师现在做的红糖产品为例，原来人们买个5块钱一袋的红糖坐月子就行了，现在得买个96块钱一瓶的古方牌红糖，还必须是产妇专用的才行。而我认为不出两三年，就会出现500块钱一瓶的私人订制月子红糖，按照你指定的生孩子的日子，砍甘蔗、熬糖、定制标签，快递上门。

· 大量的私人订制将会诞生，个性化产品增加。人们将开始讨论自己吃的大米是哪个公司根据自己的体质特别生产的，你缺铁贫血，这里的土壤铁含量高，所以这里生长的大米就专供给你。

· 二手物品将成为交易的常规物品。以前人们认为用二手货代表穷，买不起还穷装。而现在，二手物品代表环保、置换性强。今年，二手车、二手房已经被炒得很热了。将来，就算是街边小店，也会大量出现“二手店”，里面的二手物品应有尽有，就跟现在的超市一样。

2. 精神消费上升

饱暖思××（这个例子听着俗，但是其实很恰当），仓廪实而知礼节，这些俗语其实说明了同一个道理：当物质上的需求被基本满足之后，人们的精神需求会成为主要的追求。

而且，值得强调的是：人的物质需求是有限的，而精神需求相比而言是无限的。比如说，你喜欢吃最昂贵的龙虾，可是你每天只能吃几只（那恐怕也得进医院），而如果你喜欢看电影，每天看上十部八部的很正常吧（别以为都要去电影院，爱奇艺上的付费电影，翠喜老师看了一年多了）。

中国经过了30多年改革开放后的高速发展，物质需求大部分已得到了满足，相对应的精神需求的上升将会加速。因此，影视剧制作、戏剧话剧等文化演出、网络游戏、网络婚姻介绍等行业，应该会快速发展。

3. 赚中老年人的钱

未来10年，60后进入老年，70后开始从中年步入老年，80后变成中年，而这些人，跟40后、50后相比，由于赶上了改革开放的好机遇，积累了大量的可支配收入。一个行业如果能掏出这些人的钱，就算是好行业。

真正的养老服务，我个人还不看好，因为60后与70后还没有变老。等翠喜老师牙齿脱落的时候（那怎么着也得20年吧），中国才真正进入老龄化社会，我认为养老产品和服务行业才能“火火火火”。

而中老年人，有钱、有时间，怕生病、怕孤独。所以，把中老年人的“钱”用起来，就是一个巨大的行业了。所以，理财产品会继续迅猛发展（别以为都是炒股票），带有养老性质的保险和理财可能更会受欢迎。

旅游业也会是不错的行业，因为翠喜老师这样的人退休之后，腿脚还灵便，兜里还有钱，孩子还少（最多一个两个的），那肯定要去旅游的。境外旅游会越来越受欢迎，如果能去的话，去月亮和火星旅游生意也会火（真不是开玩笑）。

4. 城镇化建设

在过去30年，中国的城市已经被拆了一个遍，在城市被翻盖一新的同时，中国的GDP排名到了世界第二的位置，现在跟美国相比，还差一半。如果按照每年7%的速度增长，那么，在10年后，中国的GDP很可能排名全球第一了。那么，如何保持这7%的增长呢？

房地产、工业、计算机等行业都已经带头领跑了多年，现在，该谁领跑了呢？

该轮到城镇和乡村了，所以，城镇化建设是一个巨大的行业，有很多学习景观设计的同学，未来的用武之地很可能在城镇化建设之中。

5. 金融创新

传统的银行储蓄与贷款已经远远不能满足老百姓和政府的诉求了，金融创新也将成为社会发展的主要推力。美国领跑了这么多年，中国想在GDP上迎头赶上，不可能允许金融落后。而中国传统的金融体系、银行业并不发达，所以金融创新将会在未来10年持续发展。近些年来兴起的互联网金融（比如蚂蚁金服）已经崭露头角，我个人认为是值得投入其中的。

有很多同学还念念不忘要加入传统的几大国有银行，我个人持有保留意见。如果想做金融，做互联网金融、金融创新类行业，可能会更有前途。当然，国有银行改制也在如火如荼地进行。

二、千万别进你“永远都是外行”的行业

薇薇，英语本科，毕业后进入丘比沙拉酱食品厂做生产总监助理，2年后，跳槽到惠氏公司做销售总监助理。

你认为，当年的薇薇应该进丘比吗？如果她不是存心想取代生产总监的现任老婆，那就不应该选这个职位！试想一下：薇薇兢兢业业干了2年，陪着总监生产了N卡车的沙拉酱，她的职业发展，路在何方？

即便薇薇很出色，即便她的总监很想帮她升职，她怎么可能在一家沙拉酱厂找到更高的职位呢？哪怕有了5年资历，她也不可能成长为必须学食品专业才干得了的包装工程师、品控工程师啊！

所以，如果你并非计算机专业，即便一个软件公司招聘的市场推广职位，你貌似合格，我也绝不建议你去做！万一你工作一年就觉得厌烦，想内部转岗，你转去何方？相反，如果你进了一个没有行业壁垒的行业，比如啤酒公司，你可以申请去做销售渠道拓展啊，毕竟卖啤酒不需要学啤酒制造的专业背景。

现在，把我的学员提给我的两个问题列在此处，由你来尝试着解答，现学现卖分析一番。

1.经济专业，得到宝海锌业的销售部Offer，应该去吗？

2.旅游管理专业，得到三一重工项目部秘书的工作，应该去吗？

现在，看看你的想法和我的想法是否类似。

我分析：

以我能看到的角度，宝海锌业的销售部Offer是个不错的选择。因为这虽然是个技术类产品销售的岗位，但并不需要你现场去演示锌的制作工艺。所以，虽然是锌业公司，却由于是销售岗位，并未使你“永远都是外行”。

然而，三一重工的这个项目部秘书一职，我个人认为并不适合一个学旅游管理专业的人。我无法想象，一个学旅游的人工作两三年后就可以做三一重工的项目，因为项目

部的职业通道十分明显：项目工程师——项目主管——项目经理——项目总监。

所以，综上所述，不是一家人，不进一家门，最好别进“咱永远是外行”的行业。

三、看远20年：20年后，我在这个行当里会越老越值钱吗？

我刚做新东方老师的时候特别兴奋，因为每天上10个小时的课，可以挣2000元，一个月好几万。

两年之后，我的教学收入下降了，因为我累了。后来我辞职了，因为我得了咽喉炎，无法连续十几天密集授课。

借用这本书，不管这些机构是否能看到，我非常想呼吁新东方、巨人、环球雅思这样的培训机构：千万不要让年轻人玩命上课！寒暑假连续40天，每天10个小时授课，年轻人的确可以挺得住，但是积累的疾病很可能在35岁之后找上门来。

话说回来，当一个25岁的年轻人看到一则招聘：培训师，月薪1万元，他很可能会动心。作为一个骨灰级培训师，我想提醒一句：这个月薪1万元，是以你每天激情四溢地说话超过6个小时为代价的。

听起来我有点像个怨妇？没错，我的确埋怨我的老东家新东方，因为当年的密集上课确实损害了我的身体健康。十几年前的新东方，在我看来，并没有把教师的健康放在第一位考量，也许是因为创始人自己也很拼吧。这么多年过去了，希望现在的培训机构能帮老师们设计更合理的教学日程。

唠唠叨叨说多了，言归正传！我想说的是，如果你想进入一个行业，要好好想想，20年后，在这个行当里，我能不能越来越值钱呢？

举个通俗的例子，如果一个20岁的年轻人选择开出租，恐怕他40岁挣得会更少。如果他选择到修车厂去当学徒，40岁的时候，他肯定挣得比原来多。

四、听天由命法：让命运安排一个，然后一心向上

虽然前文我们给出了几个选择行业的方法，但实际上，我最想说的一句话是：听从命运的安排，有时候也是个最好的选择。

有人说我自相矛盾，明明前面大谈特谈可持续发展行业的巨大好处，现在又搬出宿命论来，让年轻人听从命运的安排！

之所以说“听天由命”，我的理论基础是劳动力市场的自我调节功能。如果一个人能力出众，却处在一个不好的行业里而工资低下。那么，这个人无论是自己跳槽还是被人介绍，进入一个热门行业的概率实在是太高了。

第四节 选公司：选对公司，成长加速

树木长得好，主要靠种子的坚韧不拔。但是，外界环境也很重要。一家好公司，就如同阳光雨露，能帮助树木长得更高更壮。

一、进入“职业通道N级”的公司

我们先来看一个案例：东捷软件，中小私企，90名员工，年销售额2500万元，年利润400万元。下面这个表格是它的组织架构和大致薪资情况，你很容易看出它的职业通道为哪些职位打开。

职位	学历与专业	月薪（含奖金）	评论
项目部			
项目总监	本科，计算机	35000元	中小软件公司的回款往往掌握在项目总监和他的团队手中，所以能拿到提成。
项目经理	本科或大专，计算机	10000—12000元	目标向上，沿着职业通道上升即可。
资深实施工程师	本科或大专，计算机	9000元	
实施工程师	本科或大专，计算机	5000元	
软件产品部			
产品/技术总监	硕士，计算机	15000元	此类中小软件公司主要为客户量身定制软件产品，所以单纯的软件编程不如直接和客户打交道的项目部重要。他如果想再进一步，需要跳到“软件研发型”公司，而非“项目管理型”公司。

（续表）

资深软件工程师	硕、本、大专均有，计算机、物理、数学专业均有	8000元	目标向上，追求升职。 或目标向左向右，跳槽到重视软件研发的公司。
中级软件工程师		6000元	
初级软件工程师		4000元	
销售部			
销售总监	大专	30000元	无论在本公司还是跳槽，销售的职业通道需要自己打开：业绩为王。
区域销售经理	本科、大专，不限专业	6000—12000元	有业绩，就有上升通道。
市场部			
市场经理/总经理助理	本科，传媒专业	7000元	整个公司只有一个市场部岗位，所以并无上升通道。
财务、人力、行政部（小公司将此三项合并管理）			
财务人事总监	本科物理，管理专业硕士	30000元	中小公司的财务、行政、人事工作往往由一个副总管理，而这个职位的人多数都是创业初期就进入团队的核心人员。
会计	财会大专	7000元	年资10年，在本公司职业已无上升通道，因为公司不大，没有那么多高层职位供给。
出纳	财会大专	5500元	年资5年，在本公司几乎无上升通道，只要他的顶头上司不辞职，他就没机会。
人力资源经理	本科	7000元	软件公司没有大规模招聘的任务，人力资源也难以组织有效的集体培训，所以HR岗位不受重视。相反，如果你在一个消费品公司，公司可能组织大规模培训，那么，HR就更重要。
行政经理		4500元	软件公司的行政经理，其实手下一个兵都没有，从修车到采购，全部由自己一个人搞定。所以，这个职位显然不适合有野心的你。
前台		2200元	可替代性职位，能给2200元就不错了。没有技术背景的小女孩千万别进这类软件公司，因为没有上升通道（不过连续两任前台都从满屋子的工程师里选到了老公）。

现在，请你尝试分析一下这样几个职位是否具有“畅通的职业通道”：

1.艾利压敏胶	机械本科	车间工程师
2.苹果中国	贸易本科	维修部客服
3.佛山广播电台	传媒本科	播音员
4.陶氏化学	化学硕士	市场推广

其实，点评的时候，我心惴惴，因为毕竟我无法深入每个行业，所以，只能凭借直觉。点评如下：

1.在压敏胶公司做生产，职业上升通道明显。

2.在苹果做维修客服，上升通道可能受限。

3.电台主播，成为知名主持人肯定是小概率事件，那么，是否有初级主播、中级主播、资深主播的上升通道？既然没有，多数人会转去传媒公司奋斗。

4.化学品公司的专业化市场推广，上升通道比较明显。

二、不可思议的高薪和低薪往往都来自私企

我的表哥在一家生产滑雪设备的私企工作，说起公司老板的种种苛刻，表哥总是脸上青筋暴露。如果不是当地不好就业，他说自己“早在八百年前”就跳槽了。

而这边厢，我也刚得知，顺德一个生产电水壶的私人工厂老板，花年薪80万元招聘了一个厂长。

此外，我前文提过的云佳也刚告知我：她同事从外企跳到某福建私营企业做销售，去年拿到了50万元年薪＋30万元提成＋年底50万元的红包……

综上所述，私营企业，有的是魔鬼，有的是天使，只有走近了才能了解。对于那些瞧不起私企的年轻人，也许上述数据会对你有些启发。

三、外企，还是国企?

我在美资企业工作过几年，个人的体会是：挺好。我周围也有很多外企人，到了40多岁，回顾一下，依然觉得外企很好。

可能，外企的唯一缺点就是没法让大家体验那种自我创业的激情，这也是一些外企人急流勇退，抽身出来创业的原因。

国企，这个中国社会特有的名词被更多地赋予了负面含义：人浮于事、工作拖沓、

裙带关系，等等。由于工作关系，我个人接触过不少国企，而且是中高层的领导。从我个人的观察来看，如果你在国企工作，是你老爸老妈刷脸换来的，我认为此生实在无趣。好不容易找个工作，还不仗剑江湖闯一闯？

从性格来分析，我认为，喜欢自由，不喜欢谨小慎微地观察别人脸色的人，并不适合去国企。

四、大公司好，还是小公司好？

这个问题我就不回答了，因为，除非你进了一个事业单位，或者国企，我见过的几乎所有的人都会在大公司、小公司之间切换一下。

所以，既然你99%可能会尝试两者，那就让你自己的感受来说话吧！

五、白衣飘飘的年代：你该创业吗？

很多年轻人跃跃欲试地想创业，不过，我个人认为：年轻人最好先参与创业，再主导创业。

有人会问：为什么微软的比尔·盖茨、Facebook的马克·扎克伯格都是大学毕业甚至肄业就创业成功呢？其实，他们在创业的时候就已经有团队、有经验、有执行力了。比尔·盖茨在高中时就创立了赢利的Traf-O-Data公司。而且，他是和保罗·艾伦一起创业的。而马克·扎克伯格在中学就已经开发出让微软和美国在线愿意以几百万美元收购的音乐播放器，在大学期间更是研发过多款与社交相关的网络产品，这些积淀对其日后打造Facebook至关重要。

如果你真的很确定你要创业，为了确保你能学到初期创业的必要知识，尽量参加较小的公司（少于100人），这样就不会成为一个大公司的螺丝钉。

我个人经历过国企、外企、私企打工、自主创业这四种工作形式，其实我很想鼓励年轻人创业。除了挣钱，它是一种非常美好的人生感受。

创业成功，皆大欢喜。

创业失败，大不了再去打工。

当然，我认为创业之前需要积累足以让家人正常生活的一点费用。

第五节　打造职业发展的金字塔

还是请大家先看两个真实的案例。

吴文定

工作第1年：某冶金行业国企，打杂秘书，月薪1200元。

工作第2—3年：法国某中型洗涤用品公司，市场秘书，月薪2300元。

工作第4—6年：德国某洗涤用品巨头，品牌经理助理，月薪6500元。

工作第7—10年：德国某洗涤用品公司（同上），品牌经理，月薪15000—30000元。

现在：中国某民营洗涤用品公司，高级品牌经理，年薪70万元（年终奖金另计）。

张焕

工作第1年：东方航空公司，票务管理工作，月薪2000元。

工作第2—5年：朋友的机票票务公司，副总，月薪8000元（后公司倒闭）。

工作第4年：收到联邦快递的加盟邀请（月薪7000元），但是拒绝（原因是在读MBA期间对房地产企业产生了兴趣）。

工作第6年：合生房地产公司，办公室主任，月薪5000元（后因受不了办公室工作的琐碎离职）。

工作第7—8年：某管理咨询公司，兼职一些小的项目，月薪平均3000元（同时在读某高校EMBA周末班课程）。

未来：必将长期任职于小的管理咨询公司。因为，想加入大的咨询公司没有人要（大咨询公司要么选择“一张白纸”的新人来培养，要么挖一些有某行业长期经验的老手）；想做CEO没人要（没有足够多的行业经验）；想从头做起也没有人要（没有年轻的优势）。

第一个案例中的吴文定是我大学的师妹，她的事业如此成功，令我羡慕嫉妒，我简直不想在电话簿上看到她的名字，因为一看到就意味着要重温一番嫉妒的滋味……很多读者可能会问，吴文定之所以如此成功，是否由于她是名校市场营销专业的高才生？是否由于她天赋异禀，极其擅长品牌运作？答案都不是，她所有的品牌推广知识都是在工作中一点一滴积累起来的。

对比吴文定和张焕的职业发展道路，我们总结出职业发展道路的三个原则，请看下文。

一、别离开行业“金字塔”

吴文定的成功，首先来自她的行业经验积累。如下图所示，她虽然换了5份工作，但是从第2份工作开始，全部都是在同一个行业里发展，而且经历了从中型到巨头公司的上升阶段。这样一来，她10年来的行业选择就构成了这样一座“金字塔”：

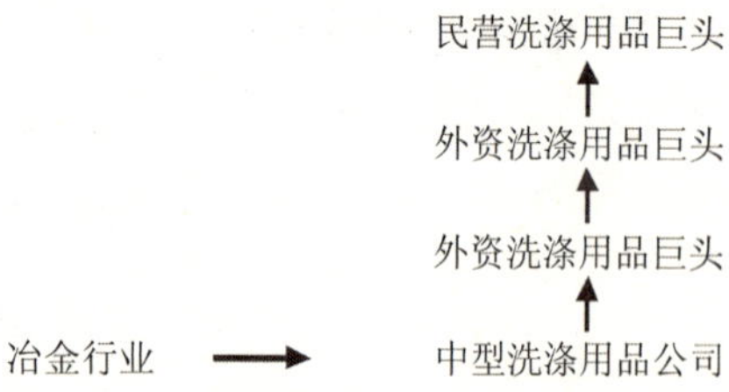

如果你要跳槽，尽量别离开行业“金字塔”。

二、别离开职位“金字塔”

吴文定的成功，更是因为她从来没有离开过自己的职位“金字塔”。每一个职业都好像一座“金字塔”，“金字塔”的底部面积最大，所以只能用泥做，工资自然不高；中部面积缩小了，所以用砖来做，工资达到中游；而到了令万众仰慕的顶部，则是由金子砌成的，工资自然就是金领收入。

我们用图来表示一下吴文定的职位“金字塔”：

与吴文定的成功相比，前文中提到的张焕则遭遇了职业发展的寒流。他和我谈论自己的职业发展的时候，是一个最热的夏天，在一个最热的没有空调的房间里，可是我听完他的介绍，看着30岁还没有确定人生发展方向的他，感到了深深的寒意。

我们用图回顾一下张焕的职业发展道路：

行业：

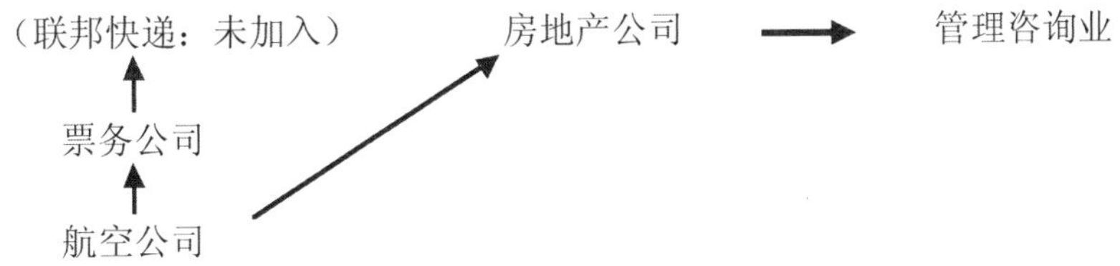

职位：

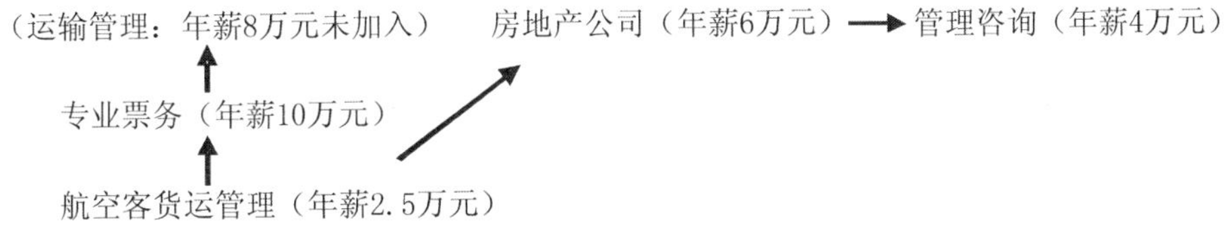

看到这幅图，读者可能已经在为张焕扼腕叹息了。他曾经多么幸运，从航空公司到票务公司一帆风顺，年仅26岁就担任了副总经理的职位；然后又被大名鼎鼎的联邦快递看中，虽然薪水并不太理想，却给他提供了爬上“物流金字塔”的通道。从来没有加入过大型公司的他恰恰应该到联邦快递这样的大公司去开阔一下眼界，了解一下尖端的物流公司是如何运作的，在3到5年之内他就可以把自己打造成一个物流高级人才，手中掌握大量的客户资源，何愁没有更好的职位向他伸出橄榄枝？世界一流的物流公司，正看着中国这个大市场蠢蠢欲动，只要政府放开政策，立刻会招兵买马大干一番的！

张焕的职业发展之路，没有沿着同一座“金字塔”直线向上，而是更换了3座“金字塔”：物流、房地产、管理咨询。这3座“金字塔”无一例外都散发着巨大的魅力，对张焕构成了致命的诱惑，诱使他干一行想着另一行。就像一个已婚男人昼夜思念着外遇，然后一狠心来到外遇身边，却发现仍然不是自己所爱的，然后又更换另一个……

当你在“金字塔”最底层时，你可能看不到天空，看不到希望，只看到了压在你头上的密密麻麻的石阶和无数挡在你前面的人的脚后跟！所以，很多很多人就像张焕一样，这塔望着那塔高，到了那塔把脚翘，把时间全部浪费在“金字塔”底部的徘徊上。其实张焕所接触到的3个行业都是非常有发展潜力的行业，只要他勤勤恳恳，一心一意，在一个行业一干就是七八年，甚至10年，以他能考上南开大学的智慧和才干，他必然能在某个公司里占据要职，挣着高薪，得到下属的尊重和老板的器重！

当我和张焕在必胜客吃“饼”长谈的时候，我问他：“你觉得自己最大的优点是什么？”张焕不假思索地说：“我最大的优点就是我的兴趣特别广泛，我对各行各业都有很浓厚的兴趣，希望能有所发展、有所钻研！” 30岁的张焕依然没有意识到：他自诩的“兴趣广泛”这个优点，恰恰是他职业发展当中要命的弱点。张焕的所谓“兴趣广泛”，实际上还有一层含义：暗示别人自己才能广泛，在别人的行业里俺也不含糊，也有一套！有这样心理的人，总担心自己的才能在这个行业不能得到施展，一定要换几个行业多尝试一下，以免埋没了自己的才干，所以他们频繁换工作，辗转于风马牛不相及的不同职业以验证自己广泛的“兴趣兼才干”！ 这种验证，可以发生在大学毕业后的一两年之内，那时候是有权利有时间到不同的岗位上体验的，看看自己的能力和兴趣到底在哪里，但是这个验证的时间越短越好。

我非常不赞成在一个行业超过3年之后再换行业，基本上，35岁以前我们的生存资本靠打拼，而35岁以后靠的是积累，包括人脉、经验、口碑、客户……如果更换行业，说明你过去3年的积累将付之东流。

有很多人在工作到两三年的时候，会觉得诸事不顺，心情烦闷，似乎换一个行业就会云开雾散，其实这样做只是让你从头开始，过了两三年你还会遇到同样的瓶颈期。这就犹如长跑，开始的时候很轻松，但是很快就会有第一次的难受，但过了这一段又能轻松地跑很长时间；接下来碰到第二次的难受，坚持之后又能再跑一段……真正能熬过三五次难受的人比例不大，所以只要你坚持了，这个资本就够你这辈子享用的了。

三、职业生涯规划，就是选择一条路一直走下去

我曾在郭丹锐老师博客里看到过一个故事，讲的是一个中专学校教经济学的老师发

现了500强的商机都是专做一件事，于是劝说下岗卖纽扣的妻子只卖纽扣。后来夫妻俩取得了巨大的成功，男老师为女儿也选择了一条“专”英语的职业道路。郭老师在文章最后这样写道：

“我曾听说，坚持登一座山峰的人，一定会到达顶峰。现在看来，一辈子坚持只做一件事的人一定会成功，并且会成为一个强者、一个佼佼者。”

这句话我也借以送给正在求职路上挣扎的你，须知“Great works are performed not by strength, but by perseverance.”

第六节　你也有这些疑问吗

下面这些问题，都是《这些道理没有人告诉过你》书友群及天涯上《这些道理没有人告诉过你》读者交流帖里的提问，非常具有代表性。我在此公开作答，希望能给求职中的你一些启发。同时，我也希望有经验的职场人士能够不吝指教，一起来回答这些问题！

1. 怎样看待学历与能力的关系？

在95%的情况下，你的本科学历约等于你的真实能力，而不是你的硕士学历。

如果你是三本毕业生，希望用研究生学历打个翻身仗，那么，这个学历在毕业后去国家机关、事业单位可能更管用；如果是一流的国际化企业，则未必真能起到敲门砖的作用。

三本院校毕业生的职业前途，就在职场！既然你学习拼不过人家，干吗要去跟一本的人拼学习？假如你从事了一个实践性很强的职业，比如保险销售，你完全有可能在收入上远高于一个一本的毕业生甚至研究生！

2. 找工作时应该找擅长的岗位还是自己喜欢的岗位？

如果你从来不变，就选择自己喜欢的吧。

3. 从发展空间、薪资及稳定性来说，在快消行业好还是在技术研发行业好？

如果你擅长某个职位，它就会稳定＋高薪＋有发展。所以，问题是你到底是技术研发比别人强一点，还是创意策划比别人强一点？按照“强别人的那一点”来选择职业，往往很准确。

4. 二本院校金融专业的同学去商业银行会不会有很大的门槛？

你拿什么证明“我比一本金融专业的同学”强？如果有，比如你参加过海峡两岸金融大专辩论赛，那么，门槛就变成迎接你的门童。

5. 有的人认为未来不可知因素太多，职业规划是瞎说。

你听听这句话对不对："有的公司老总认为未来不可知因素太多，公司规划是瞎搞。"再听一句："有的人认为人的变化不可知因素太多，所以搞对象瞎搞就可以了，婚也可以瞎结。"

一成不变的职业规划是瞎说，确定大方向而不断微调的职业规划是"智说"。

6. 如何尽量减少外在因素对职业规划的影响？

把你的职业规划切分成100个小步骤。比如说，如果你想做公司高管，你的第一个小步骤可以是：率领宿舍的几个哥们儿做一件有意义的事情。当你完成每一个小步骤的时候，你就能增强信心，而外界的干扰和质疑就会减少。

7. 如果考研不重要，那么为什么周围的人都考研？

我也正想问这个问题！归根结底，原因是：没有方向。很多大学生没有职场意识，大三了还没个职业定位，所以就像浮萍，什么风吹来自然就顺着什么风漂：考研、出国（如经济可负担）、考公务员……

8. 能否通过做一些事情改变自己的性格，使自己适合大多企业的职位？

不可说"改变性格"，而是要"改善性格"。

改善自己性格的最好方式就是做事。通过不断与其他人合作做事情，你的一些坏毛病就会逐渐得到改善。

9. 心理测评的可信度有多少？

科学的心理测评，可信度还是比较高的，绝非小报上东抄西抄的凭星座判断性格那样的八卦资讯。

年轻人进行了心理测评后往往不敢相信，主要是因为没有工作经验，没有参照物，所以不敢相信测评结果。

10. 有人说，人会因为看了心理测评结果受到心理暗示，从而按照结果来选择职业。

的确如此，如果你在专业人士的指导下做了科学的心理测评，那么，你所得到的测评结果应该是基本准确的。即便这个结果对你产生了心理暗示，影响了你的选择，这本身也是一件好事啊！

11. 关于性格测试，是如实回答还是揣测面试官的想法来回答？

如实回答！如果你时刻揣测面试官的想法，你的短期收益可能是获得一个职位；从长期来看，却是得到了一个“不适合你的职位”。

12. 老师您好，气质测试，我大一和大三的测试结果不一样啊！

恭喜你，长大啦！

第二章

求职前的准备：ready以后再go

读完本章后，请你回到此处，完成下面问题。

1.我所选择的职业和行业是：

____

2.我接触了哪些该行业该职业的前辈，分享了哪些内部消息：

（1）______________________________

（2）______________________________

（3）______________________________

3.我对该行业和职位进行了“婚前试婚性行为”（试婚性质的行为，可别断错句）：

（1）______________________________

（2）______________________________

（3）______________________________

4.该职业和行业对我的着装打扮要求是什么，我做了哪些准备：

（1）______________________________

（2）______________________________

（3）______________________________

5.相比于其他求职者，我做的这些准备可能略胜一筹：

（1）______________________________

（2）______________________________

（3）______________________________

第一节　求职前应该做好的四件小事

除了做好简历等重要的求职准备，我们还要注意一些小的细节，我们权且称为“四件小事”，尽管实际上它们一点也不小。

下面我们来详细阐述这四件不小的小事。

一、你次次改简历了吗?

你有几个版本的简历？

你发出去的简历是千人一面，还是各不相同？

我在过去10年换了5份工作，发出去的简历几乎不超过20份，却获得了90%的面试机会，原因有三：

1.当时竞争压力小于现在。

2.每一份简历都是根据所申请职位量身制作的。

3.每一份简历上都出现了应聘单位的名字或者产品。

即使你在发送简历之前草草地上一下招聘单位的网站，把人家的关键词随便抓三个写到自己的简历当中，你成功的概率也会增加一成。

即使你是在人头攒动的招聘会现场，你也可以快速浏览一下招聘企业的宣传板，挑选一两句能够和你的简历契合的信息，手写在简历的页眉或页脚。比方说，如果你看到“蓝天公司”的招聘要求是“打字速度30字/分钟”，你不妨在页眉上手写一句“我打字速度是蓝天要求的两倍：60字/分钟，希望有机会为您打字！”

当然，在找工作的过程中，次次修改简历会使你感觉无比辛苦。尤其是当你经历了无数次投简历没回音、笔试被废、面试被拒之后，你可能会非常气馁，从而只是机械地把千篇一律的简历海投出去。然而，过程永远没有结果重要，如果你想增加自己的简历被HR青睐的概率，记住，每投一个企业，都要修改一次简历！

二、你周周发E-mail吗?

所谓周周发E-mail，是指你把自己的求职情况每周向自己的“人脉网”汇报一次。能够有资格做你“人脉”的人，往往是非常繁忙的专业人士，如果你不找他，他很难有时间想起你的事情来。叮嘱一句：在E-mail里，别忘了告诉人家绝对不需要特意回复自己的邮件！

你大可不必担心自己会打扰你的“人脉”大姐、大哥、大叔、大婶，因为中年妇女和中年发福男会在后辈的“挣扎”中感受到自己的成功与快乐。这可绝对不是变态和卑鄙心态，而是我们同理心强的标志。求求你们，给我们前辈一个好为人师的机会吧！

当然，话说回来，如果你总是有所求却无以为报，时间久了你的人脉就该厌烦了。所以，投其所好，三八节送盒红糖、中秋节送个蛋糕券、没事儿给人家孩子送个超酷的玩具，或者给单身的人找个对象啥的……

不要怀疑这种方法是否有效，去做吧！

三、你找了几个亲密战友?

求职道路上的亲密战友有两类人：一类是你所积累的人脉资源；另一类就是和你一起并肩战斗也在找工作的人。

人脉资源，其实就是我们中国人特别看重的“关系网”，总是在成功元素排行榜上名列前茅。在“求职途径”排行榜上，名列榜首的绝对不是校园招聘或者网上招聘，而是内部推荐。据统计，它的成功率在某些公司高达50%！

其实，内部推荐绝对不是暗箱操作的黑色秘密，而是招聘者经常采用的一种手段。很多大公司为鼓励员工推荐优秀人才来就职，都设立了明文的物质刺激条款，很多公司此项奖金高达3000元之多！

大一的时候，如果你和大四的师兄、师姐以及研究生的大师哥、大师姐建立友谊，他们就是你大四就业时候的宝贵资源！大学男生一律把交友的目光锁定在“小师妹”身上，往往毫不理会高自己两级的师姐。反省一下吧，追求师妹是可以理解的，但也可以和师姐建立纯洁的男女关系啊！

第二类亲密战友，是和你一起找工作的同学。和最要好的同学组成求职小组，你会得到很多好处：

1.分头查找职位资讯。两人力量胜一人，三人力量胜两人，你每天发出去的简历数量必然会成倍增加。

2.分头研究招聘单位与岗位。对招聘单位和岗位了解得越多，你的胜算就越大。如果你和你的朋友所求职位非常类似，一定要学会分头行动，资源共享！

3.模拟面试。毋庸置疑，面试之前需要模拟，而你的亲密战友就能帮助你扮演面试官。

在此，给你一个建议。你在参加面试的时候，不妨和同去面试、看上去比较有竞争力的候选人互换联系方式，原因有三：

1.面试一般都会不止一轮，多认识几个共同作战的人，可以在几轮面试中互相打探消息、互相帮助。

2.你和对方的竞争已经无可避免了，与其对竞争对手不理不睬，不如互相帮助，而且，很可能你们需要在小组讨论中互相提携。

3.如果你失败了，而对方胜利了，他很可能成为你过几年再加入这家公司或者其他同类公司的推荐人。

当年我应聘英语培训教师的时候，就结识了这样一个“亲密战友”。我们在通过第一轮试讲以后互相留了联系电话。半月之后的某个清晨，我突然接到“战友”的电话，她说自己已经在新教师培训基地开始受训了，而我却连再次试讲的通知也没有收到！几经周折，我的“战友”帮我打听到了事情的原委。由于新学期紧急用人，学校果断在第一轮试讲的候选人当中直接录取了前10名，而我，刚好屈居第12名！勇气向来可嘉的翠喜老师，打车直奔霍营的内训场地，请求部门主管再给我一次试讲的机会。结果是：我被录用了，而且成了当年打分最高的新老师之一。

让我们用《西游记》主题曲调一起唱：你看智联，我析职位，斗罢网申迎来群殴，踏平面试，迎来Offer，亲密战友我爱你！

四、备好五个行头

求职必备的五个行头是：一个“正经”的E-mail地址，一个稳定得几年不变的电话号码，一身三件套的套装（体育公司等例外），一个质地精良的商务款提包或挎包，一个求职笔记本。

个性化太强的E-mail，男欢女爱的E-mail，卡通味道太浓的E-mail，都不适合求职。如果你在找工作，赶紧注册一个规规矩矩的E-mail地址，然后，用上一辈子吧。

一个稳定得几年不变的手机号码，你有吗？张定是一位年薪30万元的销售员，我问他：“有什么窍门可以让你立于不败之地吗？”他笑笑说：“都是小事情。比如说，我的电话号码12年没有变了。原来用的是全球通，后来换了神州行，但是我没有取消原来的全球通号码，而是转接到新的神州行上。12年了，从北京到广州，又到苏州，但任何一个老朋友、老客户都还能找到我，每一个电话都是机会！”

一身三件套的套装是很有必要的。外套里面最好是短袖，或者是非常清凉的长袖。5A写字楼往往很变态，夏天可能很冷，冬天可能很热，或者，有的办公室很冷，有的很热。为了让自己舒服一点，穿上一套可以把外套脱下来的三件套装，穿脱自如对付冷热，就不至于在面试的时候要么满头冒汗、要么牙齿打战了。

一个好包，你肯定有。我见过不少求职者，去面试的时候挎着一个约会谈恋爱用的华美包包，或者一个巨大的假名牌包。当然，真名牌也许更不合适，人家要是不给你开出个至少1万元的月薪，谁敢用一个拎着Gucci（古驰）穿着Burberry（巴宝莉）蹬着Ferragamo（菲拉格慕）的你啊？

一个体面的求职笔记本，你必须准备！每天把自己每一个求职步骤记录其中，当你记满半本的时候，好的Offer自然就来了！很多求职者，由于海投简历实在太多，根本就不记得到哪个单位应聘了什么职位，自然就会与一个个机会失之交臂。我的一个读者朋友王有新，在面试的时候把求职笔记本摆在桌面上，引起了面试官极其浓厚的兴趣。两人在一个小时的时间里，回顾了求职者3个月之内的所有求职经历。有新展示了自己在失败之后如何总结教训，如何不气馁，如何咬定青山不放松一定要做市场推广等。面试官在唏嘘之余感受到了有新的“有心”，直接痛快地给了他口头Offer！

第二节　求职前应该做好的四件大事

第一件大事：打造第一印象

1. 学会称呼陌生人

先给大家讲个纠结的小故事。

江化同学被我介绍到朋友于新所在的公司打杂，为表示尊敬，他一口一个“于经理”地叫着。结果当天晚上，于新就打电话“投诉”：“叫得我这个别扭啊，于经理……”

事实上，于新是外企的一名资深销售，很少被称呼为于经理。

我问江化为什么要这么称呼，他瞠目道：“这不是为了表示尊敬吗？！”

我勒令江化直呼对方于新，他再次瞠目：“这么不尊敬？！”

第二天，僵化的江化同学差点没把于新经理气昏，因为他换了个更加“亲切”的称呼：于姐！

正处在35岁敏感期的于新，最讨厌人家叫她“于姐”“大姐”或者“姐”……

那么，如何称呼“陌生人”呢？

记住，最简单的百分之百没有问题的方法是，在第一次通话或者见面的时候，立刻问对方：“我怎么称呼您合适呢？”

第二个简单的方法是留神周围的人都怎么称呼这个陌生人。通常来说，与你同级别的老员工怎么称呼，你就怎么称呼，是很安全的。

2. 调整面试心态

有很多人觉得自己在面试的时候似乎矮人一头，于是沟通时畏首畏尾。大家一定要知道：这样的想法大错特错！

你唯一应有的心态是：我是来与HR互相合作一个项目的，而这个项目就是要尽快判断出我这个人，是否是HR所需要的那个空缺职位的最佳人选！

你过来面试，从HR的角度来看，是帮助他替公司招聘到合适的人。所以，他期待着你与他共同分析你的优点、缺点，真实地与他沟通，这样他才能更有效地完成工作任务。

如果你过度紧张，就会给HR的工作制造难度，因为他可能看不出你真实的水平。

如果你过度迎合，也是在给HR的工作制造难度，因为他可能找错人。

如果你撒谎，你就会让HR招聘一个错误的人进来，他必然会受到公司的谴责，所以他才会左右盘问，免得自己犯了大错而难以升职加薪。

经过这些分析，我希望大家能够放平心态：你是在和HR彼此合作，完成填补职位这个项目的。所以，谈何紧张？谈何矮人一头？

第二件大事：与你申请的职业交往甚至“试婚”，而非“单相思”

让我们先来看一个面试实况。

面试官：你怎么看审计行业？

求职者A：我觉得审计行业很有前途，现在有这么多公司要上市要融资，都需要我们审计服务。据报道，美国增长最快的行业之一就是审计业，我想中国也会紧随其后的。（说法也许没错，但信息来自百度搜索，属意淫范畴。）

求职者B：因为学的是会计，所以我从大一就开始关注审计行业。我有个师哥在本地所，我暑期帮他整理过数据，觉得自己比较适合做这一行。虽然现在审计行业受到了大环境的影响略受冲击，但我了解到大所的抗震能力还是比较强的，这也是我想进大所的原因。（交往过、“试婚”过，虽然短暂，聊胜于无。）

如果你是面试官，单纯从这个提问看，你一定会青睐B。

年轻人要了解行业和职业，其实有很多方法。

1. 去交往，去做，去“试婚”

如果你毕业以后想做人力资源，你最好在学校的某个社团里负责招聘和培训新人的工作。

大学的社团，给大学生们提供了一个很宝贵的平台。你可以在社团中担任你最感兴趣的职位，想做市场的就要通过各种活动为社团宣传造势，想做销售的一定要亲自去为社团拉赞助，想做财务的就把社团的钱全都管起来（哪怕只有三五百元）。

2. 受训

如果你想毕业后去做销售，你有没有想过在大二的时候去参加友邦保险或者中国人寿等组织的培训？

如果你想毕业后做文秘和助理，你有没有去上一个速记培训班？

如果你想毕业后做会计，你有没有在大学就开始上CPA的培训课？

3. “假扮”职业人士

邓佳是学化学的，他不放过任何一个在北京举办的化学机械博览会或精密化工博览会。他西装革履地出现在博览会上，和各个展位的专业人士攀谈，了解对方公司的最新技术和产品，索要对方的名片。博览会结束以后，他会以一个月一封E-mail的频率与自己结识的新朋友保持交流，或者送个节日祝福，或者请教个小问题，或者询问一下对方有没有需要自己帮忙做的事情。就这样，他毕业两年后正在昆山的一家小公司工作的时候，突然收到了博览会上认识的德国薄膜公司请他帮忙做文件翻译的邮件。这家公司随后向他抛出了橄榄枝，邀请他做工艺工程师。

第三件大事：每天找一个陌生人交流

很多人都觉得自己的沟通能力很强，但当你站起来，面向大家（即使下面只有三个听众）的时候，你的脸是否由白转红，又由红转青，舌头也开始打结？

究其原因，大家所指的沟通能力很强，是指和熟人沟通。和同学、同事沟通自然很容易，一次不行，就两次，两次不行，你就下课、下班后请他吃饭！而面试时所需要的沟通能力，是指和陌生人沟通，而且你往往只有一次沟通机会！

所以，如果你真正想锻炼面试时必需的表达能力，你一定要去找陌生人做陪练！如果你是大学生，多去和老师与学校的管理人员沟通；如果你是在职人士，大胆地去和不同部门的人熟识，在公司聚餐的时候，不要躲避自己不熟悉的领导，大胆地走上前去，从打招呼寒暄开始，尝试在压力下真正地锻炼自己的表达能力！

第四件大事：实战三次以上，再上大战场

你可能做过不少求职模拟：简历模拟大赛、面试模拟大赛等等。这些比赛诚然会锻炼你的口才与抗压能力，但是，这种模拟只能算是second best（次好），依然是纸上谈兵的做法。

年轻的求职者，最好的求职准备就是实战冲锋。实战，有两个含义。

第一，招聘会上的实战。不要在校园里闭目思考哪个职位有什么要求，直接到招聘会去看、去了解。不要再去参加面试模拟，直接去推销自己，从最小的兼职职位开始面试。学英语专业的学生可以在广交会期间把自己“挂牌销售”。我的一个英语水平着实一般的读者朋友就是这样做的：她给自己制作了一张“200元/天英文翻译”的广告牌，举在手里，半个小时就找到了一个阿拉伯雇主（对方觉得她的英文好极了）！

第二，内容上的实战。不要总想着如何把简历炮制得更加漂亮，直接去演练一下对方所需要的技能，再去面试的时候你就会胸有成竹。翠喜老师曾经担任过学校听力口语部的主管。在不到一年的时间里，有几十位学员主动走到我面前，问我是否有机会让其做部门的实习生。他们几乎全部都被拒绝了，因为即使是实习的教师助理，我们也倾向于使用有教学经验的人。但是，其中一个男孩在两个月之后又来到了我的办公室，告诉我他已经在他们大学旁边的一家只有三个人两条枪的小培训机构带课两个月了。虽然他只教过十几个学生，但是对教学工作着实有了深刻的第一手经验。这个男孩接下来顺理成章地成为听力口语部一名负责组织安排英语角活动的助教，而这个经历对他后来的求职大有帮助。

如果你一直把自己关闭在校园里，而不是直接冲锋到招聘单位（或者潜伏在招聘单位）面前，就永远得不到最生动的第一手资讯，也得不到真刀真枪的磨炼。

王变（他家境贫寒的爸爸希望他的命运有所改变，就给他起了这个怪名字），一个民办大学的大三毕业生，他想做服装外贸，却发现人家要求必须有行业经验。怎么办？在家里永远拿不到经验，他立刻冲去白马服装批发市场，然后冲去海印布匹批发商城，把自己装扮成一个批发客（第一次不像，而第二次就靠谱了）。与30家摊主谈过之后他

就成了小半个行家。他用一周的时间，“蒙骗”了上百家摊主，也对服装和面料有了“一瓶子不满半瓶子晃当”的了解（总比一张白纸要强）。从此，他的简历当中出现了不少服装行业的术语，靠这些术语，他获得了一些面试机会。在面试的时候，他相当自信地告诉面试官：“我没有做过一线的服装外贸，但是我很懂服装行业，我没事就去逛服装批发市场！我知道梭织、针织，我了解磨毛、水洗……”

所以，千万别把你宝贵的第一次（面试）交给你最心仪的企业。人家要的不是羞涩的新人，而是职场老手。只有先小战三次，才有资格踏上好职位的战场。

第三节　你也有这些疑问吗

这些问题，都是天涯上《这些道理没有人告诉过你》读者交流帖留言中的提问，我将在此公开作答，希望能给求职中的你一些启发。同时，我也再次真诚呼唤有经验的职场人士能够一起来到读者交流帖中互动，参与讨论这些问题。

1. 如何争取第一次的实习机会？

不停做兼职，你的正式实习机会就会到来。当然，你必须有所选择，总是去发传单、做家教，这种兼职无法让你认识到企业的负责人，就不可能有实习机会。

2. 有没有什么方式可以增强自己的语言感染力？

首先，你未必需要语言感染力。如果你是技术人员，只有过硬的技术才是敲门砖。

当然，语言能力是未来你从事管理岗位所必需的技能。从现在起拿你周围的人做试验品吧！多和你上下铺的兄弟聊天，观察人家的反应：人家喜欢听你说话吗？如果不喜欢，那你更要多练习了！

3. 哪些行业不是很看重实习？做会计或保险精算，是CPA/精算师证重要还是实习经历重要？

以技术为主的岗位未必在乎实习，而在乎实际的技能。如果你大学没毕业，CPA就考下来好几门课，那当然是很有说服力的！

不过，实习经验为零的人，会让所有人觉得你比较孤僻。

4. 在社团经历不丰富，几乎没有实习经验的情况下，对求职有什么影响？

弱弱地问：那您大学干吗了？如果你学习成绩特好，也可以！

如果学习也不好，那么，找出至少一个优点，用它来找工作吧！

5. 大一新生，如何规划4年的准备工作？

这个问题太大，但是，问得好。

确定你的“一技之长”是什么。这个“一技”，必须是来自各大招聘网站的看得见摸得着的职位。绝对不要说“我的特长是与人打交道”。因为，智联招聘没有这个启事：招聘“与人打交道者”……

6. 在找世界500强的实习机会前，什么样的企业实习可以作为敲门砖？

同类的小公司当然可能是敲门砖，如果你想去可口可乐，你曾经在酸枣汁公司的实习经历就能敲门了！如果你想去京东实习，你开淘宝店的经验就有用！

7. 如果是大一的新生，经历不够丰富，你会给他们实习机会吗？

冲你问这个问题，就不给机会。因为你压根没理解什么是实习。企业需要一个人打杂做些事情，你需要去一个地方打杂锻炼自己，只要两者的“杂”能匹配上，谁在乎你是大一还是高一的？！

8. 如何找到第一份实习？

去找……

9. 我的外表不太好，请问外贸、房地产、快速消费品、电信、事业单位工作这几个行业中哪个行业不适宜去？

行业无所谓，但是国营的单位就未必适合，私人企业，哪个行业都可以去。私人企业看重人才，你只要能干、踏实，身高和样貌无所谓。

10. 我学的是旅游管理，对途牛公司的管培生非常感兴趣，我应该注意点什么，多学习点什么？

先开始旅游吧！

第三章

简历：打造一块硬硬的敲门砖

本章的目的是让大家制作出成功率更高的简历，不能说百发百中，但成功概率过半是必须的！

当你领悟完本章之后，请完成下列任务清单：

1.这份简历所针对的招聘启事是哪家公司何时发布的何职位。（回答不出此问题，请不要动笔写简历！）（如果你暂时还没有确定求职目标，你可以在智联招聘页面上找一个“假想对象”。）

____

2.该职位的三大需求是：

（1）______________________________

（2）______________________________

（3）______________________________

3.我匹配这三大需求的具体事实是：

（1）______________________________

（2）______________________________

（3）______________________________

4.更牛的申请人可能在哪几个点上比我厉害，我该如何弥补：

（1）______________________________

（2）______________________________

（3）______________________________

第一节　HR是如何筛选简历的

俗话说，“知己知彼，百战不殆”，既然我们精心制作简历的目的就是取悦HR，那么我们必须了解HR是如何筛选简历的。

一、HR筛选简历情景再现

1.首先，HR拿出招聘要求。

三星公司，打印耗材产品经理的工作职责：

· 善于运用MIF管理

· CR提升方案及战略

· 兼容品情况了解分析及对应

· 竞争力及竞品分析

2.现在，用10—30秒浏览简历，对号入座看招聘要求。真的，看简历也就是10—30秒。（我们把HR的阅读点用方框标注出来）

通读简历后，由于工作内容吻合，决定让建文来面试，但是已经对他留下了“不成熟”的印象。

韦建文

手机：1372703×××× E-mail：jianwen612@163.com

已经工作几年了，照片弄得还像个学生，似乎不太成熟。

教育背景

2008年9月—2012年7月　中国农业大学包装工程

奖励与荣誉

两度获得中国农业大学　校“优秀生奖学金”

班级“最佳学习标兵”（1/30）

这个人太学生气了……不太适合……都工作了这么多年还提大学经历？！

校“优秀共青团员”（3%）

已经工作几年了，还详细介绍大学成就，有点啰嗦了，其实简单单写“多次获奖学金”就行了。

校园活动

好学生气啊。

学生干部：院艺术团歌队队长，级委会文体部长，班级文娱/宣传委员。

文艺活动：参加院“校园十佳歌手大赛”夺得冠军、最佳人气奖。

创　　作：创作的造型设计作品被老师收藏，全班60人中唯一获此待遇；

·自学音乐制作软件，制作的歌曲被评价为具有专业水准；

·参加校宠物摄影大赛、英语话剧比赛获优胜奖。

如此强调唱歌与表演？喧宾夺主了，最多在结尾列一句“曾获‘校园十佳歌手冠军’”。

社会实践　家教老师　2004年4月—2007年6月

只有大学生才可以写“社会实践”啊……

·帮助学生在1个月内将数学成绩提升20分以上，并在期末考出其史上最高分；

·所辅导的另一个学生考入北京执信中学；

·被学生家长称赞为人热诚、负责。

工作经验

2013年2月至今　飞马天威打印耗材有限公司（全球最大通用打印耗材生产制造商）

产品管理部项目助理（即将于3月升任新产品开发室主任）

背景适合我们。

·负责激光打印耗材产品（公司核心业务，占销售额75%以上）；

·开发项目的市场分析、项目管理、进度跟进及综合协调等（包括公司头号重点项目）；

·发布新产品上市通知，为销售公司提供重点产品推荐及产品知识培训；

·解答国内外各销售公司的新产品相关咨询及信息沟通；

·协调管理竞品分析及研究，参与降低成本项目管理；

工作内容匹配。

·各部门领导“新产品开发沟通协调会”的召集/组织、记录/跟进等，参加新产品开发相关评审会议；

·负责接待参观工厂的国内外客户，并提供讲解服务；

·部分研究报告、产品说明书等的中英文翻译，部分外籍销售工程师的入职产品知识培训；

·跟进投产、上市产品150余款，累计跟进项目近200个，项目数量最多，信息准确率最高。

其他信息

语言能力：英语CET-4，可直接与外国客户及同事进行流利的口语、书面沟通，多次外宾接待经验；

粤语、普通话流利（另掌握四种方言）。

方案策划：起草《天威集团2011年度科技大会科技成果评选方案》，在集团范围内成功实施。

计算机技能：熟练掌握Microsoft Word、PowerPoint、Excel等办公软件，接受过专业PPT培训；

掌握AutoCAD、CorelDraw、Photoshop等绘图设计软件，可进行企业形象CI、包装、广告、书籍装帧等设计。

上面的这个范例告诉我们：HR筛选简历完全是按需所取的过程，招聘需要什么人，就关注什么信息，其他的信息一点都不重要。

二、让HR青眼有加的简历

既然HR审核简历只有十几秒或几十秒的时间，那么，下列简历会受到青睐。

1. “按图索骥式”简历。通篇充满了招聘启事上的关键词，这份简历100%过关。

2. “亮点式”简历。背景很牛的人，经历中充满亮点，即便可能和招聘启事的要求有出入，被选中的概率也大一些。例如：

* 荣获大学辩论赛最佳辩手；
* 某理工大学研究生会主席；
* 大学期间被选送到美国西雅图波音飞机总部参加培训；
* 曾义务献血4次（部分企业很看重人的善良本性）。

3.外表独特的简历。简历也和人一样，除了内容，也要重视外表。比如说以下这些独特的地方：

* 打印纸和大部分应聘者使用的普通白纸不同，当然了，也绝对不是彩色纸。
* 字体和大部分应聘者所使用的宋体中文或者Times New Roman英文有差别。举个例子，你可以把宋体和楷体两种字体结合起来。

* 通过暗格和影格让自己的简历看上去与众不同。

4.“另类”简历。另类的简历如果设计得体，并且在设计上体现出和所申请职位的密切关系，被HR选中的概率非常高。比如说这样两份简历：

* 申请会计工作的小王把简历的后半页做成了资产负债表的格式。
* 申请文案设计的小孙把简历写成了散文的格式。

5.有得体照片的简历。尽管很多人认为在简历上贴照片并非必须，我却强烈建议大家选择一张看上去非常得体而专业的照片，而且最好是2寸而不是1寸，粘贴在简历上。照片会令筛选简历的HR感到亲切和放松，例如下面这张翠喜老师的美化版照片。

三、让HR“白眼有加”的简历

具有以下特征的简历容易遭到HR的白眼冷遇。

1. 文章式简历

段落式的描述使HR阅读起来费时费力，而且很难找到重点信息。

2. 缺乏数字支持

无论你应聘的是什么工作，没有出现数字支持的简历都很容易失败。

3. 读起来费劲

字体过小、间距过密、结构不清晰、经过多次复印之后字迹过浅的简历会使HR毫不犹豫地弃之一边。

4. 没有应聘职位

如果你所投递简历的公司只招聘一个职位，那么Career Objective（职业目标）可以省略。但如果它招聘两个以上的职位，没有Career Objective的简历会被立刻淘汰，因为HR不知道该把这份简历归在哪一类里。

5. 只有英文简历，没有中文简历

有的申请人看到某公司的招聘启事全部是英文，所以干脆只投递英文简历。其实初审简历的都是中国人，看全英文简历是很费神的。

6. 相关性差

有的学生在学校的学习和社团活动中有很优秀的表现，但是通篇看来，和对方公司的职位几乎没有什么关联。

7. 简历中出现了暴露不成熟心态的措辞

有些申请人在简历当中以抒情性的语句来结尾，却彻底暴露了自己稚嫩的一面，纯属画蛇添足。比如下面的例子：

* 我可能不是你的最佳人选，但我可以很有把握地说，我绝对是你最合适的人选！（点评：是否适合，必须由HR去评判。）
* 我愿意从公司底层做起，用3年时间积累经验，向高级主管职位挑战。（点评：审核你简历的HR可能已经工作了3年，却仍然在普通专员的岗位上，他会对你3年做高管的计划嗤之以鼻。）
* 是雄鹰，就该搏击长空！（点评：典型的应届毕业生誓言，看上去太傻气。）

8. 装饰过度、无用信息到处都是

应届毕业生常常把简历夹在塑料封套里，而HR没有足够的地方存放这种占面积的夹子，所以经常扯掉封套，直接取出简历。而这样做的结果可能使简历丢页。

此外，很多应届生都把简历做成3—4页（往往越是非名校的学生越喜欢做很花哨的简历），这种简历几乎已成为模板简历，你不必把这些东西全盘推翻，建议你适度简化，最多2页为宜（其实，合格申请人的简历基本是清一色一页，硕士可能2页，博士才有资格写4页）。

很多人喜欢单独一页打印出“个人简历”四个大字，好像一本书的封面。不管这封面做得多精美，我想说：它对证明“我合格”有什么意义？！纯属浪费纸张！

第二节　制作有效简历的三个步骤

以下三个步骤是制作简历缺一不可的必要环节。

一、根据招聘启事，分析HR的“显性需求”和“隐形需求”

所谓“显性需求”，指的是招聘启事上明确列出的要求，比如英语四六级证书等。所谓“隐性需求”，指的是HR不愿意公开表达的需求。比如说，招聘秘书的时候，希望秘书的身高达到一定要求、形象比较端庄等。越是知名的大公司越“委婉含蓄”，很少在招聘启事中提及性别、身高、外表等这些先天因素，主要是为了在公众面前树立用人唯贤的企业形象。应届大学毕业生可能已经意识到了：有很多著名的公司招聘时声明“专业不限”，但在真正筛选简历的过程中却对某些专业有极强的倾向性。

其实，HR真正想表达的意思往往非常直白，比如说，“形象端庄”的直白版本就是“形象气质佳者优先考虑”；“有服务心态”的直白版本就是“我们需要你打杂”。

所以，在进行“需求”分析的时候，不要流于字面，而是要翻译得直白一点，“赤裸”一点，这样才能真正挖掘出HR的期望值。

二、用事实匹配HR的“显性需求”和“隐形需求”

需要特别指出的是，一定要以有根有据的“事实”来匹配“需求”。举个例子来说，如果应聘秘书，可以用自己“曾参加仪仗队”的事实来匹配HR的需求，而不是诸如“我形象端庄大方”之类的空话。

还需要特别指出的是，挖掘事实，绝对不是捏造事实！简历务必建立在真实的基础上，唯其如此，才能找到最适合自己的工作。否则，即使“骗”到了一份工作，可能也会因为不合适而感到痛苦。天生我材必有用，大可不必为了暂时找到一份工作而随便撒谎。

三、针对用人需求，精确制作简历

真正动笔制作简历，是简历制作的第三个环节。如果没有分析HR的需求就贸然动笔，这样的简历很可能会屡发屡败。

读到此处，应届毕业生可能会感到困惑，因为他们往往要提前制作大批简历，赶到招聘会上进行天女散花式的“海投”，怎么可能提前分析HR的需求呢？

可以这样解决问题：

1.结合自己的才能和兴趣，提前浏览大量的招聘启事，从中选出两到三类职业。比如说，一个学商务英语专业的女生可能会选择“外贸业务员”“英语培训师”和“文秘助理”这三类职位。

2.对每一个所选定的职业，搜集三五份招聘启事，把所列出的“需求”进行同类项合并。这样很快就会发现，只要是同一类职位，不同公司所开列出来的“需求”几乎是相同的。

下面，通过一个案例分析，具体阐述如何进行简历制作的三个步骤。

央视网微博营销经理

职责描述：

1.制订微博营销的阶段计划和目标，并安排团队人员执行；

2.运用有效的微博运营手段提升网友活跃度，策划各种微博营销活动；

3.负责发展与维护相关合作账号、种子用户关系；

4.挖掘和分析网友的使用习惯、情感及体验感受，即时掌握新闻热点，能够完成专题策划、编辑制作；

5.跟踪微博推广效果，分析数据并反馈，分享微博推广经验，提高团队的网络推广能力。

任职资格：

1.热爱互联网，熟悉网络营销理论和思想，熟悉各种Web2.0产品应用，对微博、SNS、博客、论坛等产品有浓厚兴趣及深刻认识；

2.有专兼职1年以上微博营销运营经验和案例，对微博营销有深刻的认识；

3.本科以上学历。

经过分析，一个只有半年实习经验的传媒专业研究生，也可以列出这样一份充满事实匹配的表格：

步骤1：明确HR的需求	步骤2：挖掘“事实”，匹配“需求”
运用有效微博运营手段提升网友活跃度	建立“关键字每日更新”制度，增加粉丝关注度，要求公司所有对外发出的微博50%带有图片。
策划微博各种营销活动	策划母亲节××牌漱口水销售； 策划光棍节××牌小熊抱枕销售（鼓励女孩送给自己心仪的光棍男生）。
挖掘和分析网友使用习惯、情感及体验感受	分析整理了连续一个月1000名目标客户粉丝的行为与使用习惯，筛选出10大营销因素，如公司目标女性客户对“大姨妈又晚了”字样的微博评论率比“月经不调”评论率高13%。
对微博、SNS、博客、论坛等产品有浓厚兴趣	我粉丝2829人，关注934人；天涯论坛“智慧与抓狂”帖子连载已半年……

需要提醒的是，你不可能挖掘出表格中所列举的全部“事实”，只要能够在个人经历中找到部分“事实”，就已经相当适合这个职位了！

其实，上面这个表格所演示的“事实”与“需求”匹配的过程，恰好就是一个衡量自己是否适合一个职位的过程。如果抓耳挠腮也想不出几个可以匹配的事实，那么你可以果断放弃这个职位。找工作是一个双向选择过程，既包括招聘单位对申请人的筛选，也包括申请人对招聘职位的筛选。不适合自己的工作，犹如追求一个性格不合的男、女朋友，追的过程会很别扭，生活在一起后更加别扭，最后很可能要分道扬镳。

在完成上述两个“需求”和“匹配”的步骤后，就进入了动手制作简历的最后一个步骤——把自己挖掘出来的“事实”合理地排列在自己的简历当中。这是一个追求细节完美的步骤，诸多细节将在下面小节中与读者一一分享。

成功的简历必须遵守的七个原则

在《这些道理没有人告诉过你》第一版出版的时候，我就写下了以下七个制作简历的原则，事实证明它们行之有效地增加了简历的胜出概率。现在，我将这七个也送给正在求职的你。

（一）采用程序式版面，而不是文章式版面

HR喜欢的简历像计算机程序一样，每一行说明一个内容，一眼就能找到相应的信息在哪里。相比之下，文章式简历中一个大段落里包含很多信息，HR必须仔细阅读才能找出关键信息点。

我们来对比一下同一份简历先后以两种版面制作的不同效果。

文章式版面：

2008年5月至2008年12月期间，我担任中山大学思科网络技术学院的助教，负责协助营运主管进行日常管理工作和招生工作。我发起组建了中国思科网络技术学院中第一个学生团队Cisco Team，担任Team Leader（团队领导），累计招聘、管理员工65人。我策划了“E时代的梦想”广州高校系列活动。该活动先后在5所大学成功举办3届，首次活动获得思科中国2万元赞助资金，我也被北京卫星广播邀请担任节目嘉宾。

计算机程序式版面：

2008年5月—12月　中山大学思科网络技术学院助教

* 协助营运主管进行日常管理工作和招生工作；
* 发起组建了中国思科网络技术学院中第一个学生团队Cisco Team，担任Team Leader（团队领导），累计招聘、管理员工65人；
* 策划了“E时代的梦想”广州高校系列活动。该活动先后在5所大学成功举办3届，首次活动获得思科中国2万元赞助资金，我也被北京卫星广播邀请担任节目嘉宾。

（二）要“冷冷的”数字与细节，不要“火热的”描述与抒情

如果把简历比喻成一篇文章，那么简历应该是一篇议论文，而不是散文。议论文充满了数字与事实，散文则倾向于感性的描述。

我曾经做过一个非常简单的统计，我把10个学员所写的简历初稿中的“自我评价”摘录出来放在一起，赫然发现，大家的“自我评价”简直可以构成“世界各民族人民优点大全”：中国人的谦虚、日本人的敬业、德国人的严谨、美国人的开放性思维……

现在，我们来对比一下简历片段的原稿和修改稿，体会一下“冷冷的”数字的

力量。

性格描述

原稿：开朗淳朴，与人为善，正直诚实，责任感强，组织能力强，踏实刻苦。（英文版：Open minded，Easy going，Honest，Responsible，Hard working，Good organization skills.）

修改稿：性格开朗淳朴，与人为善，在大学期间被推举为“宿舍舍长”并连任两年。（英文版：Easy going.Was Dormitory Supervisor for two years at university.）

工作经历

原稿：工作得到领导肯定，受到同事们的好评。（英文版：My work is highly praised by my boss and co workers.）

修改稿：2009年工作业绩突出，年终被评为15名优秀销售员中的第3名。（英文版：Had excellent performance in 2009.Was ranked No.3 among 15 sales rep. in annual evaluation.）

社团活动

原稿：策划了“新生杯”歌唱比赛活动，负责选手选拔、节目编排、活动宣传。我的组织与协调工作确保了整场比赛的顺利运行。

修改稿：作为第一负责人策划“新生杯”歌唱比赛活动，并在两个方面突破了传统的歌唱比赛模式：

* 以“残酷一叮”的方式，在2小时之内从100名报名选手中选拔出20位决赛选手，大大提高了选拔效率。
* 与20名参赛选手共同讨论决赛方式，最终设计出精彩的“必唱”和“抢唱”比赛环节，使比赛现场气氛异常热烈。

英语能力

原稿：通过大学英语6级，口语良好。

修改稿：英语CET-6级，可听懂90%日常对话与50%西方电影，曾为外教义务担任生活翻译。

计算机能力

原稿：熟练使用Word、Excel、PowerPoint等软件。

修改稿：

* Word：打字速度平均80字/分钟，熟练使用Word80%的功能。

* Excel：熟练使用Excel中的函数功能，会利用Excel进行各种计算。

* PowerPoint：擅长制作动态与静态的PowerPoint，曾为老师制作课件。

（三）简历要进行“客户化”

简历必须有针对性，要针对每一个公司和职位制作不同的简历。

很多缺乏经验的求职者喜欢制作“自传体”简历。这种简历写得非常详细，把自己的教育、社团活动、工作经验等方方面面的经历都罗列出来，生怕遗漏某个重要信息。而这样的简历，失败率却是最高的，因为你关注的都是“我自己”，而不是“求职单位”。

具体来说，对简历进行“客户化”，可以采用以下方法。

1. 内容上客户化

所谓在内容上客户化，就是按照招聘启事的“职位要求”来制作简历。我们来举这样一个例子。

Citigroup（花旗集团）招聘信用卡客户服务专员职责范围：

* 解答各种信用卡产品优惠、服务以及账户信息的咨询；

* 透过优质的电话服务，与客户维持良好的关系。

Citigroup招聘信用卡客户服务专员入职要求：

* 大专毕业，有1—2年客户服务经验，有银行实习或信用卡推销经验者优先考虑，欢迎应届大学毕业生应聘；

* 能讲流利的普通话/英语，英语4级以上者优先考虑；

* 愿意24小时轮班工作，包括节假日；

* 勤奋上进，有自律性及团队合作精神；

* 良好的打字及电脑操作技能。

如果你是应届毕业生，你会发现这个招聘启事有点令人费解，它首先说明你需要具有客户服务经验，甚至必须是与专业相关的经验，然后又说欢迎应届毕业生应聘。你可能会觉得Citigroup颇有些假惺惺的味道，然而，这种看上去互相矛盾的招聘条件其实也说明了HR的两难境地。一方面，Citigroup确实需要应聘者具有一定的经验；另一方面，Citigroup也非常希望尽一份社会责任心，给应届毕业生多提供几个岗位。

在洞悉了招聘单位既希望给应届毕业生机会，又担心他们不能胜任的两难心态后，应聘者卢艳丽制作了这样一份简历：

卢艳丽

个人信息等

略

客户服务经验

2012年7月—11月　粤龙通讯器材城销售&客户服务代表

* 使用Excel制作销售与库存报表；

* 接待顾客，演示样品手机；

* 接听电话，为顾客提供选机和使用咨询；

* 打电话给购买了昂贵机型的顾客，询问使用情况；

* 日均接待顾客上百名，接听电话上百个；

* 每天利用下班后的时间制表；

* 每周工作6天，工作时间为早9点—晚9点。

2010年4月—2012年5月　蓝薇网店兼职网络销售

* 向朋友以及朋友的朋友介绍网店；

* 在一个月内拉到5名朋友成为网店会员。

银行与信用卡经验

2010年4月　协助推广招商银行Hello Kitty信用卡

* 了解了信用卡产品优惠与服务条款；

* 熟悉了信用卡申请流程。

2008年　大一即申请了大学生信用卡，充分享受了持卡消费的便捷之处。

（备注：据我的了解，艳丽协助推广招商银行信用卡的过程的确是“协助”，其实，是她的一个高中同学在路边设台，而她是特意跑过去学习观摩的。当然，观摩了半天自然就会有拿纸递笔的协助，而且也确实基本学会了真的很简单的信用卡申请流程。）

语言能力

普通话非常标准，英语CET-4，口语较好（长期参加英语角）。

打字及电脑技能

打字：80字/分钟（全拼与五笔）

电脑：Word、Excel、PowerPoint一律非常熟练，被称为班里的“电脑高手”。

其他特点

高度自觉自律，在大学期间几乎没有缺过考勤。

形象较好，在大学曾经参加过模特队，声音甜美。

（简历到此结束，谢谢您的阅览，祝您快乐好心情！）

如果艳丽按照传统的应届毕业生格式来制作简历：教育+社团+兼职+电脑与英语技能，那么Citigroup的HR就会看到这样一个应聘者：大专学历+没有客户服务经验+没有银行与信用卡方面的知识，结果必然是投简历失败。

而这样一份完全客户化的简历，让HR产生了一种感觉（虽然可能是错觉），觉得艳丽是个颇有经验的候选人，结果很可能选中她的简历。

2. 文字风格客户化

企业和人一样，往往具有鲜明的个性，从网站或者企业的Slogan（企业训）中能够体会到一个企业自身的个性，或者是这个企业所欣赏的个性。如果你的简历中呈现出来的文字风格与该企业所欣赏的风格不谋而合，那么你的简历被选中的概率就增加了。我们来看看下面的例子。

Nike企业风格：特立独行，Cool，坚强，勇敢。

应聘者简历片段：独自远足，挑战精神极限。迎战高年级灌篮高手，点燃内心渴望。

新东方企业风格：从绝望中寻找希望。

应聘者简历片段：个人信仰——凡成大事者，必将在孤独的黑暗中前行，在黑暗中享受偶见的星光，在星光中走向黎明！

3. 以图片形式客户化

图片比文字直观得多，能够给HR带来比较强烈的视觉冲击。我们来举几个成功以图片形式吸引了HR注意力的例子。

一个申请培训学校教师的应聘者在简历的页眉上贴上小照片，旁边配上文字：

心中有100%的责任感的一位好老师——学生们的评价。

一个申请可口可乐公司职位的应聘者在简历的边缘放上自己喜欢的广告画图片：

就要这个味儿！

一个申请阿迪达斯销售职位的应聘者把自己穿着阿迪服装的生活照用上：

阿迪，伴我生活每一天。

需要特别指出的是，千万不要让图片占据简历的主要位置，它只能偏安一隅，以低姿态博得HR的注意。如果图片喧宾夺主，反而会让HR觉得这个应聘者哗众取宠。小小的、躲在简历角落，又与简历文字相得益彰的图片更令人喜欢。

4. 提及招聘单位的产品或服务

如果你是应聘公司的产品或服务的忠实客户，不妨在简历结尾加一小段，简述你使用该产品的感受，或真诚地赞美一下该公司，都会让HR更加喜欢你的简历。

申请培训学校教师职位的应聘者可以单独设计一段：

曾在贵机构学习的经历

2009年3月　BEC培训　教师：李长江；学习体会：坚持就是力量。

2009年6月　高级口语　教师：刘露露；学习体会：知识就是力量。

2009年7月　面试口语　教师：杨萃先；学习体会：经验就是力量。

申请雀巢公司职位的应聘者可以幽默地把产品名称加进简历里：

个性描述

分析处理问题冷静，如雀巢冰茶；

做事干脆利落，如雀巢即溶奶粉；

待人接物热情亲切，如冬日的雀巢咖啡。

显然，上面这种提及招聘单位产品和服务的方法颇为引人注目。当然，应点到为止，切不可长篇大论。

5. 让招聘要求（Requirements）自己“跳”出来

招聘启事一定会明确列出职位的具体要求也就是Requirements，HR审核简历就是以此按图索骥。那么，你必须让自己符合Requirements的信息点主动“跳”出来：

（1）把Requirements放在黄金位置上。所谓黄金位置，也就是人们的视平线的位置，一般在A4纸的上1/3处，你可以把自己最大的亮点列在此处。

（2）在重要信息处留白。一个重要的信息点一定要单独享有一小块空间，要住个小“单间”，而不能让它和其他二类信息共同挤在大通铺上。

（3）把重要信息以黑体字呈现，突出最符合Requirements的信息点。

（4）要特别强调的是，在一张纸上，只有少数几个Requirements可以“跳”出来成为亮点，照耀HR的眼睛。

我们来看一下这段不合格的简历节选：

工作经历

> 人家又不是特别喜欢湖南工学院，你干吗要加粗？

> 如果你申请教育公司的职位，可以加粗这个。

2011年—2012年　**湖南工学院**五山校区，**华师宏达教育集团**

兼职教管理学、数学、电子商务案例分析等课程

2010年—2011年　组织暨大**“南极光”**歌唱大赛

> 难道“北极光”是该公司的招聘要求？

组织广州高校烹饪大赛

策划数学系“DIY装机大赛活动”

承办105周年校庆文化艺术节系列之“网页设计大赛”

首创**“数彩飞扬”**数学系刊物光碟版

> 该同学完全没有理解什么叫Requirements。只有对方招聘要求的，才能加粗啊。

再来看这一段合格的简历节选：

个人特点

<u>高度自觉自律，在大学期间几乎没有缺过考勤。</u>

> 这个就是对方要求的“自律”。

<u>演讲能力强，在大学曾经取得多项全国性大学生演讲赛奖项，声音富有感染力。</u>

由于获得了加黑和加下划线的双重待遇，全勤与获得过演讲比赛奖项的两个经历立刻“跳”出来，引起了HR的注意。而这两点恰恰就是招聘启事所列出（或者暗示出）的重要Requirements：自律+表达沟通能力强。

6.“抄袭”招聘启事中职位要求（Requirements）和职位描述（Job descriptions）列举的关键词

电子简历已经成为各大公司必用的系统，这个电子简历审核系统犹如漏斗，常常筛你没商量。一旦进入这个系统，许多简历甚至从来都没有被人看到过。因此，你必须使自己的简历尽可能地写得到位，以便它在一个数据库里的存在时间得到延长，并产生高点击率。

如何制作一份“抗筛选”的电子简历或网上申请表，才能打败“电子漏斗”？

答案非常简单，就是“关键词简历”（Key Word Resume）。说白了就是“抄袭”招聘启事中的key words，并且让它们多次出现在你的简历当中。例如：

某银行招聘 “运营助理”

主要职责

* 从事贸易服务活动，如LC配货，LC通告，进出口合同协商谈判，资金结算；

* 从事相关的文秘工作。（备注：文秘工作引申出来的关键词包括打字、文件归档、制作表格、Word、Excel、PowerPoint、速记、听打等秘书技能。）

职位要求

* 商科相关的本科学历，要求学士学位；

* 有跟单信用证处理经验的优先。

你的应该聘简历中，完全可以忠实地“抄袭”招聘启事中的关键词。

（四）信息点要进行逻辑分类

简历的写作足以让HR判断出你的逻辑性思维能力，请大家先来看这段简历节选：

时间：2010年7月—2012年7月

机构名称：聚美优品网 北京

职位名称：行政部秘书

主要职责：

1.收发、撰写、翻译、整理、归档文件；2.协助组织会议，做好会议记录；3.协调承销商及公司物流相关事务；4.传达指令，汇报情况，跟进相关工作；5.接待及联系客户；6.整理上司报销凭证及处理事宜；7.安排上司出差交通及食宿；8.部门行政事务；9.其他上司交派的任务。

这段简历看上去很有规律，但是阅读起来却并不舒服，因为最重要的信息点“主要职责”并没有进行逻辑分类，而是按照序号全部罗列，令人眼花缭乱，很难搞清楚你到底负责什么。我们可以做如下修改：

2010年7月—2012年7月　聚美优品网北京公司行政部秘书

聚美优品是中国第一家也是最大的化妆品限时特卖商城，致力于创造简单、有趣、值得信赖的化妆品购物体验。

* 管理文件、翻译文件。平均每日接收数十份公司信函，进行收发、分类归档、回复、移交相关责任人等处理。同时负责翻译公司与海外经销商之间往来的非业务范围的文件；
* 协助部门经理工作。完成部门经理交代的各项任务，比如整理报销单据、传达行政规定、调查规定执行情况等；
* 协助各部门工作。负责协助各部门组织会议及宣传活动，商定使用场地、设施、餐饮等事项；联系并接待参与会议的客户以及合作伙伴；
* 安排员工出差的交通与食宿；
* 负责常规行政事务，比如采购、分发文具、订水、订饭等。

我们再举一个例子，请大家看这段简历节选：

所得奖项

* 2009年获南开大学优秀团员称号
* 2008年获南开大学优秀团干部称号
* 2008年获南开大学单项奖学金
* 2008年代表学院参加学校79周年校庆合唱比赛获二等奖
* 2008年获得管理学院运动会田径比赛1500米第四名
* 2007年代表班级参加管理学院第十届“百歌颂中华”活动获得二等奖
* 2007年获学校“优秀实习生”称号
* 获2004—2005学年二等奖学金、2003—2004学年二等奖学金
* 被评为2004—2005学年校三好学生

非常明显，这种按照时间顺序进行逻辑分类的方法不能帮助HR快速而高效地阅读。我们可以进行如下修改：

所得奖项

* 获南开大学优秀团员、优秀团干部称号各一次
* 获管理学院二等奖学金两次、南开大学单项奖学金一次
* 获校级三好学生荣誉一次

* 在歌唱比赛中多次获奖

* 在校运动会上多次获得长跑奖项

* 获“优秀实习生”称号

这段简历按照获奖内容进行逻辑分类，比按照获奖时间进行分类的方法更加清晰明了。

（五）好简历=你“做了什么”+你“做得不错”

应届毕业生往往在简历上罗列很多自己参与过的社团活动，但这种简单的罗列是远远不够的，你必须简要陈述以下两方面的内容：

1.在某个活动中，你具体“做了什么”。

2.你“做得不错”！可以列举你所做出的成果，说明你所做的事情在整个活动中到底起了什么作用。

（六）简练表达，废话少说

安永中国区人力资源总监汪希澄认为，公司希望找到可以简练表达自己的员工，只有这样，公司才能高速运行。

所以，在求职材料中，不要罗列一些没有用的“废话”：

1.个人信息类：身体状况良好。

是否有人说自己“有病”？

2.教育背景类：初中×××；高中×××。

已经是大学生，还谈初高中？

3.宣誓类：我渴望在更广阔的天空里展现自己的才能！我会踏踏实实地做好属于自己的一份工作，竭尽全力在工作中取得好的成绩！ 给我一个支点，我将为你撬起一个地球！给我一个机会，让我证明您的慧眼！

你自己相信这种话吗？

4.“虚”信息：没有实质性内容的信息完全没有必要出现。比如“如果需要证明人，即可提供”，或者“兼职销售的工作使我开阔了视野，锻炼了与人沟通的技巧”。

写了这么多，还不如一句话：“销售业绩为……”

写完简历后，要对“信息点”逐个推敲一下，没有帮助的信息一律果断删除。

（七）精益求精，关注细节

成功的简历在细节上也是完美的，我们首先以页眉来举例说明细节的重要性。

其实简历不必制作页眉，但大多数应届毕业生都喜欢制作页眉，而且大家往往不约而同地把学校作为一个卖点，例如：

* 名校学生喜欢以学校的标志为页眉。中山大學
* 以校训为页眉，如忠信笃敬、博学、审问、慎思、明辨、笃行。

热爱母校是值得提倡的，名校的毕业生往往更加以母校为荣。不过，以下这样一些页眉更好，现在推荐给大家：

* 让我的简历承载我最衷心的祝福：工作愉快，身体健康！（Let my resume carry my best regards to you，sincerely wishing you having a good health and happiness！）
* 等待着与您面谈的机会，耐心等待……（Waiting patiently for an interview opportunity！）
* 注重细节+服务心态=让我来做您的助手！（A detail person，willing to serve，I am the person you are looking for！）
* 杨平，应聘销售代表，13924186088。（Ping YANG，for Sales Representative，13924186088.）

如果简历不止一页，这样的页眉值得推荐。

虽然页眉可有可无，但见微知著，如果你把细节之处也设计得很完美，就能为你赢得印象分。

其他需要关注的细节包括：

1.尽量不要出现“我”或者“我们”的字样。描述自己过去所做的事情要直接用动词开头，动词翻译成英文时可以使用过去时或者现在进行时。

2.要提供看上去智慧而且职业化的照片。好照片会令HR印象更深刻，“女HR会因为妒忌某个漂亮女孩子而枪毙一份简历”的说法纯属无稽之谈。照片符合职位需要是上策。

3.千万不要让“姓名”“地址”等个人信息占用简历第一页中的一大块面积。

4.千万别重复。如果你CET-4和CET-6都考过了，那么只列出CET-6就够了。如果你在“英语水平”当中列举了BEC中级，那么绝对不要在“职业证书”当中再次列举出来。

第三节　成功简历展览

在本节中，我们提供一些成功简历的示范，给大家一个更直观的感受。为保密起见，简历中的学校与社团名字有所修改。

1. 呈现上进姿态的简历，不成功都难。（备注：这个简历对于职场新人来说，除了格式，更应该参考的是直接向上的职业道路。）

李×× 电话：（86）1360000000　　邮件：abc@hotmail.com	
教育背景	
2009年10月—2010年9月	ABC商学院 中国，北京 工商管理学硕士 NGO俱乐部 共同创始人
1996年9月—2000年7月	东北林业大学 中国，北京 经济学学士 优秀毕业生
工作经历	
2007年7月—2009年3月	欧洲飞雕 匈牙利，博台利

（续表）

	销售总监 * 参与重组飞雕欧洲工厂，制定了新的销售模式，并带领来自不同国家的销售团队，实现所辖17个国家整体销售37%的高速增长。 * 说服前摩托罗拉销售总监加入飞雕，引导他迅速融入飞雕文化，并指导他组建匈牙利销售团队和制定销售战略，顺利进入Cora、Metro 等主流渠道。 * 出色地解决了Harvey Norman （爱尔兰最大的家电连锁）合作危机，增强了该客户与飞雕合作的信心，将合作范围扩大到英国和澳大利亚；并以此为契机彻底理顺销售、物流、回款和售后服务流程，建立了以国家经理为核心的销售系统。
2004年10月—2007年3月	美国飞雕 美国，纽约
	渠道总监 * 带领5个人的销售团队，制定了正确的销售战略，使飞雕在美国的年销售收入由73万美元增长到745万美元。 * 将小屏幕电视重新包装，定义为时尚礼品，进而打破竞争僵局，成功进入Kohl’s（科尔士百货公司）和Best Buy（百思买）。 * 协助集团高层领导，有效协调美国律师顾问和国内团队，解决了历史遗留的巨额债务危机，破格进入集团高层管理人才培训。
2003年5月—2004年7月	飞雕中东办事处 沙特阿拉伯，吉达
	首席代表 * 打破传统模式，制定了“以沙特为重点，各个击破”的中东市场拓展战略。 * 克服困难，建立中东办事处，并实现了沙特市场销售收入120% 的增长，提升了飞雕品牌认可度和知名度，而且扭转了当地消费者对中国品牌的偏见。 * 将沙特模式推广到其他地区，建立起整个中东市场的销售网络。
2000年8月—2003年5月	飞雕进出口有限公司 中国，西安
	销售经理 * 实现亚太地区销售的连续高增长以及中东市场的零突破。 * 将实习期缩短一半提前正式入职，并被评为优秀青年岗位能手。

（续表）

其他信息	
	* 积极主动、乐观执着，学习和适应能力极强，能迅速适应新环境，迎接新挑战。 * 积极参与NGO和社会责任活动，热衷公益事业。 * 爱好滑雪、游泳、羽毛球和户外运动。
语言	中文：母语；英语：流利。
国籍	中国

2. 四句话搞定简历

如果你完全符合对方的招聘要求，那么你可以像杨名工程师一样，以总结的形式罗列自己最突出的四大亮点，让HR在3秒钟之内选择你。

杨名　28岁　男

13837818134　yangming@21cn.com

求职意向

资深Java工程师

* 近6年软件开发设计经验；

* 2年Java系统设计与实现经验；对J2EE、设计模式、MVC架构都有实践经验；

* 1年团队领导经验；

* 精通Java语言，熟悉J2EE规范、B/S框架多层开发、大型关系数据库SQL Server。

只要看过这四句话，HR就会基本决定让他来面试！

教育经历

2009年3月至今　华中科技大学计算机技术专业硕士（在职学习）

1999年9月—2003年6月　四川大学软件专业学士

职业技能

* Java、J2EE、EJB、Servlets、JDBC、JMS、JTA、XML、Struts、WebLogic

* MS SQL Server、SQL

* Rational Rose、Power Designer

* UML、OOA、OOD、Framework、MVC、Design Pattern

工作经历

2010年10月—2011年3月　汇丰电子资料处理（北京）有限公司　资讯分析员

职责：参与银行自动柜员机处理系统（ATMP）的升级、开发与维护。

ATMP是基于中型机AS400平台上，用RPG语言开发的银行系统。

离职原因：研究生即将毕业，学习任务繁重，难以兼顾学习与工作。

> 短短5个月就离职，需要给出令人信服的理由，说明你不是频繁跳槽的人。并非所有的离职都要说明原因，但是如果在很短时间内离职则需要加以说明。

2010年8月—2010年10月　联通黄页信息有限公司　项目负责人

职责：参与“集成出版支持系统（IPS）”项目的开发工作。

IPS是一个基于WEB的大型J2EE系统，整个项目组超过40人。系统基于框架技术，WEB端采用STRUTS，后台采用会话EJB、业务处理对象以及实体类对象。整个设计采用MVC结构、FACADE和COMMAND等设计模式，并采用特定的信息流机制，较好地实现了整个系统的高内聚、低耦合、易扩展、能定制等特点。

> 此处的项目解释非常重要，这恰恰是招聘启事当中提到的重点工作内容。

业绩：当时广州区项目组只有5个人。到2005年6月，项目组已达15人。与此同时，由于工作的能力和表现得到了肯定，破格获得了15%的加薪，并被提升为广州区项目组负责人。

2003年7月—2008年7月　福建海事局　软件工程师

职责：负责软件开发、网络管理工作。其间参与开发的系统主要有：“海事集成信息系统”“通用工资/人事管理系统”和“海道信息管理系统”。

职业培训/证书

* Sun Certified Java Programmer（SCJP）证书

* Framework of J2EE培训

* Sybase Adaptive Server培训　Sybase授权培训中心晓通数据库研究所

* Power Builder培训　Sybase授权培训中心晓通数据库研究所

3. 技术—商务—投行，转型简历值得你参考

王×

移动电话：(86) 1360000000　电子邮件：abc@hotmail.com

学历背景

2008年10月至今　　上海交通大学　中国上海

全日制工商管理硕士在读

2002年9月—2005年3月　北京理工大学　中国北京

工学硕士　　检测技术与电子自动化专业

新生奖学金获得者

1998年9月—2002年8月　×××大学　中国哈尔滨

工学学士　　机械电子工程

工作经验

2009年5月至今　任投银资本　中国上海

投银集团下属的新型本土投行，主要专注于私募融资、企业并购和上市顾问。

* 寻找潜在的投资和并购对象，提供私募融资、兼并收购以及上市顾问服务。

* 行业研究分析，组织尽职调查，评估投资项目，与目标公司的高级管理层进行洽谈。

2007年9月—2008年8月　北京ABCD移动增值技术有限公司　中国北京

一家技术领先的移动增值业务技术提供商，中国移动合作伙伴。

任商务拓展经理，负责公司产品在中国手机终端市场的商务拓展、销售以及管理、技术支持服务。

* 从零开始开拓手机终端市场，与3家主流平台供应商，如MTK和NXP，以及8家知名手机厂商，如三星和联想，签订了合作协议，协议涉及35款GSM/TD手机，2008年销售额达到860万元人民币。

* 协助与中国移动合作，完成了升级产品的定制细则。

2005年10月—2007年9月　FCDE（中国）电子设备有限公司　中国北京

一家全球顶级的2.5G/3G手机ODM&OEM厂商。

任软件部门项目经理，负责从项目可行性分析、客户需求分析、方案论证、软硬件研发以及测试的全过程；管理软件、硬件、测试等多环节的整个项目组。

* 完成了一个高端智能手机项目的研制并交付商用。

* 作为第一副手协助组建总公司成都分公司的软件部门。

2005年4月—2005年9月　天昂移动（中国）有限公司　中国北京

任软件工程师，负责软件集成、驱动开发和平台测试。

其他信息

* 组织、策划了学院多次大型活动
* 中国年轻人投资俱乐部YVCC会员
* ABC商学院校友会MBA08期秘书长
* 爱好：羽毛球、游泳、登山和高尔夫
* 国籍：中国。汉语：母语。英语：流利。

4. 大学生简历，更要注重事实与数字

在孙××的简历当中，你几乎看不到非事实性的废话，丰富多彩的内容和充分的数字证据使得她从网申到面试一直顺风顺水。

<table>
<tr><td colspan="3">孙××

手机：（+86）13996042222 ｜ 邮箱：AAAAAA1987@163.com</td></tr>
<tr><td colspan="3">应聘职位：智联招聘　培训助理</td></tr>
<tr><td colspan="3">教育背景</td></tr>
<tr><td>2009年9月—
2012年7月</td><td>西南大学　西南民族教育与心理研究中心　教育学硕士
——教育学排名全国前五 < 数字。
年级综合排名：5/35
选修课程：新闻写作　高级翻译　人际关系与沟通等</td><td></td></tr>
<tr><td colspan="3">实习经历</td></tr>
<tr><td>2011年7月—
2011年9月</td><td colspan="2">过来人（北京）咨询有限公司客户关系部
培训助理
——中国第四大的企业雇主形象服务提供商，世界500强企业合作伙伴
* 与团队分工合作负责全国各地近百所高校200余名学员在京突破营的接待安顿事宜。
* 负责所在小组20余名学员的学习生活相关事宜。关心学员衣食住行，并对其心理状况进行评估，提供针对性指导。 < 数字。</td></tr>
</table>

（续表）

2009年10月— 2011年6月	西南大学西南民族教育与心理研究中心 办公室助理 ——教育部人文社会科学重点研究基地 * 独自负责基地的日常新闻、简报（基地简报以及“211工程三期重点学科建设项目”简报）的撰写、报送、上传等事宜，共撰写工作简报逾40期，采写新闻不下百篇，报送教育部等200多家单位。报道及时，未出现一次工作失误。 * 2009年12月，为基地提供的关于工作简报的精简建议得到采纳，每月为基地节省近1/3的开支，工作表现受到肯定。 * 协助研究员负责基地10个田野考察站的联系拓展工作，与地方政府部门沟通谈判，规范工作站流程，为基地近200名学生提供科研服务。
课外活动	
2009年10月— 2011年6月	西南大学西南民族教育与心理研究中心学生会 学术部副部长 * 组织、筹备逾6次基地重大学术会议和学术论坛，起草策划会议文件；整理会议记录；撰写新闻稿件。 * 负责与海内外专家的日常联系和来校后的安顿工作。 * 负责基地每周一次的常规学术会议“博士生学术沙龙”的策划组织工作，使其成为基地最受欢迎的学术活动。 * 教育学院外国新闻动态编辑部成员，主要负责美国教育新闻的编译工作。 （事实描述。）
2011年3月— 2011年5月	贵州省黔东南州民族文化与教育考察活动小组 组织者 * 撰写考察方案，组织5人小组赴黔东南州进行民族文化与教育考察。 * 分配考察任务，协调组内成员关系，合理安排工作流程，应对交通等一系列突发事件，提前一周顺利完成考察任务，节省了30%的费用。 * 分组调查当地两所重点高中近300名高三学生的学业成绩状况以及近10所小学的民族文化进校园状况，运用统计分析等方法，5人合作撰写2篇调研报告，受到基地嘉奖。 （大量数字与事实描述。）
荣誉与奖励	
2009年9月— 2010年12月	西南大学“优秀学生奖学金”
2009年9月— 2010年6月	西南大学“优秀研究生会干部”（基地2009级唯一获得者）
2009年9月— 2010年12月	西南大学“社会工作先进个人”（基地两位获得者之一）

（续表）

个人信息	
	语言水平：通过CET-6，托业（775/990），能有效运用英语沟通。 计算机：熟练使用Office办公软件（Excel、Word、PowerPoint等），熟悉Windows操作系统和应用平台。 兴趣与爱好：读书看报、乒乓球、交谊舞；本科期间学院合唱队成员，研究生期间基地合唱队成员。 相关证书：心理咨询师（二级）证书、教师资格证书、普通话证书（二级甲等）。

5. 从大专生到财务经理：学历=学习经历

马新兰

电话：13400000000 | 电子邮件：ma@gmail.com

教育与培训

2011年10月 内部控制与萨班斯法案 密歇根州立大学短训班

2010年9月 财务管理研修班 山东大学

> 大量的培训经历，弥补了她的专科学历。

2006年12月 企业ERP培训 北京

2006年5月 会计电算化培训 山东兖州

2005年12月 会计证培训 山东兖州

2002年9月—2005年7月 机械专业 天津工业大学

工作背景

2011年1月至今 月亮万国纸业有限公司 中国，山东兖州

上市纸业公司，股票代码000888，拥有员工10000余人，是全国最大的民营造纸企业

财务经理

1.负责公司的全面财务会计工作，制定公司的财务会计制度、规定和办法。

2.分析检查公司财务收支和预算的执行情况。

3.审核公司的原始单据和办理日常的会计业务，审核记账凭证和会计报表。

4.定期检查公司库存现金和银行存款是否账实相符。

5.加强日常财务管理和成本控制，开展全面预算管理，严格控制财务收支；按期汇集、计算和分析成本控制情况，加强成本控制和管理。

6.保证按时纳税，负责按照国家税法和其他规定，严格审查应交税金，督促有关岗位人员及时办理手续。

2008年7月—2010年12月 月亮纸业有限公司 中国，山东兖州

财务主管

1.负责公司的全面财务会计工作。

2.负责制定并完成公司的财务会计制度、规定和办法。

3.分析检查公司财务收支和预算的执行情况。

4.审核公司的原始单据和办理日常的会计业务、记账凭证、会计报表。

5.定期检查公司库存现金和银行存款是否账实相符。

6.加强日常财务管理和成本控制，加强成本控制和管理。

7.保证按时纳税，负责按照国家税法和其他规定，严格审查应交税金，督促有关岗位人员及时办理手续。

2006年7月—2008年6月 晨鸣纸业 中国，山东潍坊

会计

1.进行会计核算和会计监督，制定凭证管理办法并监督完成。

2.拟订会计事务的具体办法。

3.参与本公司SAP软件在本部门的安装与培训工作。

4.参与拟订经济计划、业务计划，考核、分析预算、财务计划的执行情况。

5.办理部门经理交代的其他会计事务。

2005年7月—2006年7月 张店钢铁厂下属宾馆 中国，山东泰安

财务部出纳兼部门行政

1.按规定每日登记现金日记账。

2.根据记账凭证收付现金。

3.保管好各种空白支票、票据、印鉴。

4.承担财务部门的行政工作。

6. 专业不对口，用事实说话

张爽，和许许多多应届毕业生一样，所申请的工作和专业不对口，学的是旅游管理，但打死也不想从事旅游管理或进酒店工作，而是对市场推广工作情有独钟。

张爽的简历制作和后来的面试过程十分顺利，因为她从大一开始就为转行进行了积极准备：选修更多的营销类课程，从事市场策划方面的兼职。在大四找工作过程中，张爽早早就瞄准了营销策划职位，与此同时，她的很多同学“端着枪”却不知道该瞄向哪里。

张爽个人简历

求职意向：市场部门营销策划

沟通，从心开始

女，1990年出生，13600000000

发给中国移动的简历。

教育背景

2008年—2012年　武汉大学管理学院　外交专业　本科

专业内容：经济学、人力资源管理、消费者心理学、组织行为学、市场营销学、服务营销、中国营销案例研究整合、营销与传播、会展策划、财务管理、经济法、商务英语、旅行社经营管理、旅游规划等。（备注：因个人兴趣，选修课程均为市场营销类课程。）

靠选修课来增加对口性，是个好办法。

实习活动

2011年9月—2011年11月　太立德仁广告公司（准4A广告公司）

媒介部助理

把相关经历放在最首要位置，符合对方需求。

*媒介环境分析，媒介购买策略分析，年度各行业投放分析。

*参与《非诚勿扰》广告竞标筹备及执行工作。

2011年5月—2011年6月　凯旋门公关公司（全球十大公关公司之一）

媒体监测助理

*媒体监测，为客户提供相应的公关行动方案。

策划工作

> 把“策划工作”单独列出，是为了匹配招聘需求。

2010年9月　“武大女生节”生活手册策划及推广。

2010年7月　背背佳公司“爱心行”企业形象宣传活动策划。

2010年3月　龙域天猫体育商城市场调查及促销活动策划。

2010年12月　《走遍武汉》电视节目创意竞赛。

*以上工作均有完整的策划书，随简历附其中一份供您参考。

社团活动

2010年3月至今　创建“我如何管理武大”微博平台。

为该平台的3名倡议者之一。

负责该平台的校内推广，迄今已有1897名粉丝（截至2012年5月9日）。

平台上所提的5条建议已经得到校方采纳。

2010年5月　参加全国大学生“挑战杯”创业大赛获优胜奖。

2009年—2010年　校公关部部长。

个人技能

英语：CET-6

电脑：熟练使用Windows环境下的所有办公软件，尤其擅长制作动画PPT。

爱好特长

PPT：设计不同风格的PPT模板锻炼想象力。

健美操：保持身体与精神最佳状态。

（简历到此结束，谢谢！）

7. 谁说大学生没有“工作经验”

潘清新是应届毕业生，却成功应聘了温雅“需要1年以上工作经验”的人力资源职位！诀窍就在于她在简历中大量描述了自己的兼职和实习工作，弱化了学生色彩太过于强烈的社团活动，因此，温雅明知她是应届生，也给了她面试机会。

潘清新求职简历（应聘温雅公司人事专员）

女　生于1990年1月　广州户口

pan2005@126.com　13600000000（随时）

主要经历

* 持国家助理人力资源管理师职业资格认证良好等级证书（全班80多人排名第二）。

* 参与佛山某贸易公司从创办到正常运转的全过程，协助办理有限公司注册事务，并任行政与人事主管。

2009年9月—2013年7月　华南师范大学经济与管理学院人力资源管理　本科

专业合格。

工作经验

2012年9月　北京市人事厅人才研究所　兼职人力资源调研员

经验合格。

* 分别选择三家外资企业、国有企业、私营企业，就招聘、培训、评估、解聘等人力资源管理的情况进行调查。

* 撰写了3000字的调研报告。

2012年8月—2012年9月　大日生物化学药业有限公司　人事部实习生

实习经验合格。

* 协助办理"四金"、入职、签约、档案等手续。由于细心学习，很好地掌握了上述工作流程。

* 提出进行"员工满意度"调查的建议，并获得人事部经理批准。

* 单独起草"员工满意度调查表"，获得经理批准并于当月执行，获得了非常好的效果。

2012年1月—2012年2月　饶平县劳动和社会保障局　劳资部实习生

实习经验合格。

* 掌握了"四金"等社会保障的申请和审批流程。

* 以虚心的态度和细致的服务心态获得了保障局领导与同事的肯定。

2011年3月—2012年1月　广州市皇者策划有限公司　人事行政部主管

实习经验合格。

* 这是一家新成立的公司，我是加入公司的第二名员工。

* 负责安排招聘事宜，并对申请人进行初步筛选。

* 负责采购、安排维修维护、组织活动等。

聪明！HR一定怀疑你小小年纪凭什么做主管，立刻解释打消了疑虑。

在校社团经验

* 先后任学院团委调研部副部长及部长，改革部门工作，完善制度，开拓部门新局面。

* 长期担任家庭教师，获得广泛好评，与所有学生及其家长一直保持联系。

* 长期参加青年志愿者活动，被评为校级“社会实践积极分子”和“优秀青年志愿者”。

其他能力

* 公文写作能力强，多次为校内外组织书写策划、计划、报告、协议、通知等，是系内公认的“笔杆子”。

* 口头表达能力强，CET-6，英语口语考试B（表达比较流利），取得国家普通话水平测试二级乙等证书。

* 计算机应用熟练，通过计算机国家二级考试。

自我评价

工作态度：积极上进、团结合作、敬业负责、追求完美。

工作能力：沟通能力、教导能力、组织能力、学习能力。

我和我的母亲都是温雅染发系列产品的忠实用户。

真心希望能够有机会加入温雅团队，希望您能给予面谈的机会！

在简历当中恳请HR赐予面试机会，表表忠心，有可能令HR激动一下并同意你的请求。不过一定要掌握好分寸，过分夸张会令人觉得你不可信赖，过分热情会把HR烤焦！在我浏览的简历当中，经常会出现一些大而不当的豪言壮语，比如：请给我一次面试的机会，让我证明您的慧眼吧！或者，给我一个机会，我将还您一个奇迹！或者，只要给我一个支点，我将为您撬起地球……这样的请求不着边际，只能令HR觉得可笑。此外，如果对方是像温雅染发系列这样的消费品公司，大家可以在简历当中体现一下自己对其著名品牌的热爱和忠诚！品牌如同企业的孩子，你怎么夸都不过分。

8. 另类简历，起死回生

大部分申请人的简历格式大同小异，很难给HR带来视觉上的新鲜感。你可以尝试制作一份另类简历，往往能起到出奇制胜的效果。

丁永制作了一份长达20页的另类简历，使自己顺利获得了面试机会。

丁永曾经是我的面试英语班的学员。他的基本情况如下：男，北京语言大学自考本科，英文专业，在北方某小城市有3年英语教学经验。

去年冬天，丁永两次通过E-mail投递简历，应聘“口语教师”一职，均石沉大海。一个月之后，丁水制作了一份长达20页的申请材料，其中包括：

1.中英文简历共4页。

2.自己在华尔街英语参加口语学习班的“学习心得”共5页。

3.“致口语教师建议书”共4页。

4.模拟“初级口语”教案共7页。

由于篇幅有限，我们没有在本书中收录丁永的应聘材料。

春节刚过的时候，丁永把20页申请材料装在一个EMS信封里，骑着他的电动自行车亲自把申请材料递交到学校前台。

过了仅仅两天，丁永就收到面试通知！遗憾的是，丁永未能通过这次来之不易的面试，因为他的口语水平仍然没有达到要求。

虽然面试失败，丁永的简历却无疑是成功的。一个EMS信封，使得HR立刻注意到他的申请。一份20页的申请材料，使得HR感叹他虔诚的求职态度。就这样，面试机会就来了。

丁永的申请材料已经完全超越了简历的范围。他以“模拟工作”来证明自己完全胜任所申请的职位。

应聘某些特定的职位比如动漫公司、平面设计、广告公司等职位，把自己的得意作品和创意邮寄过去是非常必要的。

第四节　简历递交小妙招

把你的简历顺利提交到HR面前，让他浏览那宝贵的10秒钟是求职过程中的第一次竞争。

递交简历这个小小的细节在求职过程中也充满了学问，我们现在一一解读。

一、E-mail发送简历

最好直接将简历粘贴在正文中（粘贴后要重新排版，并且要打印出来看看版面是否宽松舒适），不要以附件的形式发送（除非公司要求如此）。一些大公司设了非常敏感的防火墙，你的邮件可能永远到不了HR手上。

尽量不要在公共机房修改或发送简历，那些病毒累累的机器恐怕只能让你的简历被拒之防火墙外。

以E-mail发送简历的时候，要注意以下一些细节。

1. 让你E-mail的附言成为“美言”

用E-mail发送简历的时候，要写下有针对性的附言。好的附言，如同“美言”，能传达给HR这样的信息：

（1）你符合HR最基本的几点要求。

（2）你是个干练的人，而且颇有趣味！

你一定会问：怎么做到这两点呢？那么，请你假设自己是HR，体会一下这封E-mail：

To：hr@gzneworiental.org

From：yangping@sina.com

Subject：杨平应聘雀巢中国供应链管理，谢谢您！

Dear Sir or Madam,

您好！我应聘的职位是雀巢中国供应链管理。

我叫杨平，男，29岁，曾任康师傅供应链管理经理3年，过去3年中有2年被评为优秀管理者。

附件中是我的中英文简历，同时我把简历粘贴在正文中，以免附件万一出现下载困难而耽误您的时间。谢谢！

很快就是五一国际劳动节了，顺祝您享受劳动，好好工作，天天快乐！

申请人：杨平　130000×××99

这份E-mail好吗？好在哪里？

第一，言简意赅地勾勒出自己“合格”的背景，立刻引起HR注意。

第二，为HR着想，给HR行方便，那是相当体贴！

第三，一句幽默的“好好工作，天天快乐”，可能令HR欣然笑纳你的简历。

2. 写好英文附言

一般来说，E-mail的附言要用中文来写。如果一定要用英文写附言，请参考此例：

申请人刘美，应届毕业生，应聘汇丰银行“客户服务代表”。

To：recruitment_spc@fhbc.com.cn

From：Liu Mei

Subject：LIU Mei’s Resume for “PAC/0806 Customer Service Officer”

Dear Sir or Madam,

I am writing this letter to apply for the position of PAC/0806 Customer Service Representative.My name is Mei LIU.I am 23，female.My major is Business English.I worked with foreigners at Guangzhou Trade Fair two times.And I had patience as a telephone operator.

Attached is my resume in both Chinese and English.For your convenience I also paste my resume below in case the file takes too long to download.

Thank you for your time.

Best regards.

Mei LIU

以上这封英文附言有三个细节值得我们学习：

（1）英文姓名的书写方式。按英语习惯我们要把姓写在后面：Mei Liu，不过面试时容易让人误会我们姓Mei，所以，把姓Liu大写为LIU，就可以基本避免这个问题；

（2）避重就轻。大专的学历不占优势，所以直接写自己的专业“商务英语”；

（3）优点突出。汇丰银行的客户服务代表是什么要求？至少有3个：外表端正，声音甜美，英语好一些。所以，用大写字母突出3个内容：英语大专，和外国人共事过（实际上，刘美小姐在广交会上是“引导员”，任务经常是对外宾说：“You want to go to the toilet? Follow me，please！”），做过话务员——接听电话可是客户服务代表的主要工作！

3. 写好E-mail的Subject

我的很多学生十分豪放，可能因为是北方人，所以不拘小节，E-mail从来没有Subject，第一次是空白，以后就都是电脑自动生成的“re，re”。

以下是大家发送简历常用的Subject，请你站在收信人的角度评价一下：

（1）Subject：应聘销售代表（job application for Sales Representative）

（2）Subject：张林的简历（Zhang Lin’s resume）

（3）Subject：张林应聘“销售代表”中英文简历，谢谢您！（Zhang Lin’s resume for Sales Representative，thank you!）

显然第（3）个Subject的表达方法最好。求职目标绝对是一份简历最重要的信息，一定要在Subject中列出，如果招聘启事中列出了确切的工作名称“OTC销售代表”或者职位代码“PDC/0507”，必须在Subject和简历的最顶端清晰标明。有时，仅仅因为你忽略了一个小小的职位代码PDC/0507，无论你的经历多么优秀，你的简历都会被HR弃置一旁。现实就是这么残酷！

4. 只要一个附件

有的申请人随E-mail发送好几个附件，比如“中文简历”“英文简历”“自荐信”。

也有的申请人把所有的求职材料放在一个附件里，比如“张林应聘‘销售代表’”。

假如你是每天要下载无数简历的HR，你会怎么办？

HR一看到有3个附件，一般只会下载“中文简历”，而你精心制作另外两份材料，连一眼都没被看到。你可能会问：“大公司的HR不会这么做吧？多没有专业精神哪！”其实答案很简单，用赵本山的感觉说：“谁收谁知道！”逐个下载然后打印，麻烦啊！

5. 下载你的求职材料要多长时间

很多申请者喜欢在简历里面插图，或者把学校的校徽放进去，这可能会导致收件人下载速度过慢。

发出简历之前，先发给自己感受一下，再做调整！

6. 你都给HR发了什么文件

有的学生很“体贴”，他把成绩单、获奖证书等七八份文件统统复印，然后以压缩包的形式统统发给HR，也抄送给我一份。我花费了5分钟时间（虽然我的网速并不慢）下载并解压。打印完竟有10页之多，包括中英文简历、自荐信、成绩单、毕业证书、学位证书、成绩单、获奖证书（可气的是竟然还包括一张学校长跑冠军证书）。

那么，用E-mail发简历需要发什么文件呢？招聘启事上通常都要求“学历证、学位证、身份证复印件、小一寸相片”，我的建议是：

（1）如果这是你非常感兴趣的职位，一定要选择“邮寄简历”，把对方要求的文件统统发过去。

（2）如果只是“尝试”一下，则只发简历和照片即可，并在简历上注明：“为防止您下载过慢，我将在面试时携带‘三证’以供您查验，谢谢！” HR一定更加喜欢这种做法。

7. 一丝“温情”的E-mail结尾

你的E-mail是如何结尾的？假设你是HR，感受一下以下这些结尾语哪个更让你喜欢：

（1）祝商祺！（Best regards.）

（2）敬候您的佳音！（Your early response would be highly appreciated.）

（3）希望能给予我一个面试机会，我将向您证明您的选择是正确的！（I would highly appreciate if you could grant me an interview opportunity.）

（4）下周是中秋节，顺祝您合家欢乐，心想事成！（Mid-autumn Festival is on the way.I would like to take this opportunity to wish you a happy Festival！）

（5）十一黄金周将至，提前祝您有个愉快的假期！（October 1st Golden Week is on the way.I’d like to take this opportunity to wish you a Happy holiday！）

我更加喜欢上面的第（4）和（5）个结束语，你呢？

你可能会说："哎呀，没有节日临近怎么办？万一最近的节日是清明节怎么办？"那么，你完全可以写：

（1）春光明媚，顺祝您好心情！（Hope you enjoy the warm sunshine！）

（2）天气晴好，顺祝您心情愉快！（Hope you enjoy the fresh air and blue sky！）

这样的结尾也颇令人喜欢，尤其会打动那些年轻的HR女孩……

8. 写E-mail，请使用中文（绝大部分公司）

即使很多外企使用英文作为招聘语言（可能是为了突出企业的欧美形象），但是下载求职E-mail的都是中国人，使用汉语更加方便。

但是，如果你申请的是一些相对高级的职位，比如"人事主管"等，而对方的招聘启事完全是英文的，则尽量使用英文写E-mail。因为很可能是外方经理直接阅读你的简历。

二、邮寄甚至亲递简历，成功率可能更高

很多人说，以信件方式邮寄的简历，似乎比E-mail发出的简历更有可能获得面试机会。这种说法确实有一定的道理：

1.自己打印的简历设计精美，直观而有存在感，更容易给HR留下好印象；

2.基本能保证信件被准确送达，而E-mail发出的简历可能被忽略或者下载困难；

3.邮寄简历可以附加很多材料，比如自己做的创意作品，而不仅仅局限于简历。

我曾经收到过一份前台转过来的求职者亲自送来的简历，应聘材料中竟然有一份长达3000字的逐字教学稿，还有他的讲解录音！这份简历，必然能够顺利过关。

有人可能会质疑："我怎么可能见到对方的招聘经理呢？人家日理万机的……"

大家请记住，即便你去亲自递交简历，你也不可能要求见经理，而只能把资料交给前台！

有的同学还会担心："万一前台拒绝转交我的资料怎么办？"

但我要告诉大家的是：日理万机的前台并不多，所以她们多数是会愿意帮助你去递交材料的，除非她曾经得到人力资源部的提前警告"不得收取亲自递交的简历"。（这样没有人情味儿的公司，咱还真不想去呢！）

晒个真实故事给大家。我的一个读者朋友小马，因为担心人家不给递交材料，于是把材料用UPS快递发到了对方的人力资源部。对方有感于他如此大动干戈，痛快地给了他面试机会！

第五节　你也有这些疑问吗

这些问题，都是《这些道理没有人告诉过你》读者交流帖中的提问，反映出了大部分人对求职简历的疑惑。我在此公开作答，希望能够为各位提供一些有价值的建议。

1. 如何让简历更精美？

简历的要点不是精美，而是实用，要让对方看出你是合适人选。

应届毕业生做华丽简历，是因为不知道招聘方的需求，所以把时间浪费在表面功夫上。

只要排版清晰，内容符合对方要求的简历，都会过关！

2. 背景一般，没有好的实习经历，如果包装是否会露馅？

30%的包装美化，还是可以接受的。这跟恋爱的时候双方都会美化自己一样……

过度的包装，好比穷小子摆阔吸引富家女，最终一定会露馅。更可怕的是，过度包装一定会耽误他找到属于自己的好姑娘。

3. 怎样让简历与众不同？

本来就不需要与众不同，而是要“符合招聘启事的要求”！

4. 网络投递简历有哪些注意事宜？

看清楚对方的要求，是“请用附件”，还是“请不要用附件”。

如果对方没有要求，建议大家既使用附件，也把中文简历直接粘贴在邮件正文中。

主题：把你最符合要求的特点写出来，如：“北理工学生会主席应聘管培生”。

E-mail简介：可以把自己最符合招聘启事的几点列出来，如：我有3年云计算软件开发经验、做过银行系统、英语书面沟通无障碍……

5. 英文简历写完了有没有什么好的方法避免英文单词、语法、语句、标点的错误？

首先，请参照本书中的英文简历，以避免犯最低级的错误。

另外，你需要找个英语专业的人帮你过滤掉语法错误。

记住，没有必要把英文简历做得过于漂亮，干净整洁、内容充分就可以了。

6. 制作简历的多种文件格式中，是否用PDF格式更合适？

相比之下，PDF文件更专业漂亮一些。此外，90后如果不会用PDF，会让人觉得落伍吧！

不过，如果你的Word文本也很棒，也可以。

7. 简历怎样做才能有自己的特点，吸引HR眼球？

满足招聘启事要求的都能吸引HR眼球，否则，一律白费功夫。

8. 有些公司的招聘由公司网站提供模板，有的是Word，有的是Excel，出现了表格空间不够的问题怎样处理好？

符合招聘启事的内容保留，无关的部分删除。简练表达，只说相关信息，空间就一定够用。

9. 排版是不是必须按照常用模板做？

对于多数职位，申请人没必要在排版上较劲，用基本模板就够了。

如果你申请的职位与广告、创意相关，可以利用排版风格展现自己的创意和技能。

10. 实习中作为一个小角色，如何从该经历中挖掘出闪光点？

如果你的实习经历和所申请职位有关，这本身就是亮点。

如果你把“小角色”做好了，这也是亮点。

如果这个小角色没有什么实质内容，你就把工作内容向所求职位靠拢，也是亮点。

11. 自己的经历从内容上看相关度小，跨度较大，如何才能尽量让简历内容与企业要求相贴合？

放弃这个职位的申请！翠喜老师上大学的时候喜欢上性格爱好和自己相关度小、容貌标准跨度较大的帅锅男生，即便我尽力使自己和对方的要求相贴合，最后还是眼睁睁地看着人家牵了校花的手……泪，无语凝噎……

别把时间浪费在不适合的职位上，有无数个适合你的职位等着你呢！

12. 投给不同企业的简历是不是应该有不同的格式与侧重点？

无论是格式还是侧重点，请记住你只有一个参考标准：企业的招聘启事！

招聘启事需要你侧重什么，你就侧重什么。

13. 成绩不好，在简历上可以不写吗？如何弥补？

成绩不好，可以不提。

你完全可以挑选几门和应聘职位相关的成绩好的学科列上。

14. 外企简历格式与国企大致相同吗？

大致相同。唯一的区别是，国企的简历通常可以提到籍贯、政治面貌、年龄、性别，而外企简历则认为谈论年龄、性别、出身、政治是不公平的做法。

15. 如果进国企，英文简历还要追求完美吗？

有很多国企并不需要你提供英文简历。

如果需要提供，那么你必须追求完美。

16. 中英文简历都需要时，两份简历的内容是一致还是求同存异？

为什么不一致？既然是一个人，为什么会有不同的简历内容？

17. 我应聘日本公司，日式的简历及模式有区别吗？

如果按照这个逻辑推论，岂非要有“美式简历、韩式简历、阿拉伯式简历”？

18. 附件中英文简历是分开发，还是单独发？

如果对方要求中英文简历，当然要放在一个Word文档里发送，免得人家下载两次。

19. 简历里的自我评价是必须的吗？

如果自我评价都是形容词，比如：勤劳勇敢、发愤图强，就啥用没有，纯属扯淡。

如果是形容词+例子，还凑合，比如：细心，从未丢过钱包。或者，善于反思，由于出门经常忘带手机，而总结出“伸手钥钱”的四字诀窍：身份证、手机、钥匙、钱包。

20. 做word简历可以不放照片吗？到底放照片好还是不好？

西方的简历都不放照片，除了应聘空姐空少、彩妆销售等特殊职位之外。

中国的国情就是：外企可以不放照片，国企和事业单位一般需要照片，因为中国人的思维认为：我有理由挑剔你的长相。

所以，是否放照片，取决于你去哪类公司求职。

第四章

求职信：写一封打动HR的信

写求职信≈写情书

情书该怎么写?

即便没谈过恋爱的人也能准确列出以下步骤:

第一，了解对方喜欢什么。

第二，对症下（猛）药，告诉对方：我就是你的白马王子/茜茜公主。

然而不得不说，90%的求职信并未按照上述情书的步骤来写，所以效果自然极度糟糕，要么被置之不理，要么倒HR胃口。

请在领悟本章之后，回到此处，填写下面这个问卷。

1.我的所求职位最核心的三大要求是什么:

（1）________________________________

（2）________________________________

（3）________________________________

2.针对这三大要求，我如何简短地用三个事例加以匹配:

（1）________________________________

（2）________________________________

（3）________________________________

现在，让我们学习写求职信。

第一节　论求职信的正确写法

写求职信的五个金科玉律是：

1.简洁好于啰唆，一页纸足够。

2.过去时优于将来时，说出自己过去所做的好事，而不是说“我肯定能在将来给你干好事”。比如，连续两年完成销售任务。

3.以“职位要求”为中心，而不是以“自己的经历”为中心。比如，此职位需要应变力强，而我曾经得过辩论赛的亚军。

4.个性化，而不是千篇一律（你朋友把你的求职信copy过去也能用）。比如，作为土豆网的忠实粉丝，我希望能为我热爱的品牌而工作。

5.个人对产品和服务的体会优于网络上下载的大段官话套话。

求职信的六个必要步骤是：

1.礼貌地称呼对方。例如，亲爱的张经理/Dear Zhang/尊敬的招聘负责人/Dear Sir or Madam。

2.说明从何得知该招聘启事，简单说一下申请的心情。（迫切？等待已久？用过这里的产品，所以特想来？）例如，昨天在联想官网看到“售前支持”职位的招聘启事，我非常高兴，这是我最近以来一直在关注的职位，所以立刻向您毛遂自荐。

3.拿过去所做的成绩逐条证明符合招聘启事。例如：我有3年的售前咨询经验。或者，我在校学生会负责“销售”工作，即拉赞助，将我们的新生手册上的广告位置卖出去。

4.简述离职的理由。（非应届生）

5.表示期待得到面试机会。例如，某人跟我讲过您是个睿智幽默的人，所以非常希望能有机会见面领略风采。或者，在宣讲会上，您所在的团队那种亲和、热情的氛围让我难忘，所以非常热切地盼望能有面试机会，与您有进一步的交流！

6.祝福与署名。例如，繁忙招聘季，祝工作顺利，生活愉快！祝您一切顺利！

第二节　失败求职信点评与修改

一、废话让人闹心、官话让人生分、套话让人肉麻

求职信

> 这封求职信由于内容完全不合格，即便经过修改，也只能得60—70分而已。

尊敬的美的集团领导：

> 逻辑不严密：审核你求职信的，会是美的集团的领导？如果你想把HR部门的人统称为"领导"，那又听着别扭了。

尊敬的招聘负责人：

您好！

在昨天（10月25日）的宣讲会上了解了美的"管理培训生"岗位之后，我立刻向您推荐我自己：一名华农的应届毕业生，奖学金获得者&优秀干部。

今年10月25日的下午，阴霾小雨天，却丝毫没减退我走近美的的期盼心情，我准时到达美的宣讲会。

由于我非常欣赏美的的人才理念"以人才成就事业，以事业成就人才"，因此昨天提前很早来到会场。会场布置犹如美的空调的宁静温馨，而"放飞美的梦想，成就精彩未来"的口号又让人热血沸腾。最让我高兴的是人力资源部的张资经理所介绍的美的品牌个性："以亲和力为基础，好奇的/探索的/进取的/细心的"。我发自内心地喜欢这样的个性，我的朋友们也经常用这些词语来形容我。所以，我热切地盼望能加入美的。

好奇心和探索心是我的一大特征，因此我荣幸地成为著名教授黄卓烈导师研究团队的一员（仅有的两名本科生之一）。此外，我还担任了三年的班干部，由于实干和细心获得了两次优秀干部的荣誉称号。

我相信，个性与美的品牌个性相近的我，一定能够成为您乐于挑选的一名得力干将！

诚挚期盼，我的心思能够成为美的的新思！

愿美的早日成为世界的美的！

李小丹

2011年10月26日

二、将来时<过去时；描述<数字

求职信

尊敬的女士/先生：

我来自华东理工，诚挚地申请贵公司“客户服务”一职。

> 对方招聘客服不会要求太高的，76分足够，你要瞎编96分反而没人敢要。

我曾经学过15门数学和计算机相关课程，获得了平均76分的成绩。我相信，这些能力会帮助我为客户提供专业的IT咨询。此外，我选修了工商管理双学位，每周一次的小组讨论和陈述锻炼了我的沟通能力，可以帮助我更好地与客户交流。

我是个非常踏实的人，在过去两年一直担任宿舍管理员。希望您能给予我一次面试机会，我相信我的IT知识、工商双学位、沟通能力、踏实的个性，会使我成为一名合格的客服！

请给我一个机会，我将尽我所能！

此致

敬礼

张兰

××年×月×日

第三节 成功求职信展览

以下几封成功求职信，从格式到内容各有千秋，你可以根据自己的实际情况，先模仿再创造，写出有自己特色的成功求职信。

一、用数字与事实证明自己

这是一份纯正的英文求职信，除了可以供读者参考它的格式之外，也请大家留意其中数字的使用。数字，在推销自己的过程中是最有说服力的。

August 12，2012

Zhujiang Hospital

P.O.Box 411067

Guangzhou，China，530235

Attn：Robin Pang，Human Resources

Re：Director for Patient Financial Services

Dear Mrs. Pang（尊敬的庞女士），

I was very interested to see your advertisement for a Director of Patient Financial Services on 51Job（Aug. 11）. I have been seeking just such an opportunity as this，and I think my background and your requirements may be a good match. My resume is enclosed for your review.（我看到贵院从8月11日起在51job上招聘患者财务服务总监这个职位，我一直以来就期待这样一个机会，因为我的背景和您的要求应该很吻合。）

点评：第一段说明自己如何得知招聘信息，应届毕业生可以在这一段做点文章，免得自己的推荐信看上去和别人的千篇一律。

Of particular note for you and the members of your team as you consider this management placement are my strong accomplishments in reducing outstandings and reorganizing accounting and collections functions to achieve improved interaloperating efficiency and improved cashflow for the institution as a whole.（特别希望您和您的团队能够考虑我过去曾取得的显著成绩：通过减少欠费、重组会计和收款功能提高了内部运营效率，增加了整个机构的现金流。）

Consider the following（希望您考虑这些）：

* Reduced A/R days from 110 to 60.4.（收款期从110天减少到60.4天。）

* Reduced staff by 6.5 % with concurrent increase in total departmental performance.（减少了6.5%的员工，与此同时部门效能更高。）

* Reduced patient complaints with simultaneous increase in A/R collected.（收款增加的同时，患者投诉亦减少。）

* Improved cashflow by $1.6 million per month.（每月增加1600万美元现金流。）

点评：第二段说明自己对于该职位而言最适合的几个亮点。

Additionally，my contributions have been mainly achieved by improving information flow within the patient financial services function，improving patient financial services utilization of already available MIS services，and improving cooperation between patient services and admissions，UR，contracting，and medical records functions.（此外，我做出了这些贡献：在患者财务服务功能中加快了信息发布的速度，加强办公自动化系统的使用，提升患者服务与住院部、UR部、合同法务、医疗记录等部门的合作。）

点评：补充自己的另一个亮点。

After fifteen years in patient accounting，I have a thorough understanding of every aspect of this function in a modern hospital/medical center setting.My current employer is very happy with my performance，but I view myself as somewhat of a troubleshooter，and most of the reorganizations initiated here have already come to fruition，so I am eager to consider new challenges.（在15年的患者会计工作之后，我已经深入了解了中型医院在这方面所涉及的每个部门。我目前的雇主对我的工作非常满意，但是由于我自认为是个“消防队员”，而这里的重组早已经进入正轨，所以我希望能有新的挑战。）

点评：说明自己为什么要离职。

If you are seeking a manager who stays abreast of her field，who understands technology，who earns 100% staff support，and who is as career-committed as it takes to achieve total success，then please consider what I have to offer.I would be happy to have a preliminary discussion with you or members of your committee to see if we can establish a mutual interest.（如果你正在寻找一个业内领先一筹的经理，他懂技术，获得100%员工支持，为了工作成功会100%敬业，那么请您考虑我的综合素质和条件。我非常希望能早日与您和您的团队成

员见面，看看我们是否能够深入交谈。）

点评：再次强调自己是适合的人选。

Thank you for your attention to these materials.I certainly look forward to exploring this further.（谢谢您阅读这封材料，我很希望有机会深入探讨。）

点评：结尾的客套话，应届毕业生可以把话说得稍微肉麻一些，而不是如此冷静。

Yours truly（敬启）

Miranda Liang（梁米兰）

Enclosure：Resume（附：简历）

二、推销自己的优点，展示对职位的理解

一份好的求职信，无非是要执行以下两个功能：

第一，推销自己适合所申请职位的优点。如果你看上去似乎有不足之处，必须在求职信中加以弥补。

第二，展示自己对职位的理解。表达自己对职位的理解，远远胜过表达自己对职位的兴趣，因为兴趣人人都可以有（至少假装有），而理解却是人家招聘你的原因。

让我们来看一封相当不错的求职信。

尊敬的人事部经理：

您好！我目前在新世纪律师事务所做助理法律顾问，非常高兴在智联招聘看到你们昨天发出招聘知识产权保护方面的法律顾问的信息，我最近3个月来一直在关注这个职位的招聘，所以立刻向您申请此职位。

（点评：第一段，既告诉对方自己如何得知招聘信息，同时也表达了自己的热诚。）

我在目前的工作中曾经做过两个与知识产权保护相关的案例，很抱歉不能透露具体客户的名字，这两个案例都在业内引起很大关注。我很有幸与政法大学的几名教授联合参与了两个案子的全过程，并与客户有长达一年的全方位接触。

我很高兴地看到，您所招聘的职位的职责描述和我目前的工作相差无几，所以非常希望能尽快与您面谈，看看我是不是最适合这个职位。

看到我的简历后也许您会有些疑虑，因为我并不满足您两年以上工作经验的要求——到目前为止，我的工作经验刚好是1.5年。我非常理解并认同您所说的法律顾问这个职位对工作经验的要求，这的确是个需要经验积淀的岗位。但是我真诚地希望您能抽空面试我一次，以充分了解我的经验是否能够满足您的期望值。此外，我在做这两个案

例期间，几乎每天工作时间都超过15个小时，从这个角度看，您可以将我视为至少有两年的工作经验了。

期待与您见面详谈！

商祺！

王威盛

××年×月×日

三、自信幽默，人见人爱

这是一份非常聪明可爱的求职信，求职者巧妙地把“家庭主妇”的工作和“行政助理”的工作“混为一谈”，诙谐地展示了自己的自信。

Kimberly Lee

Room 202，Tower B，Hongjing Garden，Longkoudong Road，Guangzhou

135–247–260–59klee@bamboo.com

January 17，2006

Mr. Frank Randall，Partner

Blue Sky Corporation

Room 1234，Citic Plaza，Guangzhou

Dear Mr. Randall，（尊敬的冉先生：）

There’s a reason why：（一定会有原因导致：）

· Friends hand me the dinner bill to divvy up.（朋友们把账单递给我核实。）

· My checkbook always balances at the end of each month.（我的账目在月底向来无差错。）

· My three kids are never late for events.（我的三个孩子去参加活动从不迟到。）

· Community groups look to me to organize events.（小区的一些组织会找我搞活动。）

I’m a “detail person”，the kind of person you need as your administrative assistant.（我是一个细节型的人——就是你们要找的行政助理。）

For the last five years，I’ve handled all the scheduling，finances，and logistics for my family of five.It’s time for me to get back into the corporate work force and put my organizational talents to use there.（在过去5年中，我解决了我的家庭5个人的所有日程/财务/后勤问题，

现在，我该回到某个公司，来让我的组织才能发挥作用了。）

I look forward to receiving your response.Thank you！（我期待您的回复。谢谢！）

Kimberly Lee（李金丽）

Enclosure：resume（附件：简历）

四、与众不同，脱颖而出

这是一份来自应届毕业生的非常巧妙的推荐信，由于格式、内容与大部分申请人风格迥异，所以很容易获得HR的注意。

尊敬的招聘负责人：

您好！

我叫赵凡，来自广州外国语大学，昨日与北大青鸟高级经理展培程先生的一次简短交流促使我立刻写下了这封申请信，申请加入华硕的管理培训生计划。

有幸能与展培程经理交谈是在昨日，也就是12月10日北大青鸟在华工举办的校园招聘会上。由于向来心仪贵公司，我提前了一个半小时来到现场，幸运地坐在了前排的位置，也更加幸运地得到了与展经理交谈的机会。交谈虽然简短，我却深受鼓舞，从而更加坚定了竞争管理培训生的决心。

对北大青鸟的良好印象，实际上源于两年前。我的一个好朋友参与了北大青鸟的BENET培训，他说"目标教学法"彻底改变了他的就业状况，培训前他的月薪是2800元，培训后达到了5000元！如果能够在这样一家改变人命运的公司工作，我将感到非常荣耀。

现在，我谨向您介绍一下自己的情况。在学校，我可以自信地说，我是一名非常优秀的学生，因为：

在学术方面，我的GPA在班里排名第五；

在社团活动方面，我担任了学院青年志愿者协会的会长。

除此之外，我希望您能考虑到我的如下优点：

1.聪明的头脑。我非常善于动脑思考，也乐于动脑思考解决问题。比如说，在前不久结束的泛珠江三角洲大学生企业文化案例分析大赛中，我与我的团队一起击败了香港大学、澳门大学等多支劲旅，获得了第二名。思考能力、解决问题的能力，我认为是就业能力的No.1。

2.灵巧的手。我的动手能力很强，在宿舍里，虽然我身材不是很高大，但是向来是我换灯泡。电脑出现小问题我也能解决。我还有一个绰号："PPT王子"，今天带了我的部分作品。我个人认为，动手能力非常重要，它是大学生就业能力的重要一环。

3.善谈的嘴。我是一个善于表达的人。首先，我的中文演讲能力比较强，3次在广外演讲比赛中获奖。其次，我的英文表达能力也很优秀，我在上百人的竞争中，因为语言能力以及镇定自若的授课风格而被遴选为助教，曾经主持过40人的英语角。

4.真诚的心。我真诚、积极、外向。当大家需要帮忙的时候，总是可以随时来找我。在校期间，我是党员，多次参与青年志愿者活动。衷心希望能够有机会与您面谈。

祝福您在繁忙的招聘季节里身体健康，万事如意！

诚挚的赵凡敬上

××年××月××日

第四节　你也有这些疑问吗

这些问题都是《这些道理没有人告诉过你》天涯读者交流帖中的提问，非常具有代表性，我在此公开作答。

1. 中规中矩的求职信是否会引起HR的兴趣？

无论是规规矩矩还是特立独行，只有“符合招聘需求”的求职信，才会引起HR的兴趣。

2. 投递的时间是否有讲究？

有人说在招聘截至日期前投递简历，这样你的E-mail会排在前面，会首先被HR浏览到。

但是，有的公司是专人负责招聘，他们每天都会把收到的求职材料处理完毕。越是滞后发来的简历，可能越会受到严厉的审核，因为毕竟他前面已经选了不少候选人参与笔试和面试了。

建议大家不要在这类细节上纠缠，如果你合格，无论什么时候投递，应该都能过关。

3. 求职信是必须要写的吗？

不是！90%的求职信都没被看到，尤其是那些套话求职信。

如果你除了简历真的有话可说，就写求职信。否则，不写也行。

4. 我想写求职信，可是觉得自己不会用专业的语言描述，怎么办？

你只能参照招聘启事，如果你觉得招聘启事上的要求都过于专业了，这份工作绝对不属于你。

如果你背景合格，只是担心自己语言不够专业老道，那么，放一百个心。如果你讲话像三十几岁的人那么老道，HR也觉得你像个老妖精一样城府深厚，更加可怕。只要背景合格，偶尔出现的天真（烂漫）才说明你年轻啊。

5. 求职信多少字为宜？

无论如何，控制在一页之内，除非你应聘老师写了一篇教学稿件，或者你应聘编辑弄了个即兴散文……

至于字数，无论如何，占A4纸三分之二的面积为好，千万不要搞半页纸，那样看上去太寒碜了。

第五章

网申：淘汰率最高的环节

网申到底是什么?

其实就是在线填写简历!

网申比较耗费时间的，其实是那些开放性问题。这些长篇大论的问题到底重不重要?我们来举个例子，虽然不完全真实，但比较靠谱。

10000人（包括你）网申同一家公司。

3000人遇到开放性问题需要回答，觉得麻烦，退出系统，剩下7000人。

3000人随便回答了几句，或者一开始认真，后来坚持不下去，也倒下了，剩下4000人。

3000人认真回答了，但不懂门道和技巧，也倒下了，剩下1000人。

那么，如果你能有技巧并有认真的态度回答开放性问题，你就PK掉了9000人，成为幸存的10%。

第一节　如何填写网申

首先，转换角色！如果你是一个大公司负责招聘的HR，每天要在电脑上浏览上千份网申，那么，你会喜欢什么样的网申呢？下面，我们给出五种“越来越好”的回答原则。

原则一：越“不可复制”越好——千篇一律必死无疑

在浏览大量网申的时候，HR当然喜欢看到各种各样不同的回答，一来可以增强他们的阅读兴致，二来可以直观地从文字中了解每个应聘者的特点，以做出筛选的决定。然而，应届毕业生所填写的网申常常让HR失望，千人一面的回答比比皆是。如：

问题原文：Why have you applied for this position？（你为什么申请这个职位？）

原回答：

First，× × is such a well-known company.I’ve always looked forward to joining a big company.（首先，× ×是个知名企业，我一直希望有机会加入。）

Second，× × offers challenging job responsibilities.I am eager to take on lots of responsibilities and develop my skills.（其次，× ×给我提供了有挑战的工作职责，我很向往担起更多责任，锻炼自己的能力。）

Third，the systematic trainings you offer attract me a lot，because as a new hand I desperately need training.（第三，您所提供的系统性培训很吸引我，因为我是一名新人，所以我急需培训充实自己。）

有一个很简单的办法可以帮助你判断自己对开放性问题的回答是否做到了与“众”不同：当你完成一个回答之后，看看你周围的背景类似的朋友，设想一下，如果他们把你的这个回答复制过去，也同样适用吗？如果同样适用，你的回答还需要进一步进行个性化的加工；如果你的回答任何人拿走都不适用（有30%—50%适用是可以接受的），那么它就已经完全做到了与“众”不同。

原则二：越简洁越好——使用菜单式语言，而不是大段描述

和制作简历的原则一样，网申必须使用计算机菜单式的语言，而不要进行大段的描述。因为大段的描述一不利于数据库抓取信息，二不便于HR在电脑上阅读。

以下这份HSBC网上简历的主人，就像《大话西游》里的唐僧一样，害得HR头痛得打滚，恨不得立刻把他揪过来，不为面试，只为狠狠教训一顿！请大家对比一下原答案和修改答案，并留意点评，立刻就会明白如何以菜单式语言填写网申。

HSBC网上简历节选

Language Proficiency（语言能力）

原答案：（这一堆话里面，有用的只有一个CET-4。）

To be an excellent programmer, one should continually update knowledge of advanced technology and method should be updated continually.Therefore I always browse international websites and read literature written by global experts, to achieve the latest information and technology.All these efforts were focused on English during my college time.Finally, I successfully passed the CET–4.

修改答案：（如果没有6级而4级分数比较高，不妨列在这里。）

Cantonese and Mandarin: native

English: Read and written, fluent spoken, well CET–4（test score 480）

PLUS: I write E–mail to my boss in English every day now.（如果你除了证书有额外的经历证明英语水平，可列明。）

Scholarship or Other Awards（奖学金与其他奖项）

原答案：（该详细的，他反而给略过了！）

During college, I received several awards in and out of school.

修改答案：（奖项要列清晰。）

2002　Green Card Engineers by BENQ Co., Ltd.（2000 Yuan prize money）

1999　Excellent Student Cadre of Zhongnan University

2000　Excellent Student Cadre of Student Union

Work Experience（工作经历）

How did you benefit from the work?（工作给你带来的收获是什么？）

原答案：

这个回答气死人，等于没有答，只是说“这么多年工作下来，我的收获是：‘我决定做个programmer。’”

I had different experiences from the jobs that I participated in, but they covered common ground, which strengthened my determination to become an excellent programmer.Attracted by the sense of accomplishment from programming, and more by the achievements in the process during the endless learning in this field, I have decided to make a career out of programming.

修改答案：

1.Learned to program in C++ language very well.

2.Learned how to implement ERP in a working environment.

3.Got used to working under pressure.

Career Plan（职业规划）

Why are you suitable for a career in the Information Technology field and why with the Company in particular? What are your career objectives?（你为什么适合做**IT**，为什么适合我们公司？你的职业目标是什么？）

原答案：

此回答几乎完全跑题，而且过于冗长。

Based on the solid basically education in school and the working experience. I have narrowed down my career interest to Information Technology, although I can also appreciate the value of other types of career.I got the self-educated ability, the latest technology and team working skill from the various classes and training in the college. The mostly, different kind of jobs which I took before strengthened my mind to take the programmer as my business in the whole life.

Now, I would like to realize my dream in HSBC, which I have pay attention to for a long time since 4 years ago, when HSBC set up its Data Centre in Guangzhou. For me, I find it reasonable and feasible to establish my business in HSBC.

Firstly of all, the staffs would be trained in many field of IT in HSBC, which attracts me the most. For the particularity in IT, we have to update our knowledge day by day. The perfect training courses in HSBC can lighten my business stress.

Secondly, the strongpoint of mine, such as the practiced profession skill on IT, teamwork spirit, good communicate ability and my zeal, which will swept everything before it, will meet the demand from the challenges in future.

Last but not least, the high salary in HSBC is embodying the personal value of each staff, which is also one of the reasons attracting me to apply HSBC.

……此处省略200字……

修改答案：

I'm suitable for IT career because:

题目有三个，你就必须分开三段答。

1.I was awarded “Employee of 2003” from my current company.

2.I have 3 year experience in programming in C++.

3.I am familiar with Sun and AS400.

I choose HSBC, because:

1.HSBC offers a career path.

2.Good training, competitive salary and benefits are expected.

3.HSBC has a group of talented and devoted people.

My career objective:

Systems analyst (three year plan); Senior systems analyst & Team leader (five year plan); Department manager (ten year plan)

原则三：越像“自己人”越好——符合招聘企业的文化和“个性”

虽然任何一个招聘单位都会宣扬自己的企业不拘一格用人才，但俗话说，“不是一家人，不进一家门”，HR在筛选网申的时候还是会喜欢挑选“自己人”！和制作简历一样，你的网申也要尽量符合企业的文化和“个性”。

有人曾经凭借下列“自己人”风格的网申，顺利通过耐克公司的筛选。

耐克公司网申问题节选：

问题 1.What are your favorite sports?

问题 2.What sports did you do last week?

在回答这两个问题之前，我首先思考了两个其他问题：

1.耐克最重视的运动是什么？凭借常识我们就知道，耐克非常重视篮球和网球。也就是说，如果你和耐克的总监谈篮球，必然会比谈羽毛球和乒乓球能引起更多的共鸣。

2.耐克的文化是什么？这个问题也是常识，公司的信头纸明明白白地写着Just Do It。也就是说，耐克钟爱有个性的人，你尽可以在简历中展示自己的个性，因为耐克宣扬的就是“Just Do It”。假如你面试的时候能够左脚一只红色耐克鞋，右脚一只蓝色耐克鞋，把握就更大了！（当然，头脑不能混乱。）

根据以上分析，申请人在调查问卷上写下这样的回答：

What are your favorite sports?

回答：I like basketball（watching）.Watching exciting NBA matches is indeed a sport for me，jumping about and shouting requires quite a lot of energy！ I also like tennis（picking）.I spent more time looking for the tennis balls I' ve hit than playing，because I could only afford to practice tennis in the open as a student.〔我喜欢“看”篮球，对我来说，看NBA篮球比赛的确是一种运动，因为四处跳动和喊叫很耗费体力！我也喜欢（捡）网球，作为学生只能在露天练习网球，我花在捡球的时间比打球的时间还要长！〕

点评：这个答案的优点有三个。

1.展示独特个性。如果你平平淡淡地说自己喜欢游泳或者踢足球，恐怕极容易跟别的应聘者“撞车”。

2.展示幽默。无论公司招聘的是CEO还是前台小秘书，人人都希望他有幽默感。

3.志趣相投。既然耐克的主营产品就是篮球和网球系列，我们自然要迎合一下。如果你说自己喜欢踢毽子，恐怕要踢出武林高手的水准才能讨好。

What sports did you do last week?

回答：Last week，I did nothing but ride my bicycle for four hours a day，two hours to work，two hours back home，then carry it to the fifth floor （in fear of the bicycle thieves）！〔上周，我每天做4个小时自行车运动，2个小时骑到工作单位，2个小时骑回家，然后把自行车扛上五楼（害怕偷自行车的贼）！〕

点评：答案虽然简单，却体现了应聘者的三个优点。

第一，诚实。每周都做运动的人应该不多，但是很多应聘者为了迎合耐克而大谈自己上周做了什么运动，看上去反而不真实。

第二，独特、幽默。这样的回答应该是独一无二的，很容易给HR留下深刻印象，而且其中流露出的小小黑色幽默令人忍俊不禁。

第三，运动精神。能够每天骑4个小时自行车的人必然具有耐克所强调的体育和挑战身体极限的精神。

这份符合招聘企业个性的网申非常成功，当时耐克中国的销售总监Michael读过这份调查问卷之后，立刻打电话到人事部，要求一定要把这个候选人叫来面试。

需要提醒大家的是，体育用品是一个特殊的行业，所以申请此类企业的时候要非常了解这个行业需要什么样的风格。而申请大众化的行业，比如IT和通信，往往不需要费那么多心思琢磨HR要什么，真实地表现自我就够了。

原则四：越像“行家里手”越好——了解招聘企业的产品和服务

一些快速消费品公司在网申中询问应聘者对本公司产品和服务的认识，其用意非常明显：优先考虑熟悉并热爱自己产品和服务的应聘者。其实这和谈恋爱是一个道理，绣球当然要抛给“懂我，爱我优点，能帮我改正缺点”的如意郎君！我们来举例说明。

Kimberly（金佰利公司）网申开放性问题举例：

Which products，Kleenex（舒洁），Huggies（好奇），Kotex（高洁丝），have you used and what do you think their advantages and disadvantages are? （你用过舒洁、好奇、高

洁丝中的哪些产品？觉得各自有何优缺点？）

问题分析：

有个男同胞看到这个题目的时候，诡异地问我："天哪，我一大老爷们儿，这三个东东都不可能用啊！那，我应该实话实说，总不能撒谎吧！"我没有直接回答他的问题，而是反问他："如果一个兴致勃勃的母亲抱着她的宝贝孩子到你面前，问你她的孩子怎么样，你说'哦，偶是处男，对此没有权利发表评论呀'。你说人家会觉得你诚实呢，还是觉得真扫兴？"还有一个女生对此问题非常犯难，她说自己真的哪个都没有用过，穷兮兮的大学女生，哪里来的钱去买Kleenex（舒洁）和Kotex（高洁丝）？充其量买个舒而美（刚好也是金佰利旗下的产品）！至于Huggies（好奇）纸尿裤，未婚少女怎么可能买这个玩意儿？

我不反对大家诚实，企业招聘犹如女人择偶，当然不想找个习惯撒谎的骗子。但是，女人同样也不会中意"虽然诚实但不爱我"的男人！要想获得应聘公司的青睐，你需要立刻开始了解它的产品或服务。

现在你需要暂时把网申的电脑窗口关闭，立刻去做这样几件事情：

1.进行品牌对比。你需要冲到一个大超市，进行如下的市场调研。

（1）对比"卖点"。把舒洁、高洁丝、好奇和至少三种竞争品牌的"卖点"记录下来。找卖点很容易，在外包装上最明显的位置出现的语句就很可能是卖点。

（2）对比价格。记录价格和当时的促销手段也很重要。

2.感受产品。买上几种舒洁的纸巾，因为新推出的香熏产品有好几种香型呢。女生当然要买一包Kotex（高洁丝），至于好奇纸尿裤，只能作罢。通过自己亲自使用（虽然这可能是你第一次试用），你可以把产品的"卖点"个性化，否则你的答案则很可能由于"流俗"而得不到HR的特别垂青。

3.进行网络搜索。你很容易就能搜索到如下内容，且内容之一就是公司最希望消费者注意到的产品卖点。

（1）舒洁是柔软和韧性的完美结合，其柔软性更是非同一般。舒洁推出的香熏系列面巾纸所使用的100%纯天然香熏精油属国内首创，首屈一指。

（2）好奇超薄柔软纸尿裤，超薄吸收层，含有大量高分子吸水体，更透气柔软；布质表层及防漏隔边，有效预防尿布疹；独特弹性魔术搭扣，可多次粘贴；还有芦荟凡士林滋润表层，保护宝宝肌肤免受尿尿、臭臭的刺激。

（3）高洁丝拥有多种多样的产品迎合你不同的需要：有给你非一般干净清爽感觉的唯白网面透气卫生巾系列，给你纯棉拥抱般舒服感受的亲肤棉面卫生巾系列，独特的干爽棉柔二合一感觉的双效网棉面卫生巾系列，以及透气舒适的清爽护垫系列。

原回答：

> 1. 大段的描述很难让HR有耐心读下去。
> 2. 没有给招聘方任何“有价值的”产品反馈。作为招聘单位，既希望看到你对公司产品的热爱，也希望看到你中肯的评价，这些“有价值的”评价，不应只是从网上下载的官话和套话。

I’ve used Kleenex and my friends also like to use Kleenex. Kleenex is so soft that I love it. I always remember the first time I used it. After that I became a loyal customer. Such products make me realize the importance of personal care products，they do improve the quality of our life！ I also use Kotex and I find it very comfortable，although it’s a little bit expensive for me. I haven’t bought any Huggies products because I am still not a mother，but I believe I will do so，because I trust the Kimberly brand very much.

修改后回答：

ABOUT KLEENEX：

I’ve been using Kleenex for about 8 years since high school. All my family members use Kleenex because my mother，who does most of the shopping in my home，always buys Kleenex.

> 说母亲购买舒洁，是完全可信的。

Advantages of Kleenex：

> 优点、缺点分开描述，利于阅读。

1.Brand power. My mother and I prefer Kleenex mostly because of the brand，and brand is the first consideration for us when shopping for personal care products.

> 香味，本来就是这款产品的大卖点。

2.The fragrance of the new Kleenex is so good！ I like xun-yi-cao（熏衣草）fragrance particularly. I couldn’t resist it！

Disadvantages of Kleenex：

Price is a disadvantage in my opinion. And，I was wondering if we could have a tissue which only has one or two layers，instead of two to three layers；sometimes one layer is enough.

…

> 提到纸巾可以只有两层，虽然从产品设计上几乎肯定站不住脚，但是这说明了你对产品的观察和在意。

原则五：越“合适”越好——强调“合适”，而不是强调“优秀”

记得一句广告词是“只选对的，不选贵的”，其实招聘也是一个道理，每一个职位都希望招聘到最合适的人才，而未必一定是各方面都出类拔萃的、最优秀的人。

很多申请人在回答开放性问题时都有一种误解，认为自己的回答必须大肆渲染自己多么优秀，具有多么强的领导能力。那些没有担任过社团领导的申请人更是胆战心惊，生怕HR一看自己没有做过社团领导就立刻过滤掉自己的申请。

下面是一个学会计的女孩，成绩比较好，社团活动表现一般，总体来说，是一个谈不上有多么“优秀”的候选人。但她的网申回答却句句扣住“合适”二字，体现出很多用人单位最喜欢的财务人员的特点：踏实、实干、独立、负责、稳定等。

原题：What communities or student clubs do you belong to and to what extent are you involved?（你属于哪些社团，参与程度如何？）

回答：

自从2010年起，我就是社区卫生安全义务督导队的一员。

我当初加入这个社区团队，只是由于邻居阿姨一定要拉一名有本科学历的人进去“充数”，不过我很快就发现，其实我可以做很多对社区非常有利的好事，所以就一直坚持做到现在。应该说我现在是团队的骨干力量——这个“骨干”，不是做领导的那种“骨干”，而是干活的“骨干”。我联系了美院的学生免费为小区彩绘墙壁，协助物业设立了电池回收箱、狗粪袋箱。自己挺有成就感的。

只要我一直住在这个社区，我就会一直干下去的。

这个求职者利用社区服务的经历，很好地展示了会计师事务所比较欣赏的应聘者特征。

第二节　网申案例的点评与修订

本节中，我们对大家所填写的网申开放性问题进行点评和修订，希望帮你更直观地理解网申填写方法。

一、某著名牙膏企业网申

（备注：本为英文网申，为方便大家领悟写法，特改为中文。）

1. 描述你在大学里最光荣的事情，别解释为什么。

> 最大成就不等同于最光荣啊，用词要严格扣题。

原稿

> 不是每个人都知道这些缩略语。

我最大的成就是在BOCOG（第29届北京奥组委英文简称）担任实习生，我学会了团队合作，锻炼了英语，提升了沟通技巧。我体会到了很多别人也许体会不到的东西，与海外游客交流，去大使馆，与明星面对面。最为重要的，我很自豪我为奥运会做了贡献。

> 这些事情，让你觉得“最光荣”？似乎分量太轻了。

修订稿

我最光荣的事情是能够在奥组委担任实习生，因为这是我此生以来第一次能代表中国（也许是唯一的一次机会），即便我做的都是指路、服务、介绍北京烤鸭等这样的小事，我第一次感觉到“为祖国服务”的荣耀。

> 这个理由足以支持“最光荣”，这样的论证逻辑才严密。

2. 举一个例子证明你的团队合作能力。

原稿

奥运期间，每个队伍来到奥运村的时候都要参加欢迎仪式。我的任务是协调老师和同学们到奥运村表演，保证大家的安全，让表演顺利进行很重要。我是个新手，但是有了领导和同事的帮助，我带领10个志愿者，克服了很多困难，最终完成了目标。

> 这个题目看完，该候选人几乎就落选无疑了：扣题不够严密，该有的细节也没有。

修订稿

（首先用一句话概括此事）我和北科大院长助理等10个志愿者一起，为奥运村欢迎表演提供服务。（介绍背景）2008年奥运时，各国代表队进驻奥运村之后都要举行欢迎仪式。（目标）我们10个志愿者负责智利、阿根廷、墨西哥三个代表队的服务。（我的行动）演出之前，我们进行了详细分工，我负责机动地在全部10个志愿者中穿梭移动，随时收集各个志愿者遇到的问题，尽量解决，以确保这些志愿者可以不离开固定的服务区域。（结果）最后，我们负责的5场演出一切顺利。（总结）我领悟的团队合作，首先是做好提前规划，其次是分工明确。

这是典型的S.T.A.R.回答方式，大家可以到面试的开放性问题那一节进行深入了解。

3. 描述一个你遇到的两难境地，而你必须要做出一个决定。

原稿

奥运期间，我督导10个志愿者，他们多数是学生。所以，他们把我当朋友而不是一个主管。有一次，我们要把一群孩子带到奥运村里，但是两个志愿者忘记了职责，而去向明星索要签名。如果我责怪他们，他们是不会认真对待的；如果我报告上级，会让他们非常难堪。最终，我还是决定当面批评他们，再给他们一次机会。

看来这个人除了奥运志愿者的经历，什么也没有啦！！！千万不要所有的题目用一个题材，否则HR会觉得你经历太单一了！

修订稿

（一句话说明事情）我在是否报名出国交换生的事情上挣扎了很久，最后决定放弃。（背景）我们学校专业成绩排名在前20%的学生可以到迈阿密大学交换学习，但是我父母的收入年均只有5万元，负担起来不是很轻松。（行动）我和父母商量此事，他们极力支持，但是我想父母更多的是不想让我失望。为了分析出国交换生的“性价比”，我找了我最为敬佩的统计学专业的黄教授，请他给我一些参考意见。有意思的是，黄教授和我一起进行了一个“回归分析”，以此得出我不应该出国交换学习，而应该参与他的一个科研项目来获得我更为需要的实践经验！（结果）这个决定，至今仍让我自豪，因为我学会了如何在两难中做出决定，那就是进行量化分析！

变相夸了自己。

敬佩成功者的人，就具备了成功的基本素质。

变相夸自己受到老师器重。

企业最需要量化分析者。

二、某国营单位网申

1. 简单介绍你的文体等休闲活动和爱好

原稿

该申请人网申的最大问题是：心里只想着我是谁，没想着对方要谁。

我目前的休闲娱乐活动如下：

回答网申题目的时候，心里想着谁？想着自己，还是想着这个职位需要什么人？

阅读：我喜爱阅读侦探小说、惊悚故事，例如××的小说。

影视剧：我爱看电影，最近我看了《辛德勒的名单》，是斯皮尔伯格导演的。我最喜欢的电视剧是美国情景剧，例如《老友记》。

这些答案看上去没有错，但是，也没有什么用，无法让HR觉得你就是他们要找的人。

跳舞：我选修了交谊舞。

运动：我喜欢跑步和跳绳。

画画：我喜欢涂鸦，画笑脸。

修订稿

> 让很多人有共鸣。

> 活泼大方。

* 热爱轻松易做的体育活动，如跑步和跳绳，也喜欢与人打球，比如乒乓球和羽毛球，对篮球与足球，也乐于观战。

> 爱看球，受男士欢迎。

> 读书为了趣味惹人共鸣，读书为了进步让人喜欢。

* 热爱读书，往往不分类别，好书就看，既喜欢热门文学类出版物，又喜欢大学生热门实用书籍，如《这些道理没有人告诉过你》。只要有趣或有益的读物，我都爱看。

2. 你参加了哪些社团，参与程度如何？

原稿

> 网络上摘的东西，也敢放在这一字千金的网申里头？！

从2008年到2009年，我是过来人市场调研部大学生团队的一名成员。过来人是一家为青年人成长指导方向的具有高度社会责任感的成长型企业，它受到了徐小平老师、李开复老师的支持，每年为……

我的目标是：此处略掉100字。

> 我知道这个点评会挨骂，但还是要点评!!! 很多90后太自恋，说起自己的事儿来喋喋不休，心里不想着别人一天要看多少份网申？！

我的职责是：此处略掉300字。（有位老师看简历的时候，性格明显从冷静转向急躁……）

结果和我的收获是：此处略掉100字。

3. 哪些因素影响了你的职业选择？

原稿

客观因素

> 分成客观和主观，逻辑上比较清晰，赞一个！

个性：谨慎耐心，有责任心。敏锐，精于数字，把挑战看作机会，善于学习。

能力：善于人际交往。有领导潜质和团队精神，胜任压力下的工作，工作高效，注重细节。

> 这两个似乎逻辑混淆。

技能：语言方面突出。阅读能力强，大量与外国人交往的经历使我精通英语口语，善于写报告或者文章表述自己的意思。

电脑技能：善用各种办公软件，如Excel、Word等，善用E-mail和网络。

专业技能：掌握扎实的专业知识。

> 综合看下来，这个答案套到100个人身上都合适，所以，必败无疑。

主观因素

家庭背景：略100字。

教育背景：略100字。

> 不可救药的逻辑错误：教育背景算主观因素？

社会与经济背景：略100字。

> 不可救药的逻辑错误，又来了……

修订稿

从学历上看，我的专业是电力工程（而且是我自己的选择），毕业后做专业工作是顺理成章的选择。

从能力上看，我大学G点3.75，专业课程成绩排名在前30%中，证明了我具有财务工作的能力。

从主观兴趣看，我喜欢钻研本行，研究图纸是我的爱好之一，曾经和同学三人晚上通宵设计自己想象中的高压电网。

4. 列出你的职业目标

原稿

> 翠喜点评到此忍无可忍：如此以自我为中心的申请人，难道是90后的通病？如果真是如此，那我00后的女儿岂不是更加无可救药？

短期目标：加入一个快速发展的公司，能提供很好的机会以提升自己的能力和积累经验。

中期目标：学习两三年之后，我会成为一名合格的专业化的工程师，为公司发展贡献领导能力。

> 这个这个，前两年你不合格？

长远目标：成立自己的公司，担任CEO或者CFO。

> 不要提创业的事儿，不是因为对方反对你创业，而是因为进大公司的人未来几乎都会丧失创业冲动。所以，为了保住你的创业梦想，对方会拒掉你！

修订稿

从技术层面上看，我的职业目标真的很简单，就是从助理工程师到工程师，到未来的高级工程师。

> 逻辑分类，永远是个好方法。

从工作内容上看，我希望随着经验的累积，可以带领一个技术团队一起工作，逐渐变成一个技术管理者的角色。这条路，也恰恰是我父亲的人生轨迹。

三、PWC网申开放性问题回答与点评

备注：此回答来自小孟，他申请PWC的网申，由于得到了高人指点而顺利过关。本题中的批注即出自此高人之手——他是一名曾经供职于PWC的专业人士。对于有意网申“四大”的读者来说，这一段里的点评非常非常重要！！！

> 直接写“来自小孟”即可。

1. Why have you applied for this position?

原回答

（1）PWC’s sound reputation and leading service will bring me career satisfaction and push me into continuous improvement. Besides, the position can provide world-class training and a professional background which will make me a competitive performer in the future career development.

小孟自我说明：首先，说明公司能为我个人带来什么好处。

（2）My academic excellence，my various aptitudes displayed in extra-curricular activities combined with fluent English ability as well as proficient computer skills make me a qualified and suitable candidate for this position.I believe I can contribute to the development of PWC.

小孟自我说明：其次，说明我个人能给公司带来什么好处。

专业人士修改建议：

小孟回答里的第一点流于大众化，第二点跑题了。所谓大众化，就是你的回答与大家的大同小异，没有什么特色。第二点暂时不需要，因为有关个人能力的回答应该是在下面的第二道题目里。这道题的重点应该放在PWC上面。第一，它能给你提供什么；第二，它跟其他公司提供的工作有什么不同；第三，它跟同行业的其他事务所有什么区别。

关于这道题目，我个人建议从以下几个方面来展开。

根据你对PWC总体的感觉来回答。这一点你已经提到了，它有一定的声望，在行业中是领袖等，但你可以多加一点你自身了解或者通过在这里工作的师兄、师姐了解到的资料，这样就不会让你的答案显得空洞，至少能看出来你经过调查和了解，而不是随便应付的。

从你所报的部门来回答。你在所有问题的回答中都忽略了很重要的一点——你提到与申报职位相关的东西了吗？题目是怎么问你的？什么是Position？Position说的是职位，而不是公司啊！既然你申请的是税务部门，很明显你必须提到一点，那就是税务部门可以给你提供什么。PWC的税务部门是“四大”中公认最出色的，因为它的税务部门整个操作已经相当成熟，而不像其他公司还在摸索阶段，其他公司的税务跟审计还没有完全分开。根据我在部门的体验，你可以提到下面几点：

（1）税务部门可以让你有足够的机会去了解中国各方面的税务操作，包括个人所得税、营业税、外商投资企业所得税、增值税等。（当然，他在最后面试的时候也可能会问到你对这些税种的了解，那么你就要提前去了解一下了！）

（2）税务部门可以让你有足够的机会去接触不同行业的人，这点非常重要。它跟审计的区别就在于，你可以接触的人不仅是客户和同事，更多的是国家各部门的官员，包括税务局、国家外汇管理局、工商局、国家对外经济贸易部门和商务部等，通过这些你可以提高与人打交道的能力。

（3）PWC的税务部门可以给你提供培训机会，我们公司每个月都有Technical update，这是与其他公司不同的地方。你可以掌握最新的税务知识，成为专业的税务顾问。

2. Why do you think you are suitable for this position, and what differentiates you from other candidates?

> 小孟自我说明：把自己的能力分成“硬能力”和“软能力”两个方面，我觉得显得更有逻辑性。大家可以看出，我这里所做的答案特别长，说实在的，做太多网申了，我基本上都是把已经做好的“个人优点”copy再paste。如果一个一个地修改，我觉得我都要崩溃了！但是，正如这个PWC的网申，我这份没有经过特别修改的网申被专业人士批得一塌糊涂！

原回答：

The reason why I think I am suitable for this position is that my hard abilities and soft abilities can meet the requirements of the position and also differentiate myself from other candidates.

专业人士阅读前建议：

筛选网申的人是很忙的，他们看到过长的答案会立刻望而生畏。他们希望看到的是简洁的回答，如果你要说自己的优点，优点要用一句话说明，例子举一个就可以，最多两个，而且都用1—2句话说明就足够了，因为具体的描述可以在面试的时候进行。而小孟下面的回答，不仅过长，而且在具体的表达上也有些问题。让我们一起来看看下面的点评和建议。

（1）Hard Abilities.	
My academic ranking is in the top 5% in the department.What's more，I was awarded comprehensive scholarships （first prize twice，second prize once）every academic year.	点评和建议：不需要这么复杂地去介绍自己拿过多少次奖学金，在你的基本信息里已经提到了，尽量简洁。
I have obtained several certificates （international and domestic） concerning English proficiency. My spoken and written English have also proved excellent in various competitions and internship experiences in multinational companies. I am a proficient software user，especially of Excel and PowerPoint.	点评和建议：还是太啰唆了，大部分信息都已经在别的地方表达过了，尽量不要重复。即使重复，也要非常简洁。

专业人士修改建议：

在这个问题上，我最后提几个比较重要的意见。

删除不必要的大段案例介绍，你这道问题简直就是在写学术论文，我现在只看你一个人的东西都没有精力看下去，你觉得筛选简历的人会看吗？

你还是没有把自己的能力跟你申请的部门联系起来。税务部门确实需要你所提到的能力，但它们是你在任何一个公司面试都可以用到的，是万能药。而你需要的是把自己与其他人区别开来，你觉得你做到了吗？每个人都会说的东西，你说了，你觉得有新意吗？我一直主张面试的时候要“做好自己”，但是你可以适当地添加一些东西，比如你可以说你学过一些基本的税务知识（你也确实学过），你并不是在虚构，所以你完全可以写上去。这样你不就可以脱颖而出了吗？

在税务部门工作还需要你有较强的与政府部门沟通的能力，这点你可能没有。但我记得你说过你要帮一个朋友成立公司的事情，我不知道你那个时候有没有和工商局打过交道，如果有，这也是你可以在面试的时候强调的例子，否则就不要写上去了。

税务部门希望你能够细心，这点可能你听起来觉得特别老土，但确实是这样的。例如我们的操作，我们每次给客户发邮件，都要求先被主管或经理审核过。而且你不可以单独回答客户的咨询。你必须非常非常小心谨慎，可以想一个例子来说明这点。

归结起来，税务部门最看重的能力就是这几点：第一，与同事、客户和政府部门打交道的能力；第二，有基本的税务知识；第三，谨慎和随机应变；第四，具备保密意识，包括不在公共场合谈论工作的细节，不随意把客户的情况或你工作的情况透露给别人，包括你的家人，这点可以归结为integrity或其他东西；第五，能同时处理不同事情及有时间观念，因为你手头会有很多任务，会有不同的经理派事情给你做，你必须懂得怎么去迅速处理、合理安排，因此要做好每天的计划。

3. Describe a recent project you have worked on which demonstrates your determination to complete challenging tasks and your ability to work with others.

原回答：

During my work for Carrefour Global Procurement from June to August this year, my mission was to be the enabler and facilitator of process improvement. I conducted analysis and consolidations towards 176 business process maps（BPM）. I found that *the business process maps produced by Visio Software were hard to understand.* Reasons are: According to a survey, the internal users commonly feel that some BPMs are very complicated. On the BPM, the Handoffs and Decision Boxes cross together, which are hard to clarify and identify.I went to consult my mentor and she told me that the feasible way to solve that problem is try to improve the mapping skills of analyst. However, not every analyst can hold a clear blue map at the very beginning of generating a BPM, because the analyst is not the owner of the business process, the internal users are the real process expert.

After some decent thinking, I realized that *I can make a simple formative indication attached to the BPM.* The indication form is used to explain and clarify each step of the procedure; meanwhile,each-user's responsibility can be clearly conducted on the Word Document. If the users cannot understand the certain business process and identify their responsibilities, they can refer to the indication form for help.

However what I thought and what I did for improvement still needed an approval from my manager, otherwise I could not put it into usage. *I prepared a thorough proposal for my manager.* My manager kindly told me that it was not easy to revise an existing Guideline for drafting BPM, however he needed to listen to internal users' feedback and he authorized me to do a small-scale test. I immediately prepared indication forms concerning certain business processes. Together with the existing BPMs, the indication forms were sent to some associates for a test. After that, I had meetings with my target users. They all felt that the indications were much easier to understand. However, they also mentioned that the indication forms were less structured compared to the BPMs and they suggested I reformalize the indication form. After that, I did lots of consolidations.With the help of some associates, I finalized a relatively successful indication form and received positive feedback from users. Through my consistent efforts, my manager approved my proposal at last and held a departmental meeting to release the new indication form, which was a great reward for me.

From this project I know, I need to insist on my own ideas-they proved right through investigations and brainstorms-don't easily give up. Because when I work with a team, sometimes I will lead even more senior people to work on my project, if I firstly don't have confidence in myself, what the point I push the others to work on my project? From that I learned how to prepare myself a persuasive and communicational person, contribute my creative ideas to my company and then push the ideas into a team to make it.（专业人士点评：最后这一段没有必要，你只需说自己做了什么，无须交代做完的感受。）

专业人士修改建议：

（1）小孟的第三道题答得比较切合题目的要求。

（2）不过，实在是太长了。如果它要求500个字，它说的是字母数量，而不是单词的数量，小孟同学不要搞错啦。即使可以写500个字，你还是要尽量简洁一下，把背景和过程交代清楚就可以。学过S.T.A.R.描述方法吗？（备注：本书第七章第九节中有具体的S.T.A.R.描述方法说明。）

（3）有一点要提醒的是小孟可能误解了题目的意思，它提到work with others（与他人合作），小孟也确实提到咨询了mentor（专家）的意见，以及meet with users（与使用者面谈），但这个方案似乎始终都是小孟一个人的功劳，没有体现出与同事合作一起工作的能力。其实在公司里，跟manager（经理）直接沟通的机会不是很多，你首先是跟senior（前辈）或者你同grade（级别）的人沟通得多一点，当他们都解决不了问题的时候，他们会跟manager（经理）沟通，所以得稍微修改，交代一下是怎么跟同事合作的。

四、Shell（壳牌）开放性问题

以下的回答来自中山大学的同学小田，她是罕有的能以本科学历进入Shell（壳牌）的应届毕业生之一。

1. 在壳牌，我们经常在一种富有挑战性的环境中工作，并会竭尽全力实现自己的目标。请描述你最突出的非学业成就，并着重叙述为实现目标而采用的方法。

回答示范

一句话说明问题，如果HR忙，就看这句就够了！

非学业成就：经过10多轮面试和培训，最终成功地从400多人中脱颖而出被选为某外语培训学校的英语夏令营10名助教之一。

背景：助教招聘是采用先培训后面试的方法。在每一轮面试之前，老师会做一个小时的培训，然后要求候选人试讲，检验应聘者对所培训内容的掌握程度。

实现目标的方法：

清晰的S.T.A.R.思路。

（1）利用培训来赢得面试官的印象分。

句句话都实在。

每次培训坐在第一排。

积极上进。

每次培训之后写一份培训心得，递交给老师。

（2）扬长避短，提高试讲分数。

有战略，这是大公司最需要的。

不讲语法。由于我并非英语专业出身，纯粹讲解语法知识必然会处于劣势。

主攻词汇与习惯用语：讲解拟音词可以展示我的模仿能力，讲解最新短语可以顺便秀出我对最新电影大片的熟悉程度。

（3）额外策划，获得面试官“奖励性加分”。

做了一份趣味运动会的策划案交给负责老师，名称叫“N人N+1足”，目标是用到英语，培养学生的团队协作精神。分析了去年同类英语夏令营活动的优缺点，交给负责老师。

不仅仅局限于眼前的事，而是从过去到现在到未来，眼光长远。

2. 能源业务提供了一个日益变化的商务环境，我们的创新能力是保持竞争优势的关键。请描述由你发起的一项创新，并叙述它是怎样实现的。

回答示范

背景：

> 顺道夸自己是副主席，一般HR是不会拒绝副主席来面试的。

我大三时当选为学生会副主席后，学生会人员流失严重，同时，同学们对新的学生会又充满期望。

创新想法：

我提议对原有学生会结构进行改革，一方面，需要有新的元素吸引同学加入学生会，并乐意为大家服务；另一方面，学生会的工作应该更贴近同学们的需要，做到有的放矢。

具体做法：

我进行改革的总体做法可以概括为“留”“撤”“合”“设”。

> 很有战略性。

（1）保留学术部、宣传部、外联部、网络部，扩大这些部门的职能，使加入者能有更大的发挥空间，并承诺这些部门会有与校外企业或公司合作的机会。增加这些元素主要是吸引那些希望获得社会实践经验，为将来就业做准备的同学加入学生会。

（2）撤去生活部。由于生活部给广大同学的印象主要是后勤服务，而同学们希望从事一些有“技术含量”的工作，所以每次活动后勤方面的工作就分配到其他各部门头上。

（3）合并体育部和文娱部为文体部。针对大三文娱活动减少的现象，把文娱部合并入体育部，既节约了人力成本，又能使部门职能增强，以吸引同学加入。

> 突出重点，是逻辑强的标志。

（4）设立资讯部，这是这次改革的重点。升入大三后，同学们逐渐面临就业或者考研的压力，一方面他们渴望得到一些指导，另一方面他们希望得到一些资料帮助他们做好就业或者考研的准备。个人的力量是有限的，于是我提议利用学生会资源，集中力量为同学服务，设立资讯部。它的主要职能是分类搜集网络上最新的信息，并对信息进行筛选，通过学院网络进行发布。

改革效果：

（1）各部门都有新鲜的血液加入，资讯部更是创下了历年部门招收人员的数量之最，达到13人。

> 是个做大事的料子！

（2）资讯部的正常运作为同学们提供了丰富的信息，包括就业、考研、出国三大类。

3. 由于我们所从事业务的复杂性，逻辑思维能力和分析能力是非常重要的。为帮助我们评估这些能力，请全面地分析环境保护所面临的挑战及其未来的发展趋势。（请陈述你个人的分析。我们并不要求你对这个领域进行专门研究。）

回答示范

> 从整体到具体，很有逻辑性。

分析思路：

不仅有逻辑，而且很简练。

（1）问题。现有的环境问题是什么？

（2）措施。针对每类环境问题，现有的环保措施是什么？

（3）挑战。现有环保措施所面临的挑战是什么？

（4）未来。环境问题、环保法规、环保技术等各个相关方面，未来的趋势是什么？

分为“大自然”和“人类生活”，未必绝对准确，但是体现了思维的深入。

具体的分析过程：

（1）问题

对大自然的污染：大气、水资源、海洋、土壤、森林等；每个方面都有它具体的情况，例如大气问题有臭氧空洞变大、气候变化造成海平面上升、工业废气超标排放造成空气污染等。

对人类生活造成的直接污染：食物、噪声污染，家居化学污染等。

排比结构，很适合HR快速阅读。

（2）措施

能替代则替代：推行清洁能源、公交车用天然气等。

能减少则减少：利用高科技手段减少二氧化碳排放等。

能治理则治理：建污水处理厂、增加国家的森林覆盖率等。

（3）挑战

发现某些措施是面临着巨大挑战的，挑战可以概括为以下几点：

政府层面：环保政策法规不完善，监管力度不够，尤其是发展中国家。

百姓层面：老百姓的环保意识不强，尤其是在发展中国家。

企业层面：企业重视经济效益，而不注重社会效益。

科技层面：开发新的环保技术成本很高，导致投入不足。

本科生如此，夫复何求！

自然层面：环保并不以人类的意志为转移，自然环境随时都在恶化。

（4）未来的发展趋势

可以预测，随着资源进一步紧张，人类将越来越重视环保。

国家政府：更加重视环境保护，完善政策法规与加强监管；大力推行环保教育，普及可持续发展观；投入更多人力、物力对环保问题进行研究；切实控制人口增长速度。

科学技术：科技日新月异，与环保结合日益紧密，传统的环保办法逐渐被新方法取代，环保也迎来高科技时代。

环保产业化：环保逐渐发展成为一个国际化的大型产业，国家之间相互合作寻求共同的经济利益和社会效益。

第三节　网申职业倾向测试表的点评

所谓职业倾向测试，就是判断你适合哪种类型的工作。不同的职位需要不同的素质，秘书需要的素质是注重细节，经理需要看到重点，而不仅仅是细节。所以，对于职业倾向测试的问题，没有标准答案，唯一的标准就是你所申请的职位需要什么样的素质。

比如，宝洁的职业测试表格就长达12页，目的在于从如过江之鲫的应聘者中筛选出几个“完人”：有领导能力，也能被人领导；有创新能力，又能适应环境；敢于承担责任，又懂规避风险……填写表格本身就是宝洁对申请人的第一次筛选，英文不好、没有耐心、没有自信心的人几乎没办法完成这么长的表格！

很多人在填写表格的时候会选择包装自己，揣摩HR的喜好，从而在很多选项上说谎话，从来没有当过团队领导的人也宣称自己有超强的领导能力。结果就造成了一种可笑的局面——90%的申请人都把自己描述成“有领导能力、有合作精神、有创新思想”的青年才俊和才女。而这些夸大其词的描述由于没有事实为根据，一眼就会被HR看穿，这是年轻人的可爱之处：他们敢于大胆说谎。

其实，所谓的职业倾向测试只是想帮助茫然的年轻申请人进行自我定位，如果你真的适合做“管理培训生”，好，过来面试！即使你在激烈的竞争中失败了，你至少知道自己的性格是适合做管理的。如果你实话实说却没有获得面试机会，好，专家觉得你不适合做管理，起码目前不适合。该干什么干什么去吧，等翅膀硬了再来竞争经理的宝座。

我们现在挑选一些题目，分析一下如何填写“职业倾向测试表格”。

1.Which of these would bother you the most on a job?

（1）Having to finish someone else’s work.（点评：优秀人才不应该为此而困扰，因为帮助别人应该使你感到巨大的成就感。）

（2）Getting work assigned at the last minute.（点评：处理紧急任务是高素质人士必须具备的能力。）

（3）Having to find and fix someone else’s mistakes.（点评：发现并纠正别人的错误，应该令你颇有成就感，而不是备受困扰。）

（4）Being taken off a job before it is finished.（点评：很多特别自信的人会不喜欢这一点，因为自信，所以希望自己能够把一件事情彻底做完，确保一切顺利。但是，如果你是一个很信赖别人的人，你也不应该太介意这一点。）

（5）Receiving incomplete or inaccurate instructions.（点评：优秀人才必须知道如何在指令不完整甚至完全没有指令的情况下工作。）

（6）None of these would bother you.（点评：一个优秀人才应该不会被以上任何一条所困扰。）

总体点评：（3）（4）都是比较安全的选项。

2.When do you do your best work?

（1）When instructions are clear.（点评：这个人适合做助理和秘书。）

（2）When working alone.（点评：这个人应该是做纯粹技术工作的，就像爱因斯坦。）

（3）When there are no interruptions.（点评：不受打扰在企业里几乎不可能。）

（4）When under pressure.（点评：这个人需要目标驱动，适合从事销售等有目标的职位。）

（5）When you really feel like working.（点评：这个人有点情绪化。）

3.Which do you like best on the job?

（1）To work on one thing at a time.（点评：除非你应聘的是科学家的职位，这个选项应该并不适合。）

（2）To work on two or three things at a time.（点评：普通人能够同时应付两三件事情就不错了，这明显是个比上不足比下有余的答案。）

（3）To work on many things at a time.（点评：选择这个答案的人，要么真正是很有能力的人，要么是骗子。如果你的确是牛人，那么就大胆地填写这个选项，因为这的确是能人所喜欢的事情！）

4.How would you rate your ability to get things done in an organization mainly through your own effort，and without the support and involvement from other people?

（1）Outstanding ability to do this.（点评：靠一个人就能完成一件事，优秀的人应该具备这种能力，这种能力和是否具有团队精神无关。）

（2）Very good ability to do this.（点评：有基本的合作意识。）

如果你拿不定主意，填个中间选项吧。

（3）Moderate ability to do this.（点评：如果你不擅长单独完成一件事，你肯定不适合做管理。）

5.How do you feel about making difficult decisions?

（1）You look forward to them.（点评：喜欢做困难的决定，是优秀人才的特征。）

（2）You don’t mind them.（点评：不惧怕做困难的决定，当然也并不过分向往做困难的决定，普通人都这样。）

（3）You try to avoid them.（点评：懦弱。）

（4）You rarely make difficult decisions.（点评：平庸。）

上面的问题和点评说明了一个道理：性格测试的问题没有所谓标准答案！要想获得面试机会，就要想清楚你所申请的职位到底需要什么性格、什么素质。我更加鼓励各位以诚信的态度填写表格，真实的答案才能帮助你找到最适合自己的岗位。

第四节　你也有这些疑问吗

以下这些是我的读者朋友发来的关于网申的疑问，看一看，你有这样的疑惑吗？

1. 各个行业筛选网申简历的关键词是什么？

每个职位的筛选关键词都不同，比如有的公司会把“学生会主席”设为管理培训生的关键词提取目标。

2. 网申能不能以同一个人的信息多次申请同一公司的不同职位增加概率？

不可！歪门邪道，不可为也。

3. 网申的淘汰率相当高，申请的时候，硬性的东西我们无法改变，软性的东西我们需要哪些技巧来调整？

我们唯一能做的，就是把“开放性问题”回答好，这样才有可能过关。我曾经跟美的公司的人力资源经理聊过这个问题，她说公司的网申都是系统打分，超过70分（举例）的评测系统会自动发出笔试通知。但是，为了更加人性化，他们会把68分和69分（举例）的候选人单独调出来，审核开放性问题的答案，如果回答精妙，则会给予笔试机会。

4. 对于不同类型的企业（国企/外企）的网申我们要注意什么？

不论是国企、外企、民企，你只需要注意一点：我合格！大家不要以为国企和外企泾渭分明，以为外企就是要那种张牙舞爪的人，而国企就是要规规矩矩的，非也！所有的公司都需要逻辑清晰、语言简练的人。

5. 假如过了网申时间，有得补救吗？

几乎无法补救。

当然，如果你遇到了特殊情况，比如生病住院，而你又觉得自己百分之百合格，你就可以在出院之后单独写一份长长的书面申请，表明你是难得的人才。

6. 如果是研究生，本科的GPA是否重要，网申时会衡量吗？

只要该公司网申要求提供GPA，就会作为考虑因素，否则就会省略此项。

7. 如果在面试中或之后发现了网申时犯的笔误，要怎么弥补？

如果是大的笔误，最好在面试时指出，如果面试后才发现，可以在写感谢信的时候巧妙提及。

8. 若之前在该公司投简历失败，再申请时应注意什么？

你唯一要注意的，就是回答出这个问题：“我为什么失败了？”只要你回答出这个问题，你就知道该注意什么了。

9. 网申的OQ回答，有什么结构或法则吗？

S.T.A.R.是一个比较常见的结果，本书第七章第九节中有详细描述。

10. 初期研究OQ，是否需要题海战术？

先一道一道精练，等掌握窍门了，再多尝试一些题目。

11. 回答那些开放性问题时，可不可以写很小的小事？

当然可以，关键看这件小事是否能恰如其分地论证这个开放性题目。比如说，我有个学员，曾经利用自己是“宿舍长”这件小事儿，顺利通过了英特尔客服岗位的网申。

第六章

小组讨论：做最好的自己

你征婚的时候，引来了10000名求爱者，你会怎么办？

为了优中选优，你会拟出如下“七步招亲”流程：

1.网申——刷掉9000名，保留1000名。

2.笔试——刷掉900名，保留100名。

3.小组讨论——搞10场，每组10人，最后保留二三十个候选人。

4.一面——你的姑姑阿姨进行一面，筛剩10个人。

5.二面——你的老爸老妈进行二面，幸存5个人。

6.三面——你单独会见这5个人，确定第一人选A君、第二人选B君、第三人选C君。

7.发Offer——你大表姐出面跟A君谈条件，谈崩了就找B君，再谈崩就找C君……

同样，小组讨论这个招数，也是被“万人争夺一个职位”给逼出来的。目前，它已经成为大公司固定的面试模式，不仅广泛地用在应届生招聘中，也逐渐用到了有工作经验的申请人身上。

请你在看完本章之后，回到此处，完成下面这个只有一个提问的小问卷。

如果只有一类人能通过小组讨论关，那么，这类人的特征是什么？

现在，请带着这个疑问来阅读此章内容。

第一节　关于小组讨论的九个常见疑问及值得警惕的讨论现象

一、九个常见疑问

1. 各公司的小组讨论题目，是否有出题规律？

任何事情都有规律，小组讨论当然也不例外。请分析下面这些题目，告诉我：小组讨论的出题规律是什么？

（1）爱奇艺

* 给爱奇艺设计一个高校品牌推广计划。

* 个性有利于职业发展PK个性不利于职业发展，两队辩论。

* 趣味报数活动（不常出现）。

（2）苹果公司

* 某保健器械公司M需要拓宽中国市场，分别有A、B、C三家公司可以作为合作伙伴选择，具体条件各自给出，请讨论你会选择哪一家来合作。（难道真的是保健器械公司？）

（3）腾讯公司

* 关于A微博和B微博负面信息、负面影响的危机处理。

（4）古方红糖

* 请讨论出一个合适的品牌代言人，在刘涛、章子怡、花千骨中做出选择。

（5）中粮

* 请根据几十页关于巴西某生猪企业的资料，分析是否适合收购此企业的股份。

……

如果说有出题规律，那就是90%的题目和该公司业务有关。利用这种题目，用人单位可以迅速判断出哪些候选人像是“自己人”，还能顺便听听大家有什么新鲜主意，也可顺便帮助HR“头脑风暴”，这是典型的一石二鸟的好事啊。

还有10%左右的题目和公司背景完全无关，但由于极其具有“开放性”，可以让候选人充分发挥分析能力、逻辑阐述能力、辩论说服能力，还具备一定的趣味性，所以也受到一部分HR的青睐。

基于这个90/10的理论，我们不难得出结论：如果你了解一家公司的业务，在小组讨论中就会更加顺利。然而，事实是：多数候选人都在不同行业、不同公司之间连续“赶场”，不可能真正沉下心来了解一个公司。

2. 面试官都根据什么给应聘者打分？

每个公司都会在群体面试之前列出自己最为看重的测评要素，根据你在小组讨论中的表现对号入座加以打分。我们以某石油类国企为例。

测评要素	权重	评分标准			
		优	良	中	差
逻辑思路	30%	30—25	24—20	19—10	9—5
团队协作	25%	25—20	19—15	14—10	9—5
语言表达	20%	20—15	14—10	9—5	4—1
组织协调（≈外企所说的领导能力）	15%	15—12	11—8	7—4	3—1
应变能力	10%	10—9	8—7	6—4	3—1

小组讨论结束之后，秘书就会从面试官手里收回类似这样的评分表：

		市场开拓专员职位要求					
	是否一票否决（表格上往往不会出现此项，而事实则存在）	逻辑思路	团队协作	语言表达	组织协调	应变能力	总计得分
候选人A		25	20	15	12	9	81
候选人B	过度紧张，直接否决						
候选人C		26	19	18	13	10	86
候选人D	思路极度混乱，直接否决						
候选人E		20	15	12	8	5	60
候选人F		22	21	14	11	6	74

必须提醒大家的是：每家公司、每个职位的测评因素都是不同的，千万不要以为每个公司都把“逻辑思维”定在最高权重的30分！如果一个职位是“客服代表”，那么，最高权重的测评因素一定会改成“亲和力”！

小樱曾经误以为HR只想招聘脑袋聪明的领导者，于是，她在一个物流公司应聘客服专员的时候，处处表现出机智勇敢，没想到却第一个被宣布落选。究其原因，她牺牲在最重要的“表情”要求上。面试官告诉她：“你的确很聪明，但是你从头到尾没有露出一丝微笑，而这是我们对客服代表的第一要求。”

3. 什么样的人在小组讨论中必定出局？

有一些通用的危险出局因素，我们可以提前预防。按照危险等级，我把这些因素排列如下。

（1）沉默的“羔羊”。不说话，或者抢不着机会说话“任人宰割”的人，必然出局。

（2）错误的“糊涂虫”。我很遗憾地说，的确有一些应聘者一张口就会犯常识性的错误，而且接二连三地犯，这样的选手肯定是会出局的。如果你一向不是大家公认的比较聪明的人，在小组讨论中，采取“跟随”战术会比较安全。你可以先听两三个人发言，记录下他们的主要观点，然后抢个机会说这样一番话，“我同意小A的意见，因为……我觉得小B的意见也有道理，但是……”

（3）孤独的“持不同政见者”。如果你坚持的观点和绝大多数人不同，你最好不要坚持“持不同政见”。原因很简单，如果你是聪明正确的那一个，那么其他所有人都是笨蛋，把这么多笨蛋都叫过来的面试官无疑是最大的笨蛋。

4. 拿到题目没思路怎么办？

有很多学员在小组讨论结束的时候跟我说：“老师，小组讨论太难了，我刚想出一个观点，还没等开口，就被别人说出来了！我怎么可能找出那么多的观点呢？”

如果你真的在面试时把脑子转丢了，你可以采用以下几种方法来挽救自己于水火：

（1）借力。把你前面说话的两三个人的观点记下来，综合在一起，就成了你自己的“新”观点。

（2）挑毛病。在你前面发言的人，一定会犯一些明显的错误，你指出这些错误，就可以为自己加分。当然，挑毛病的语气一定要缓和。

（3）举例子。如果你觉得某个候选人的观点非常正确，你可以思考一小会儿，快速举个例子支持他的观点。

5. 怎样对付小组讨论中的“话霸”？

在小组讨论中，可能会有两种“话霸”，你要区别对待。

（1）忠诚跟随！第一种“话霸”让你心悦诚服，人家的确说得头头是道，那么你要做的事情很简单，跟随他的思路，弥补他的一点点不足，协助他做笔记，等等。

（2）坚决反击！第二种“话霸”让你气急败坏，说话全然没有道理，但是嗓门比谁都大，而且坚决反对你的正确观点。对于这种人，你要做的是坚定地重申自己的观点，无论该“话霸”有多么强势，你一定不能被吓坏，要找事实找数据反复申明自己的观点。

6. 应该怎样进行小组讨论？

值得推荐的小组讨论流程是以下三个步骤：

（1）简单分工

谁来担任领导？当然，有的小组讨论叫作“无领导小组讨论”，那么就不用刻意选择领导。

谁来总结陈词？

谁来负责提醒时间？

是否将你们的观点制作成量化表格？

（2）确定讨论模块，并大体分配每个模块的时间。例如，在40分钟内讨论并选择李宇春、周杰伦、李连杰中的一人为某公司的CEO，你们可能需要这样设置讨论模块：

5分钟，讨论“这个题目有几个讨论模块”。

10分钟，分析该企业的CEO所需要具备的特征。

20分钟，分析李宇春、周杰伦、李连杰与如上特征的匹配值（能量化则量化）。

3分钟，准备总结陈词。

2分钟，让负责总结的候选人进行一次演练。

（3）逐个模块完成任务。

7. 如何挑选一个人“出局”？

有些公司，例如中国银行，在小组讨论结束的时候，要求你淘汰一个人，这的确是个棘手的任务。我给大家的一个建议是“先打个巴掌再给个甜枣”，比如说：

“我觉得张平同学不太适合这个岗位，因为他在数字分析上的能力相对较弱，我认为他的热情、表达力更适合理财顾问等销售性质的岗位。”或者说，“很抱歉，我选择的淘汰对象是王玲，因为首先她是金融硕士，我觉得放弃这么好的专业来做快消的推广有些可惜；其次，她在讨论中表现出来的理性有余，创意却比其他同学差一些。所以，我觉得王玲同学似乎更适合申请与财务、金融相关的岗位。”

8. 如何应对“意见不和”？

在小组讨论中，几乎必然会遇到意见不和的情况，我们推荐以下两种方法来应对：

（1）搁置。如果小组中只有极少数人反对大部分人的意见，你暂时不必否决他们，但绝对不要花大量时间来说服他们。最好的办法是这样说：“我们暂时把你的这个意见记下来，等一会儿讨论完其他部分再回来分析，好吧？”其实，等讨论继续下去的时候，持有错误观点的同学逐渐会意识到自己错了，自然也就不再纠缠。

（2）投票。如果小组中两种不同意见势均力敌，实在没有办法的情况下只能采取投票的办法。但这是下下策，因为这说明你们任何一方的观点都不具有说服力。

9. 总结陈词要注意什么？

（1）讲话速度要“普快”，而不是“动车”。大多数人都会觉得总结陈词的时间不够用，所以讲话像开动车一样，拼命要把笔记上的东西说完。其实，HR不在乎你说了how much（多少），而是在乎你说得how well（多么好）！所以，宁可只说10句话，但句句要干净利落。

（2）要提前写一个简单的提纲，而不是把笔记本拿上去。列提纲可以帮助你控制速度，而笔记本上记录了太多的信息，会导致你时间不够用。

（3）当时间确实不够的时候，要礼貌地结束，千万不要拖时间。

二、四个值得警惕的小组讨论现象

1.套用模型

在分析某些案例时，很多人喜欢说：“我觉得这个问题可以用××模型来分析”，抛出所谓的“SWOT”“4P”等理论，以期说服别人。

用理论模型套活生生的案例从一开始就不会被HR所认可。其一，这样会显得你学院派味道太浓，不懂变通，与现实隔离。其二，如果团队成员中有人不懂或者从未听说过这个理论，提出这个方法的人肯定会被减分，说明你没有考虑到团队的其他成员。

可行的方法是，不说出这些理论的名字，而是根据具体问题，综合不同的模型，删减之后直接从浅显的地方入手，引导其他成员。

2. “轮流发言”是双刃剑

为了避免大家抢话，有的小组一上来就表示要组员轮流发言。轮流发言的优点很明显，它给了每个人公平表现的机会，制造了一种心平气和的讨论气氛。但轮流发言有它致命的弱点：可能浪费时间。想象一下，既然是轮流发言，每个人都会抓住这个来之不易的机会，拼命地表达自己的观点，至少要说上个第一、第二！万一遇到个说“第一、第二、第三……”的，就更耽误时间。

所以，建议你这样来引导整个小组：

“大家轮流发表自己看法的时候，请一定不要重复前面同学讲的观点，如果你想的的确跟前面某位同学的观点一模一样，你就说你完全认同××的观点即可，好吗？这样我们可以尽快地听听每个人的想法，然后深入讨论……”

3. “举手表决”是没办法的办法（下策）

当组员意见不一的时候，会有应聘者立刻提议举手表决。请注意，举手表决绝对是最下策，因为它首先代表着你们没有在讨论中找出足够的事实和量化的根据来说服对方。其次，如果正反方的支持者数量相仿，你们的小组讨论就会陷入僵局。

4. “本末倒置”是90%的候选人都会犯的错误

在组织学员多次进行模拟小组讨论中，发现了大家常会犯三大“本末倒置”的通病：

（1）“结论”与“讨论”本末倒置。很多人刚一开始讨论就说：“我认为应该选择李宇春，因为……”要知道，在大家还没有充分讨论之前，你怎么能说就应该选李宇春呢？这可是结论啊！

（2）“细节”与“框架”本末倒置。还是以选李宇春、周杰伦、李连杰其一做CEO为例，“李连杰善于领导别人”就是一个细节，而“企业需要CEO的三大素质”就是框架。在你确定框架之前，绝对不要提细节。

（3）“主观臆断”与“科学量化”本末倒置。李连杰的领导能力非常强，就是主观臆断，而“李连杰的领导能力，如果满分是10分，我认为可以得到9分”，则是科学量化。

第二节　HR是如何对候选人评分的

以下是我们记录的一个8人小组讨论的真实经过，方框里的备注评分是我专门请企业的HR来给的真实评分。你可以非常直观地知道哪些候选人能过关，哪些会出局。

（某移动互联网公司招聘营销人员）如果我们公司请奶茶妹妹、凤姐、约瑟夫·庞麦郎加盟到团队中来，你们会给他们安排什么工作岗位？30分钟讨论，然后总结小组意见，做陈述。

小组讨论实录

小A：奶茶妹妹做公关吧，她太吸引媒体眼球了。〔胆子比较大+1〕

小B：结论不能下得太早，我认为应该列出公司所需要的岗位特点，比如，“公关”需要什么特点，然后再选择，大家说对吗？〔逻辑清晰+3〕

小C：我同意，我也觉得应该先列出岗位特征，再对号入座。〔果断表态+1〕

小D：奶茶妹妹做公关还是很合适的，因为她背景一流，形象一流，为人还算低调。〔别人已经给出了正确逻辑，这个人压根没注意听。-3〕

小E：抱歉，小D，我们应该先列出公关职位的要求，再选择。〔及时纠正对方错误，是领导力标志。+0.5〕

小F：公关需要善于与人交流，尤其是在公共场合与人交流，那么庞麦郎肯定不合适。〔对细节部分合理发言+1〕

小G：凤姐也不合适，她性格那么张扬，肯定会给公司惹来麻烦的。〔跟随发言+0.5〕

小H：我觉得奶茶妹妹也不合适啊！太有名了也不行啊。

发言逻辑性一般，脸红脖子粗，表情不自然，一票否决

小F：刚才小G同学提到凤姐，我倒想补充一下。凤姐最近被凤凰聘请做主笔，已经为自己积极正名，我觉得很励志的。

对细节部分合理发言+1；关注八卦新闻+1

七嘴八舌……

小B：抱歉，抱歉，抱歉，打断大家一下，这样讨论不可能在30分钟内达成一致的。我们先列出岗位特点吧，公关部门有公关经理、公关代表、公关助理角色，我们分别讨论一下这三个职位的要求，然后再匹配，行吗？

再次主动梳理逻辑，沟通得体，一票入选

……

第三节　小组讨论常见题型与破解之道

小组讨论的题目五花八门，很难进行严格意义上的分门别类。不过，我在过去几年来一直收集、整理名企的小组讨论题，倒也逐渐发现了一些分类的方法，并进而提炼出一些颇有针对性的“破解之道”。

我们常见的小组讨论题目及类别有：

1.当诚信遭遇利益

2.排序题

3.选择题

4.公司经营

5.推销

下面，我们分别阐述几种常见题型的破解之道。

1. 当诚信遭遇利益

外企比较喜欢讨论这类问题：诚信PK利益。请看例题：

小A是某大学应届毕业生，会计专业。B公司正急需一名会计，小A的各项成绩也达到了公司的要求，而且，小A老爸是公司的潜在大客户。可是，该公司的招聘规定是只录用有工作经验一年以上的人员，到底该不该招小A呢？

曾在网上看到一个帖子，面试过某外企的人写面试感言，说诚信与利益这个话题太过无聊肤浅。如果你有同感，那就大错特错了。

这可是全人类永远都讨论不完的一个问题：诚信与利益之争！

如果B公司招聘了小A，那就对N类人违背了诚信准则。

股东：上市公司要对股东承诺公司将遵守诚信经营的原则，但是，如果因为“爸爸是大客户”而让小A破格进入公司，无疑违背了“诚信”二字。

其他应届毕业生：他们并不知道B公司可以录用无工作经验人员，他们因此而未能与小A公平竞争。

已经在B公司工作的财务人员：如果B公司没有“一年以上经验”的要求，这些优秀的财务人员可能一毕业就进入团队了！

遇到“诚信PK利益”问题的时候，你可以用如下方法破解：

（1）诚信永远高于利益，因为诚信代表的是长远的最高利益：信誉。

（2）在不违反诚信原则下，获取最大利益。

（3）在衡量利益的时候，永远同时考虑“成本”。

在此题中，根据“诚信至上”原则，不可以招聘零工作经验的小A。

在小组中，肯定会有人提出“灵活变通”的方式，比如，把小A招聘到某个不要求工作经验的岗位，一年后再调整到财务部。那么，我们按照下列表格分析一下这种做法。

	潜在利益	成本
	小A很高兴，合理推断是：会敦促其父亲成为我们的大客户。	对股东与媒体，要隐瞒此事，因为一旦曝光会产生负面影响。
		员工对公司的尊敬感受到影响，也质疑公司是否会因自己“没门子”而公平对待自己。
		小A进入财务部会掌握财务数据，部分数据也许对客户该保密。
		其他客户得到消息，会要求我公司解决其子女就业问题。
量化其价值	每年增加30万元毛利。	如量化，是否会超过30万元？

相信上面这个表格已经将思路告诉了大家。当然，在此要强调的是：这类小组讨论题目永远都没有正确答案。

但有一点是万分肯定的：在面试中蔑视“诚信”的求职者一定被拒，因为你今天对其他人不诚信，明天就会对公司不诚信。

2. 排序题

例题，无领导小组讨论：沉船救生

背景：一艘在东海上航行的中国轮船不幸触礁，还有半个小时就要沉没了。船上有10人，可唯一的救生小船只能载4人，请给下列10人排序。即首先获救的为1号，其次为2号，以此类推，最后考虑施救的人为10号。

船长（白族），男，36岁

盲童（音乐天才），男，17岁

省委副书记，女，42岁

省委副书记的儿子（研究生、数学尖子），男，24岁

生物学家（获国家重大科技进步奖），女，51岁

生物学家的女儿（弱智），女，14岁

某外企外方总经理（白种人），男，38岁

罪犯（孕妇），女，25岁

医生，男，38岁

因抢救他人而负伤的重病人（昏迷），女，25岁

工作步骤:

每个人在5分钟内做出决定，进行排序；小组必须在20分钟内做出决定；小组意见必须统一。

看完这个题目，各位读者，你会怎样进行排序呢？

在过去3年多的咨询实践中，我发现绝大部分学员都直接切入每个选项，逐一分析：孕妇、重病人先走，医生陪同，等等。

如果你的思路也是这样的，你就犯了“只见局部，不见整体”的逻辑错误。大家想一下，Excel表中的排序功能是如何进行操作的？很简单，按照第一标准——第二标准——第三标准等进行排序。排序题的破解步骤是，第一，分析信息点，在拿到题目的时候，要非常详细地分析题目中给出的任何一个信息点。第二，确立标准，列出所有相关的标准。第三，按“标准”排序，分析各个标准的优先级，列出第一、第二、第三标准，等等。第四，为选项排序，逐一应用各个标准，排列各个选项。

例题“破解”演示

（1）分析信息点

唯一的救生小船。不符合航海安全的规定！尽管和题目本身没有关系，但若在总结陈词中提上一句，则势必赢得思考全面的印象分。

船长、生物学家、省委副书记，等等。船长、生物学家等具体名称实际上代表的逻辑关系都是职务，而职务和海难救生联系起来，只有两个逻辑关系：其一是有义务救助他人的职务，其二是值得被救的社会贡献最大的职务。以此分析，船长和省委副书记需要留守，履行自己的职务所带来的义务。

白族、白种人。在同等情况下，汉族人把机会让给少数民族；在同等情况下，中国人把机会留给外国人。（备注：你可能不同意这种观点，没关系，我们前文讲过，小组讨论没有标准答案。）

性别、年龄、盲童等关键描述，代表自救能力。

儿子、女儿代表亲情。如果你让生物学家先于她的女儿上救生船，那么你肯定忽略了这一亲情上的逻辑关系。

医生。医生是否要照顾孕妇？需要。医生是否要照顾重伤病人？需要。但是，在当时情况下，不太可能。如果你选择了医生和重伤病人在一起，你很可能犯了“只见局部，忽视整体”的错误。

（2）确立标准

把前面分析出来的逻辑关系罗列出来，就形成了下面这个关键词组：

职责义务

自救能力

社会贡献

种族

国籍

亲情

（3）按“标准”排序

根据正常的思维方式，我们可以判断出：第一标准是职责，第二标准是自救能力，当自救能力基本趋同的时候，启用第三标准社会贡献，当社会贡献趋同的时候，启用第四标准：血缘亲情、国籍与种族。

（4）为选项排序

根据第一标准“职责”，船长是10号，省委副书记是9号（虽身为女性，但是职务的逻辑关系具有优先权）。省委副书记的儿子肯定会请求母亲先于自己离开，但是，作为省委副书记的母亲只能留下了，毕竟她是人民公仆。不过，由于母亲为了其他人留守，她的儿子在同等条件下拥有优先权，毕竟一个家庭同时损失两个人是要尽力避免的。除了船长和省委副书记，其他职务和海难没有必然关系，所以此标准应用结束。有的学员提出，医生是否也应该留下来？如果医生留下来可以挽救生命，那么他应该留下来，但在沉船的时候，医生是发挥不了任何作用的。

根据第二标准“自救能力”，重伤病人是1号，罪犯（孕妇）是2号，弱智是3号，盲童是4号。此后，第5号应该是生物学家。其余选项“自救能力”相差无几，所以，此标准应用结束。

根据第三标准“社会贡献”，白人总经理、医生和研究生难分上下。

按照第四标准“亲情、国籍与种族”，为避免省委副书记家庭同时损失两个成员，研究生为第6号；为避免造成不良的国际影响，白人总经理为第7号，医生为第8号。

很多人会走入以下误区：

（1）逻辑性错误。直接钻进细节，一个个选项单独分析，而不是按照统一的标准进行选择。

（2）常识性错误。比如，认为上了救生船还会有危险，还要自己划船找到陆地。这怎么可能？还有的同学认为孕妇也需要医生的陪护。你想想，大街上走着那么多孕妇，有几个随身携带医生？

3. 选择题

例题：选择总经理

我们公司是一家中型的物流企业，刚刚进入中国市场。现在，我们需要一位CEO，请你们从《三国演义》中的三个领袖曹操、刘备和孙权当中，为我们选择一个人做CEO。

选择题和排序题其实非常相似，都是要先列出标准再进行选择。

分析信息点；列出标准；量化标准；量化选项。

具体的分析过程如下：

（1）分析信息点

中型：中型公司，既需要开拓进取，也需要控制风险。

物流企业：专业性比较强的公司，需要CEO有一定的专业知识，不能犯外行领导内行的错误。

刚刚进入中国：外资公司找本土的CEO，这个CEO最好有海外经验，有外语能力，有开放的心态。

CEO：按照正常的逻辑，选择CEO要考虑其成功的管理经验、学历、战略眼光、分析能力、开拓进取、团队建设能力、个性魅力等。

（2）列出标准

经过分析，我们把所有的选择标准罗列出来：开拓进取、风险控制、专业知识、海外经验、外语能力、开放心态、成功经验、学历、战略眼光、分析能力、团队建设、个性魅力。

（3）量化标准

所有的标准不可能是同样重要的，所以我们必须结合“中型公司”与“物流企业”的特点，把这些标准按照其重要性进行量化。最重要的以10分进行标志，那么次重要的就会分别给出9、8、7的评分……

（4）量化选项

为每个选项进行量化打分，按照最后的总分，高分者得，我们就选出了CEO。

以上分析过程，可以用以下表格清晰地表示出来：

选择标准	权重得分	曹操	刘备	孙权
开拓进取	10分	9	8	6
风险控制	10分	8	8	9
专业知识	10分	无从得知	无从得知	无从得知
海外经验	5分	无从得知	无从得知	无从得知
外语能力	5分	无从得知	无从得知	无从得知
开放心态	10分	9	7	5
成功经验	10分	9	8	6
学历（学问）	5分	5（“东临碣石，以观沧海”诗为证）	5（以编草鞋谋生）	5（无从得知，基本分）
战略眼光	10分	9	8	6
分析能力	10分	9	7	6
团队建设	10分	9	6	6
个性魅力	5分	3	4	2
总分		70	61	51

4. 公司经营

例题： 经营动物园

您现在要接手管理一家动物园，背景情况如下：

（1）城市及周边有三家类似的动物园，激烈竞争使得经营方式和娱乐项目趋同，门票也是一降再降，利润空间微薄。

（2）总公司陷入财务危机。

（3）该地区行政管制较少。

任务：短期内收到现金，以解决总公司财务的燃眉之急，并要保证动物园今后的持续经营。

凡是公司经营方面的题目，必然和市场开拓联系在一起，所以，我们要分别加以“破解”。

关于公司运营方面，需要考虑收入因素和支出因素。

关于市场开拓，我们要运用最基本的逻辑思维，比如：

（1）4P，即Product（产品或服务）、Price（价格）、Promotion（促销）、Place（经营场所）。

（2）市场细分，比如说，把消费者分为团体消费者、个体消费者，或者老年、中青年、儿童消费者，高档消费者、中低档消费者等。

（3）目标导向，也就是说，要按照我们的经营目标，层层推导，步步为营。

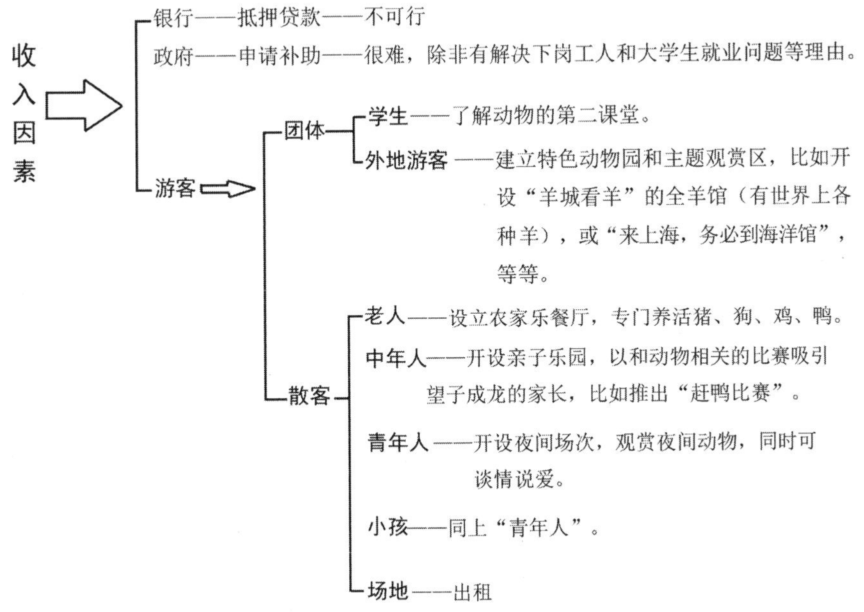

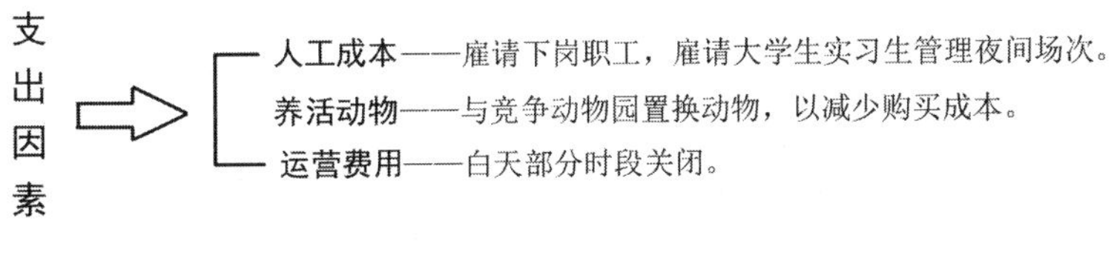

5. 推销

例题：推销餐饮服务

一家公司有800多个员工，午餐/晚餐本来由本地一家小饭店提供，8元/人。假设你是一家跨国餐饮公司的业务员，该公司最低用餐标准为10元/人，而且饭菜量稍少些。如果要打入那家公司，你怎么和他们负责此工作的行政经理打交道？如果该行政经理和本地这家饭店有某种关系（比如拿了回扣），而你却要想个放得上台面的办法（非送礼）和他谈，怎么办？

凡是推销类的题目，一概可以采取“目标导向”的方法破解，具体步骤是先进行信息点分析，再进行目标导向分析。

现在，让我们来演示完整的分析过程。

（1）信息点分析

800人：中型公司，既注重成本，又讲求公司形象。

800人，人均8元的午餐/晚餐：每年大约400万元餐费。（辩证思考：如此业务量，岂能是小饭店能提供的？所以，此“小”乃相对而言，如果你轻易放过攻击这个所谓的小饭店脏、乱、差，恐怕只能从餐饮之专业性和品牌形象上较量较量了。）

10元：成本每年提高约100万元，不算不知道，一算吓一跳！

小饭店：公司形象稍逊，餐饮研究不如跨国大公司专业。

跨国餐饮公司：公司形象好，由专家设计的饭菜首先注重营养与健康，然后才注重美味；而小饭店则很可能首先考虑美味。

饭菜量稍少：吃八分饱，才最健康，跨国公司的专家值得信赖。（尽量不要否定自己的产品！）

如果有回扣：大胆预测一个回扣的数额——如果是一笔巨款，一方面涉及违法，另一方面也表明双方的合作关系牢不可破。而我方不可送礼，怎么办？不可利诱，可否“威逼”？

（隐性要素）老板：成本与形象，鱼和熊掌不可兼得，如何说服老板呢？

（隐性要素）员工：不计成本，只要健康、美味。

（2）目标导向分析

<table>
<tr><td>最终目的</td><td colspan="9">签约</td></tr>
<tr><td>关键人物</td><td colspan="9">行政经理</td></tr>
<tr><td rowspan="3">关键人物的需求</td><td colspan="3">物质利益</td><td colspan="6">职务稳定</td></tr>
<tr><td rowspan="2">回扣</td><td rowspan="2">礼物</td><td rowspan="2">出国培训</td><td colspan="4">老板满意</td><td colspan="2">员工满意</td></tr>
<tr><td colspan="2">控制支出</td><td>员工满意</td><td>企业形象</td><td>吃得健康</td><td>额外服务</td></tr>
<tr><td>可以采取的行动</td><td>给更多回扣</td><td>送昂贵礼物</td><td>送到公司总部培训</td><td>小饭店即将涨价</td><td>我们降价</td><td>详见右栏</td><td>首先，证明我们比小饭店强。其次，证明该工厂的竞争对手已经购买或正在考虑我们的餐饮。</td><td>给员工免费品尝；出示专家证明：少吃有利健康。</td><td>给员工周末用餐折扣券。</td></tr>
<tr><td>行动的可行性</td><td>不可行</td><td>不可行</td><td>可行</td><td>不可行</td><td>不可行</td><td>可行</td><td>可行</td><td colspan="2">可行</td></tr>
</table>

上面的表格演示了一个“层层剖析”的思维过程，由于版面有限，未能详细解释。现在，我们以纯文本的形式再次予以详细说明，希望大家能够体会“目标导向分析”的方法。

推销是关键，在于行政经理。由此，我们可以进行一个导向分析：

说服行政经理。（导引：如何说服——他“想”什么？“怕”什么？）

想物质收益。我们虽然不能送礼，但可以送他出国培训，毕竟是跨国公司，可以送他出国参观我们的“亚洲人饮食研究中心”。

怕别人发现自己拿回扣（如果他拿了）。通过私家侦探暗中调查他是否真的拿了回扣。此举可行，但要极度保密。

怕员工对自己不满意。煽动员工反对他？此举危险，如果不成功，则永远断了自己的后路。

怕老板对自己不满意。调查老板与该行政经理是否有亲属关系，工作关系是否融洽。如融洽，则主要做行政经理的工作；如不融洽，想办法直接和老板接触。

直接说服老板。（导引：如何说服——老板“怕”什么？“想”什么？）

怕多花钱。（导引：如何不让他多花钱？）我们公司少收钱。（导引：不可能！此思路到此为止。）小公司会涨价？（导引：几乎不可能！此思路终止。）怕员工不满意。（导引：员工是否真的不满意？——似乎不会。那么，需要引导！）

引导员工逐渐意识到：自己应该吃得更健康、更美味；他创造了巨大价值，值得老板关怀。

怕竞争对手比自己更“有面子”。如果竞争对手餐饮标准比该公司高，事情就好办了；如果竞争对手餐饮标准比该公司低，事情几乎就办不成了；如果竞争对手餐饮标准与该公司同等，那么，我们要强调：你们如果提高餐饮标准，那么企业形象自然就提高了不少。

第四节　牛刀小试：小组讨论练习例题

我们在此提供几个小组讨论的例题，请大家先不要看后面的问题分析，自行设计一个讨论的程序，看看能否用上我们前文所讲过的讨论技巧。

1.我们公司要招聘一名销售代表，主要负责大客户销售，比如面向大型超市。现在有3个候选人，他们的英文背景介绍如下：

Virginia，Female，MBA，25 years old，one year as sales assistant in a trading company，then get a MBA from a British company.She speaks English very well.

John，Male，BA，23 years old，a new graduate of South China Agriculture University，have great performance in the part time sales experience.He has CET-6 certificate.

Ken，Male，have a college diploma，28 years old，three year experience in a large company selling tissue paper.Ken has CET-4 certificate but his oral English is not good.

2.Your team of 10 people were exploring in a deep forest but was unfortunately lost in it.What would you do?　（你们10个人的业余探险队在大森林里迷失了，请问你们会怎么办呢？）

3.我们公司要选择一个地址建设一个加油站，目前有两个位置在考虑，一个是A地点，在最繁华的地段，既是主干道，周围有很多住宅，临近CBD，但是房租很高。另一个是B地点，在相对偏僻一些的地方，但交通便利。位于一条主干道旁边，附近2公里处是高速公路入口，主干道的车流量也相对比较大，房租相对较低。请你们小组讨论一下，应该如何选择加油站的地址。你们可以对房租等因素进行合理的假设。

练习例题提示

1. 第1题可参考上一节中“选择总经理”的解答。

2. 第2题讨论提示

（1）首先要确定讨论程序。当人们在森林中迷失方向的时候，第一要考虑的是生存问题，第二要考虑如何走出去。而走出去又分成两个步骤——求救和自己找路。

（2）讨论生存问题。先把生存的前提条件全部罗列出来，再和大森林中迷路的事实相结合。首先，生存条件包括有吃的、有喝的、保持暖和、不生病、不受伤。接下来要根据每个条件制定出森林应急措施，比如把吃的喝的集中起来统一发放，同时派一两个人在近距离寻找食物和水源。如果吃的喝的都很充足，这个团队只需要考虑保暖和防止野兽，可以安营扎寨，等待人来救援就行了。接下来，要根据各个条件来讨论，比如，冬天的话要找柴火，要告诫大家不喝生水防止生病，要注意分辨有毒蘑菇等。

（3）求救问题。先把求救的方法全部列出来，再和大家的现状相结合。首先，求救方法包括打电话、摆放SOS标记、在树上刻记号、点烟放火、用镜子反射天空。其次，根据大家的现状制定策略，比如，只开一部电话，随时关注什么时候能够接到信号，而其余电话全部关机以备用；找一块相对比较空旷的地方摆放SOS标记；走到哪里都在树上刻记号，并留下字迹说明队伍的方向；等等。

（4）自己找路。最好的办法是派小队伍分头探路，每组可以设两个人，分别走东西南北四个方向。规定每个小组走1.5小时后按照记号原路返回，报告探路情况再做分析比较，然后选择一个有吃喝的方向进行突破。

3. 第3题讨论提示

（1）确定讨论程序。先讨论设立加油站的各个因素，再按照各个因素给A地点和B地点设定评估值。

（2）设立加油站的因素包含收入和支出两条线。

收入即根据车流量，每一台车的加油量和油品所创造的收入；支出即房租、供应成本、安全设施成本、基础设施建设、运营成本如水电。

A地点和B地点的收入因素评估值

收入因素	A地点	B地点
车流量	1000辆/天	500辆/天
每台车的平均加油量	1（设定为参照值）	1.2
每台车的油品（假定利润与油品成正比）	1（设定为参照值）	0.9
每辆车平均加油钱数	300元	300元
总收入	300000元/天	大约160000元/天

A地点和B地点的支出因素评估值

支出因素	A地点	B地点
房租	3000元/天	1000元/天
供应成本（按收入的60%估计）	180000元/天	大约100000元/天
安全设施成本	2000元/天	1000元/天
基础设施成本	1000元/天	1000元/天
运营成本	1000元/天	1000元/天
人工税收等成本	13000元/天	11000元/天
总成本	200000元/天	85000元/天

得出如下结论：最终选择A地点，因为A地点一天利润为100000元，而B地点平均每天仅为75000元。

第五节　你也有这些疑问吗

关于小组讨论，大家曾经提出过以下这些问题，现在，看看你是否也有此疑惑。

1. 如果一个团队中其他人都比较弱，且没有什么特别的想法，是否应该引导其他人表达从而展现整个团队的实力？

这种情形出现的概率很低，除非你是北大高才生偏偏去应聘三线公司的三流职位。所以，我们可以推断，如果这种情形出现了，应该是你的幻觉。也就是说，你自以为很聪明而其他人都比较弱……退一万步来讲，你真强于所有人，那么，你当然需要引导其他人表达，以彰显你的领导能力。

2. 如何大胆地抢占话语权？

如果你确定自己的观点比较合理，就大胆抢话语权吧，该出风头就出风头！

如果你为了抢话而抢话，没想好就开炮，这就不是出风头，而是触霉头了。

3. 如何克服群体面试时的紧张？

如何克服第一次谈恋爱的紧张？答案就是：提前多谈几次。

4. 如何从参与者变成领导者？

如果你不是申请对领导能力要求很高的职位，未必非要从参与者变成领导者，记住：匹配职位需求才最重要。如果该职位的确对领导力要求很高，从参与者变成领导者只有一个办法：你发表的观点，不是对细节的纠缠，而是从大的逻辑框架上着手的。

5. 在群体面试中，如果我的性格不适合做领导者，是不是每一次我都不去做领导者，只做我适合的？

是的，做你适合的就可以了。如果强出头做领导者，简直就像某位老师河东来的女朋友假扮小鸟依人，一定会露馅。

6. 如果表现得太聪明，会不会适得其反？

如果招聘总经理，表现聪明＝好事。

如果招聘前台秘书，表现太聪明＝应该让她去应聘总经理或总经理太太的职位。

7. 平时应该用什么方式积累关于群体面试方面的知识，并提高相应的一些素质？

参加能参加的演讲和辩论赛，哪怕是理工大学发动机专业二班男生宿舍807室卧谈辩论赛。

你是如何应对高考的？——模考！

8. 在每一场无领导小组面试中，一定要做核心角色吗？

如果一个企业招聘党办秘书，你必须扮演服务角色。

9. 如何保证自己说话更有逻辑性？

你练习过多少次“有逻辑性地说话”？

10. 在群体面试中如何更好地处理人际关系？

别人说得对的时候，快速赞同。别人说法错误的时候，先找出哪怕一点点合理之处，予以肯定，然后再反驳。

11. 小组讨论是中文的还是英文的？

95%以上的小组讨论都是中文的，但是，有很多公司要求每个小组在结束讨论之后用英文总结陈述。

第七章

面试：决战之旅

行百里路者半九十，现在，你来到了最后一关：面试。

在学完本章后，请回到此处，填写下面的问卷。

1.关于这个职位，我咨询过至少两个在该行业工作了三年以上的“前辈”，他们是：

（1）______________________________

（2）______________________________

2.我申请的职位，最需要的三大特点是：

（1）______________________________

（2）______________________________

（3）______________________________

3.对第一个特点，我有两个事实匹配：

（1）______________________________

（2）______________________________

4.对第二个特点，我有两个事实匹配：

（1）______________________________

（2）______________________________

5.对第三个特点，我有两个事实匹配：

（1）______________________________

（2）______________________________

6.对这个职位，我最不匹配的地方和弥补方式是：

（1）______________________________

（2）______________________________

7.我的外形、性格、“口”气，一律符合要求，证人有两个：

（1）______________________________

（2）______________________________

第一节　面试之前的准备

一、越早越好的准备

亲爱的求职者们，做完每项都要打钩。

有些面试准备，可以说是越早越好的，我们先列举如下几个。

1.口腔气味。

我不得不首先提出此问题，因为据说中国人患有幽门螺旋杆菌症的高达70%，而因此产生的“口气”是自己无法觉察的……所以，请完成下面这个任务，并打钩确认。

郑重地走到你妈妈面前，喷出一口气，问她：“妈妈，下个月我要去面试，实话告诉我，我有口气吗？”

2.专业知识。（这个，地球人都明白，无法临阵磨枪。）

3.陈述能力。（阐述自己可能并不熟悉的话题，绝不仅仅是自我介绍！）

4.化妆打扮的能力。（印象分至少占三成权重。）所以，请完成下面这个任务，并打钩确认。

找三个最可靠的朋友，问对方：“你觉得我这个打扮像个××（如广告策划）吗？”

……

二、面试前一周的准备

首先，如果你要去的公司是有零售店面的，你必须要到这个零售店面待上至少半天，感受再感受，因为类似联合利华这样的公司，面试的一个环节就是跑店，然后让你出个10分钟的PPT。

其次，你要在该公司网站和搜索引擎上找到相关信息，来回答下面的问题：

1.该公司最近三个月有哪些商业动作？

2.该公司最关注的竞争对手最近三个月有哪些商业动作？

最后，你要把自己的行头准备好面试着装有三个原则：

第一，找出你的“旧”衣服。在面试当天穿上崭新的衣服可不是明智之举，很可能让你手足无措。曾经给过你自信的“旧”衣服一定会让你更加舒适放松。

第二，你的穿着打扮让你看上去不像外人。也就是说，穿着要和你去面试的那家公司员工的着装风格相似。提前到面试的公司去看看情况（不要选择周五、休息日去）是值得推荐的做法。

第三，宁可太正式，不可太随意。如果你实在不知道对方公司喜欢什么风格，那么宁可选择隆重的装束，虽然对方会立刻看出你是“外人”，或者会觉得你看上去有点滑稽，但是他一定会理解你的良苦用心。

三、面试前一天的准备

1.备好最新版的简历。如果简历上添加了自己最新参与的项目，则要在面试开始时就对面试官说：“我最近参与了一个比较重要的项目，您是否需要我这份最新的简历？”

2.备好“特别文件”。大家在面试时都会带自己的毕业证书和荣誉证书等，你可以出奇制胜地带一些“特别文件”。比如说，一个应聘市场营销工作的求职者可以带上自己以前写的市场调研报告，一个应聘秘书的申请人可以带上自己制作的PPT或Word文档，甚至是自己制作的小手工以表现自己的动手能力。

四、等待面试的半个小时，你能做什么

我们建议你在面试前半小时甚至更早到达面试地点，绝不仅仅是为了让你有充足的时间调整心情，更重要的是，你可以利用这半小时观察周围的环境，无论是办公室的环境还是走来走去的员工，都有可能成为你面试时的话题。下面我们讲两个真实的故事。

宋勤是学会计专业的本科毕业生。在普华永道等待面试的半个小时里，她没有像其他候选人那样反复检查自己的简历并且默背面试答案，而是阅读书报夹上的公司月报。她还着意浏览了一下普华永道的员工名录。于是，在她的面试过程当中，有了下面的对话：

面试官：“你认识的师哥师姐有在普华工作的吗？”

宋勤：“有啊，有很多。刚才我看到普华的员工名录，有几个名字我非常熟悉，因

为他们在中大都曾经是风云人物，所以我们低年级的学生都很崇拜他们。不过，我们低年级的学生知道他们，可是他们并不知道我们！希望能有机会和他们一起工作！”

面试结束以后，宋勤说，幸亏她当时翻阅了那个员工名录，因为她原来准备好的两个师哥师姐的名字竟然都不在员工名录上，显然已经辞职离开了普华。如果在面试的时候大谈特谈这两个已经“消失”的师哥师姐，显然会有点尴尬。

第二个故事的主人公是杨丽。当她在全球排名第一的制药公司面试的时候，和面试官有过这样一段对话：

面试官：“你对我们公司有什么了解吗？”

杨丽：“其实我的了解多数来自网络上的一些数据和资讯，比如说公司的年产值是多少，企业文化是什么，等等，这些信息我就不再重复了。我来谈谈我对公司的一些个人体会吧，虽然都是一些细节。我发现咱们的办公面积是我所到过的全球十大药企当中最小的，尽管咱们的销售额是世界最大的。还有，这里的前台是我去过的公司中年龄最大的，是一位中年女士，但她给我的感觉却是最亲切的。我不能根据这些细节就得出什么结论，但是却很明显地感受到了一种务实的企业文化。我希望我的理解是正确的。”

从以上两个案例我们可以看出，在等待面试的半个小时里，你有足够时间细心观察周围的事物。面试时不妨谈谈自己当天的感受，这无疑会使面试官觉得你是个善于观察并勤于思考的人。

第二节　中文自我介绍

自我介绍的重要性自然不必赘述，它几乎是任何一个面试中的必要环节。

一、关于中文自我介绍的三个疑问

1. 自我介绍需要几分钟

这不是我们自己决定的，要面试官说了算，大体有4种情况。

（1）有的自我介绍只有30秒，因为你是在和其他十几个人一起进行小组面试。这种自我介绍主要是为了看你的气场。所以，不要管说什么，只需问自己："我展示了什么气场？"镇定？紧张？幽默？从容？

（2）有的面试官要你做1分钟自我介绍，他借机简单看看你的简历。在这种情况下，你要言简意赅。

（3）有的则要求你介绍2—3分钟，因为他可能压根没来得及看你的简历……在这种情况下，你要顺着简历的模块，带领着面试官来做自我介绍，你介绍完的时候，他也刚好熟悉了你的简历。

（4）极个别的面试官（通常为男性中层管理者），会要求你做5分钟自我介绍。这说明：他可能很累，所以想让你用5分钟把自己卖掉。所以，请你耐心细致地王婆卖瓜，推销自己。

2. 自我介绍应该包含哪些内容

对男朋友做的自我介绍和对男朋友的爸妈做的自我介绍，能一样吗？

匹配对方需求，才是一切面试问题的王道。

3. 自我介绍的大致模块如何

虽说每个职位的自我介绍内容不同，但是我们大致可以把它分成4个模块：

（1）套词、姓名、家乡，尽量说得精简但是有趣。

（2）我配你。

教育+培训，匹配；应届生——社团与实践，匹配。

最匹配职位的几点；最不匹配职位的一点，弥补。

（3）你配我。

公司，我喜欢；职位，我喜欢。

（4）精简结束。

二、成功的中文自我介绍示范

在以下的自我介绍示范中，请大家注意点评部分。

1. 最牛自我介绍：一定高度“客户化”

求职背景

面试地点：北京

目标职位：新浪微博官方微博营销专员

面试类型：一对一面试

申请人概况：一年广告公司工作经验

自我介绍原文

我是最早用新浪微博的人之一，从大三开始的人生经历都在微博上记录着，如果您觉得合适，用3分钟时间，我给您过一遍我的微博，就当成我的自我介绍。您还可以了解我的文笔和风格是否适合您的口味……

黄鳝饭、酸菜鱼、豉油皇鹅肠，正！

您看这个图，那是我在大二的时候……

（该候选人顺着自己微博的帖子、评论、转播，把自己的人生履历绘声绘色地讲述了一遍，虽然远超过了3分钟，但是让HR听得津津有味，看得明明白白，理解得清清楚楚。）

由于网络可能有故障，所以不能100%依赖刚才的自我介绍，必须做其他准备。以下是该候选人做出的“正常版自我介绍”：

我是广西人，在南方几个城市转换着工作了2年，上个月刚辞职从广州来到北京。在80%的层面上，我是为了微博来的北京，而且是为了建立最早、最有影响力的新浪微博。

我大学所学的专业是历史，当初还真是自己选择的专业，不是调剂的，因为我从初中就开始对历史和哲学有兴趣了。不过大学的历史课着实让我失望，也断了我在中国做历史、政治、哲学研究的念头。从大二开始，我的生活就和互联网结缘了，我做过校园网站推广，就是拉一个人注册拿5毛钱佣金的那种，这个网站就是现在大名鼎鼎的凡客，当时名气还很小呢。我当时的业绩是出了名的，不过说实话，我也干过让一个人注册几个账号的缺德事儿，现在想起来很汗颜……

凭借兼职推广凡客的在校经历，毕业后我顺利进了当地一家最好的本土广告公司，号称本地4A，专门做团购网推广方面的策划案。我在团队里恰好负责微博营销，所以第一时间迷上了微博。我女朋友，哦，前女友，说每次见到我、想到我的时候，场景几乎都是定格在刷微博的样子……也许这就是她甩了我的原因。

现在说说我适合新浪微博推广的特点：爱微博、网感好、有才。这三条都是空口无凭，您方便打开我的微博吗？我们一边看，一边判断我是否适合您的职位，可以吗？

……

2. 三比一自我介绍，求职如求爱

求职背景

面试地点：小马奔腾影视制作公司

目标职位：××

面试类型：应聘者和三位大Boss

申请人概况：某幽默女

自我介绍原文

我非常开心能来到小马奔腾，因为我已经深深地暗恋了它3年。

因为小马奔腾，我迷上了张一白导演，他……

因为小马奔腾，我爱上了宁浩，他……

我觉得自己适合小马奔腾，因为……

所以，套用《疯狂的石头》里的一句台词：“我跟你，较上了。”希望今天能试镜成功！

3. 30秒群体面试中的自我介绍，轻松幽默是主旨

求职背景

面试地点：国泰君安证券

目标职位：× ×

面试类型：10人一起

申请人概况：某幽默男生

自我介绍原文

时间有限，我就用一句顺口溜让大家了解我吧：山东大汉，喜文爱武。

山东大汉，大家一看我就知道了，我是地道的山东人，身材很山东，性格也很山东，心直口快型。喜文，指的是我比较爱学习，我每个月至少读10本书，而且，往往有几本会反复读。我觉得好书的养分要胜过电视和互联网。爱武，指的是我非常喜欢体育，各种球类都喜欢，希望有机会和大家一起切磋！

4. 解开自己的“死穴”

求职背景

面试地点：工商银行数据中心

目标职位：程序员

面试类型：一对一面试

申请人概况：一个有三门不及格历史的男生

自我介绍原文

您好，我叫郭竞，竞赛的竞。我生在珠海长在珠海，所以希望毕业后依然在珠海工作。

作为一名应届毕业生，我认为自己申请这个职位在三个方面有优势：第一个优势是我的硬件和网络知识实践经验。我大一、大二的时候组织了一个校园计算机服务工作室，专门给同学们提供装机和网络维护服务。去年，我担任了一家小公司的兼职网络管理员，月薪1000元。我对待工作非常负责，不亚于全职员工。有两次网络停机，我连续24小时不睡觉，直到把问题解决。我认为我的第二个优势是编程能力比较强。在学校的模拟MIS项目中，我被教授任命为组长。我在金蝶公司工作过两个月，参与了一个50万元项目的二次开发，任务是编写数据库。第三个优势是我对IT技术十分狂热。我9岁的时

候就有了自己的第一台电脑，初、高中时期三次在珠海市中学生编程大赛中获奖，在大学我的计算机专业课成绩向来名列前茅。

非常遗憾的一点是，虽然我的计算机专业课成绩非常好，但是我曾经有三门挂科：马哲、公文写作、统计。因为我在大一、大二的时候完全沉迷在与计算机相关的东西里了。回头看来，这一点给我带来了严重后果，有些企业一看到我有不及格的科目立刻把我淘汰掉了。而工商银行能给我这次面试机会，我觉得我们不愧是中国第一商业银行，有气魄！人性化！所以，无论今天我是否能够面试成功，我都要先说一句，谢谢您给我这次面试机会！

5. 职位&速配型自我介绍

求职背景

面试地点：过来人（北京）

目标职位：培训师

面试类型：一对一面试（应邀前来）

申请人概况：有工作经验的申请人

自我介绍原文

我叫杨珂，叫我Kevin就行了。

“过来人”培训师的第一个要求是有名企的工作经验，我过去3年任职于方正集团，现在是华北区高级战略投资经理。“过来人”说，经验分享，共同成长，我相信这一点我非常匹配。

第二点，我们的很多学员，据我了解，学的是理科，但是希望转文或转商，而我个人是物理学的研究生，现在做战略投资，在这一点上应该也很匹配学员的需求。

第三点，培训师要热爱教育事业。说实话，我从大学时代就是《大学生报》报社求职板块的一个版主了，我特别热衷于帮助别人成长，同时也能实现自我的快速提升。每年我都会配合方正人力资源部进大学宣讲。我非常喜欢教育行业的那种神圣感，这也是我希望能做一个培训师的原因。

第三节　英文自我介绍

对于英语好的同学，英文自我介绍可能是亮点。

但是，对于很多哑巴英语患者，英文自我介绍就可能成为弱点……所以，提前准备好尤为重要。

一、关于英文自我介绍的几个疑问

1. 英文自我介绍，要考察求职者什么？

英文自我介绍有几种不同类型。

该公司官方语言为英语。这种情况下，考察目的只有一个：你匹配该职位吗？

该公司官方语言为汉语，但是经常要用到英语。这种自我介绍考察的往往是你的英文能力，所以你要更加注意吐字清晰、言简意赅、易于听懂。

2. 多长时间的英文自我介绍最合适？

一般来说，面对中国面试官的英文自我介绍可以简短一些，常速朗读时间控制在1分钟到1.5分钟之间比较合适，因为简短一些的自我介绍可以让中国面试官更加容易记住你说的话。

针对外国面试官的英文自我介绍可以稍微长一点，以常速介绍1.5分钟到2分钟为宜，因为你必然需要做一些关于人名或地名的解释。

3. 面试官喜欢什么样的英文自我介绍？

一般来说，具有以下特点的英文自我介绍符合面试官的期望值：

短句，尽量使用口语化的短句，易于面试官听懂。慢速，比中文自我介绍速度要放慢至少三分之一，易于面试官放松地倾听。强调，在你需要面试官重点倾听的地方要用语调和语气加以强调，易于让面试官抓住重点。

二、成功英文自我介绍示范

1. 面向中国面试官，应聘会计师事务所的自我介绍

求职背景

面试地点：KPMG毕马威会计师事务所

目标职位：税务

面试类型：与中国面试官进行一对一的面试

申请人概况：会计学专业本科应届毕业生

自我介绍原文

I'm glad to introduce myself to you. My Chinese name is Ma Lin, but you can call me Rock, my English name. I chose Rock to be my English name because I want to be as tough as a rock. I was born and raised in Changsha, but my parents came from Qingdao so I speak dialects of Changsha and can also understand Qingdao local language.

I'll soon graduate with a Bachelor's Degree in accounting. I think you may have interviewed quite many students from our school, so you know this major prepares us for CGA and most courses are taught in English. My GPA is 3.6, it ranks No.9 in the 115 students in my grade. And I've passed 15 exams in CGA, I anticipate I will get the qualification of CGA in 2009.

Besides having a good academic performance, I was actively involved in student activities. I was in charge of Student Welfare （生活委员） in my class, and then in Student Union of our school. I enjoyed this position because what I did was very important to everybody, although it was mostly small details.

I had a three month practice job in Zhengzhong Accounting Firm. I did the inventory check, helped the accountants to make the auditing reports. My boss was pleased with my performance and he asked me to recommend my classmate to join our team.

KPMG is my dream company. What's more, I have great interest in joining Tax Department as my long term career goal is to be a tax consultant. I wish my dream could come true today. Thank you!

2. 面向外国面试官，应聘销售代表的自我介绍

求职背景

面试地点：雀巢公司

目标职位：销售代表

面试类型：与外国面试官进行一对一的面试

申请人概况：农学院毕业生

自我介绍原文

My English name is Mandy，m-a-n-d-y，I wonder if there’re already other Mandy-s in Nestle，because this is a very popular name with Chinese girls.

I will soon graduate from China Agriculture University，but my major is not related to agriculture，I’ve studied international economics and trade. I like my major a lot so I’ve got a very good academic performance. My GPA ranks No.3 in the class of 60 students. Besides studying I am also an important member of the Student Union of our university and was awarded the honor of Excellent Student Cadre by our school. Outside the campus I did some practice jobs. You may have noticed that one of them was in Coco Cola as a part time Promotion Assistant.I was then working in Vanguard Supermarket to promote the drink “Cool”，or Ku-er in Chinese. It was a very tiring job，because I had to wear the heavy overall of cartoon bear for eight hours a day and jumped around to attract the attention of children. But I did it quite well.

I’m interested in Nestle because this is a great food and beverage company，and as a graduate from an agriculture university I have a natural interest in Nestle. Besides interest，I am sure I have the potential to be a great sales rep.，because firstly I love Nestle products，I’ve been a loyal customer of Nestle coffee for years，and secondly I have the necessary qualities of a good sales，you know，communications skills，passion，not afraid of being rejected and so on. These abilities have been proved in my part time jobs. I wish I could use them to sell my favorite Nestle products to more and more people！

第四节　优胜劣汰：候选人互相介绍

为节省时间，面试官可能会把十几名候选人集中起来，请大家互相认识，然后把刚刚认识的某一位候选人介绍给大家。这种形式的考察主要不是为了“择优”，而是为了快速有效地“汰劣”，淘汰一些在公众场合讲话紧张不安、逻辑混乱的候选人。

让候选人互相介绍，通常是使用中文，不过在类似渣打银行等对英文要求非常高的招聘单位，则要求候选人使用英文互相了解并介绍对方。

一、介绍其他候选人的Dos and Don'ts

介绍别人的时候，要注意以下的Dos和Don'ts

Dos

1.表情大方。除了某些纯技术岗位不在乎你是否大方自然，大部分求职者必须展示出落落大方的特征。

2.语速要慢。用中文介绍别人的时候语速最好比正常语速慢30%，用英文的时候要慢50%。原因很简单，慢一点，会让面试官觉得你更加沉着自信，人一紧张的时候说话会比开火车还快！

3.内容宜少。试想一下，每个候选人都罗列一大堆信息，面试官岂不是很辛苦？

Don'ts

1.信息不要太多。很多候选人会在和搭档聊天的时候，飞快地记录对方的个人信息，然后在面试的时候一项一项公布出来。这种做法并不可取，信息给得太多很容易使听众找不到重点，也容易使自己紧张。

2.不要自说自话。很多候选人在介绍搭档的时候，只顾着自己讲得开心，而忽略了听众的感受。（虽然其他候选人根本没心思听你说什么，但是面试官却全神贯注地在听。）和自我介绍一样，介绍其他候选人的时候也要和听众有适当的互动。

二、候选人互相介绍示范

面试原题回放

（人力资源部主持人微笑致意十几名候选人）大家好，非常感谢大家来参加今天的面试。首先，我们有一个互相认识的过程。我们请在座各位用5分钟的时间了解一下你身边的一位新朋友，然后到前面来把他介绍给大家认识。介绍的时间为1分钟。好的，现在大家可以开始了。

介绍其他候选人示范1：按关键词介绍，逻辑清晰＋表达清晰

这位是张媛媛，我从三个方面将她介绍给大家：学历、经历、职业兴趣。

首先，学历方面，媛媛毕业于上海工商大学，学的是金融专业，和在座各位大多数都一样。

其次，经历方面，媛媛在建行做过信用卡实习专员，后来进入平安保险做理财顾问。

最后，从职业兴趣看，媛媛希望在个人理财这个领域继续发展，能够在3年内做到高净值人士理财顾问。

好的，时间到，希望大家能记住媛媛的学历、经历和职业兴趣。

介绍其他候选人示范2：只说三个点，点点被记住

我要介绍的是这位朋友，张洪涛，弓长张，洪水的洪，波涛的涛。洪涛，你可以挥挥手让大家认识一下吗？好的，谢谢！（点评：敢于让自己介绍的人站起来挥挥手，说明你是个很善于制造气氛的人。此外，介绍对方名字的目的是让听众留下印象，切忌飞快地把人家的名字说一遍，结果听众还是不知道如何称呼你所介绍的人。）

洪涛来自三水，不过他父母是从内蒙古移民到北京来的，所以相信您可以看出，洪涛确实有一点草原男子汉的气度。（点评：介绍了对方的家乡之后，用幽默制造一个亮点，和听众产生了互动，让现场气氛立刻轻松很多。）

洪涛是一个相当优秀的学生。他在北京商学院学会计，拿过两次奖学金，还担任过班里的体育委员。他也确实特别喜欢体育，是一个长跑健将，曾经在校运会上得过1500米亚军！（点评：每一小段的开头是概括，然后分项支持刚才的观点，这种方法和自我介绍完全一样，值得推荐！切忌从头到尾罗列很多信息泛泛而谈，一定要讲出一两个有事实有数字的亮点来，才能让听众觉得有意思。）

这是我对洪涛的初步了解，谢谢大家！

（点评：介绍N个信息点，不如只介绍3个信息点，只要每个点都说透彻，就会让听众觉得头头是道。）

第五节　候选人VS面试官

本节的素材来自一个非常有名的职场节目：《职来职往》。候选人在回答完一个提问之后，波士团（Boss团、老板团）的成员往往现场点评，或者给出示范答案，让我们了解到很多内幕信息，以及波士团的喜好。

我将候选人的回答与面试官的示范回答或者点评进行对对碰，希望大家掌握更多的内幕，掌握Boss的心理！

1. 某天猫店老总问："你理解的高端产品是什么？"

行业知识欠缺，盲目自信。

小新自信地说："比如一些国际大品牌，普拉达、阿玛尼之类的，都是高端产品。"

老板示范："你说的都是奢侈品。相对于同类品牌，高端产品长期具有较高的价值和品质，针对消费能力较高的人群。"

2. 某销售总监问："做好销售，最重要的是你必须有对金钱无限的追求欲。说一说你对于'对金钱有无限追求欲'这句话的理解。"

以自我为中心，而不是时刻想着客户/客户/我。

小航勇敢地说："工作就是为了赚钱，为了住上更舒适的房子、开上更好的车。"

老板示范："有钱大家一起赚，让老板赚钱，让客户赚钱，让员工自己也赚钱。"

3. 某国内公关公司问："用一句话说说你怎么理解公关？"

小君慢条斯理地说："公关就是公共关系，主要包括品牌维护与推广，以及危机处理等。"

性格不合，公关要求反应快，而你是慢性子。

老板点评："公关，你可能随时要应对企业竞争对手或者媒体的诸多围攻和发难。如果思路不够快，你会死得很惨；如果语速过慢，你的对手不会给你多少解决问题和表达诚意的时间；语速过快可能让对方听不清楚，而更多攻击你。"

4. 某媒体公司问："两条铁轨的间距是多少？"

老实做人，加分。

小实老老实实地说："不好意思，这个题目我看过，所以我知道答案。"

老板说："虽然我有点尴尬，但是你还是让我欣赏。"

5. 某培训机构问：你如何理解公关危机处理？

小新说："利用媒体，快速地扭转危机对公司的影响。"

专业知识欠缺。

老板示范：“要秉承速度第一的清理原则。好事不出门，坏事传千里。在企业危机出现的最初12—24小时内，消息会像病毒一样，以裂变方式高速传播。快速行动重于一切，要把一切问题灭在萌芽状态。”

6. 宝马经销商问：“现场展示一下你如何销售宝马车好吗？”

以自我为中心，而不是以客户为中心。

阿齐说：“我会向客户介绍新车性能论坛地址，让他们知道我们的车性能非常优越。”

老板示范：“做一个入门的销售，我要首先咨询我的客户需要什么。”

7. 搜狐微博问：“你说你喜欢比较，那么你帮我分析一下，新浪微博和搜狐微博各自的优缺点在哪儿？”

阿毛踌躇良久说：“我认为新浪和搜狐是目前网络媒体中非常有影响力的两家公司，也是我非常中意和向往的两家公司，新浪是最早开发微博的，在时间上先入为主。”

老板示范：“新浪微博的优势是他们是第一家，他们的口号是‘向来被模仿，从未被超越’；搜狐的特点是‘举全站之力’，包括老总张朝阳也在亲自抓微博。”

8. 甘者古方红糖问：“你能不能用一个简单的词来描述一下你理解的‘市场开拓’这个岗位？”

琪琪想了半天说：“市场开拓，就是去开拓市场，把产品销售出去……”

老板示范：“‘市场开拓’其实就是销售，再说通俗点就是‘拉活儿’的。”

9. 宜家问：“你为什么觉得自己适合做营销？”

小毅自信地说：“我在学校参加过很多营销活动，和中国移动合作将产品卖给新生，和海文学校合作招生……”

老板点评：“你做的只是销售，而营销和销售是不一样的。营销是要找到消费者需求，然后用一个产品去满足它。比如海文学校，如果你发现了一个学生需求的课程，而让海文设计出来，这就是营销。”

10. 光线传媒问：“你想做什么销售？你能卖什么？”

萍跃很自信地说：“什么都可以，我卖理念、卖服务、卖智慧，谢谢。”

老板很不客气地点评：“谢什么谢啊，我问的是你能卖什么具体的东西？要知道卖电视广告、卖手机、卖咨询服务是完全不同的几码事。销售也是有专业分工的，别以为销售是万金油岗位。”

11. 金蝶公司问：“原来一些软件公司的研发设在国外，后来陆续把一些不太重要的流程放回到国内，你能不能随便说出一家？”

鹏鹏抱歉地回答说：“对不起，这个我真的不太了解，所以也不敢贸然回答您。”

老板评价道：“你刚才的回答前半部分是很好的，非常诚实地告诉别人你不知道。

但是一个优秀的销售还应该有后半句，就是‘回去问一下我的同学或者老师，下次见面再告诉您’。”

12. 星巴克问：“既然你的目标职位是外企财务，最近针对外企，国家颁发了一个新的税务政策，是什么？”

小雪略有迟疑地反问：“是出口退税吗？”

老板示范：“这个政策是，外企和国内企业一样，也要缴纳城市建设费和教育附加费。”

13. 凤凰网问：“你拍到你认为很有价值的一张新闻图片，而你的主编认为不合适，想让你换一张你认为不合适的，你受得了吗？”

阿永笑着回答说：“我会保留我的意见，或者把我认为好的图片发表到其他媒体上。”

老板点评：“你任职期间所有的作品都是职务作品，不可以随意发表到其他任何媒体上。”

14. 优米网问：“你在一个非常好的职业上升期离开了上城国际，为什么？”

姚洋坦陈：“我升到集团公司部门总经理的位置后，发现很多工作内容越来越远离创意，更多的是商业活动，跟自己的兴趣和理想相差太远。”

老板点评：“能理解，很欣赏你的做法。”

15. 智立方问：“你2011年毕业后没有直接找工作，而是花了7个多月的时间骑自行车到内蒙古、黑龙江、海南等地游历，你为什么不从事旅游工作？”

大山说：“爱好我平时节假日就可以去体验，但是我需要找一份工作，做一些更重要的事情。”

老板点评：“既然你觉得这个事儿‘不那么重要’，你为什么到处强调这个经历？这就让我们觉得你更适合参加 NGO（非政府组织）。如果你不想从事旅游或者其他相关的事情，就不要过分强调这个经历。”

16. 淘宝商城问：“电子商务说白了其实就是大家在网上做生意，看他们的生意做得好不好，你会关注哪几个指标？”

小梅回答说：“第一是网站的点击率，第二个是大家对网站是否有一个很满意的反馈。”

老板示范：“第一应该是流量——有多少人来你的店里；第二是转化率——有多少人在你的店里形成了订单；第三个是你的客单价——就是每个人在你的店里花了多少钱。这三个数据相乘就是业绩。”

17. 京东商城问：“很有名的两家网上商城，一家是淘宝，一家是京东商城，它们

的模式有什么不同？”

贺斌犹豫地回答说：“可能在支付模式上有所不同。”

老板示范：“其实两家最大的不同在于：淘宝是交易平台，而京东是直销，它自己卖东西。”

18. 星巴克职业测评问题：3000元的工资和3000元的劳务所得在税金方面有什么区别？工资和劳务有什么区别？

丰月一片茫然。（后来丰月把自己还未找到工作归咎于“女生党员不如普通男”，同时表示自己的确碰到过5家公司因为性别问题婉拒了她。）

老板点评：“别的女孩也遇到这种情况吗？如果是女生集体出现的问题，我们认为需要寻求媒体与政府的帮助，如果是你个人的问题，就要反思了。”

19. 奥美问：“你现场做一个广告，就卖你自己，为什么大家要用你？”

小雪自信地做广告：“自信是我的特点，坚持是我的优势。用我是您的明智，不用是您的失误。”

老板点评：“这显然是一个很虚无、没有任何说服力的广告。”

20. 传媒策划问：“你求职广告策划工作，为什么要在简历上强调自己能喝酒？”

杨东北说：“我觉得这是和客户打交道需要用到的一个技能，所以就写进去了。”

老板点评：“你的求职目标是策划，如果你没有好的创意企划案，你就是一次喝几坛子酒都没有用啊！”

21. 智联招聘问：“请你现场以办公室名义，为公司写一个植树通知。”

晓风儿经涂改后写下：通知——为了保护我们的家园，公司组织了植树活动，希望大家准时参加。办公室。

老板点评：“额滴神，你这通知，既木有时间也木有地点……”

22. 古方红糖问：“假设你所在公司的未婚单身女性比较多，公司领导让你安排一次和其他公司异性的联谊活动，你觉得你应该做哪些准备工作？事后你还要做哪些方面的工作才能圆满？”

小薇回答：“我会首先统计一下我们公司的单身女性人数，然后组织一个报名。”

老板示范：“第一步，统计人数；第二步，要找几家和你们公司规模层次差不多的公司；第三步，发报名通知；第四步，事后可以为这些参加活动的同事建立QQ群或微信群，便于大家联系。”

23. 江苏卫视问：“你现场采访一下小夏，关于她在《非诚勿扰》征婚的事情。”

洪昕问：“网络上有很多人认为您想借助《非诚勿扰》这个平台来炒作自己进入娱乐圈。对此，您有什么看法？”

老板点评：“你很知道你的观众的心理，你的自由发挥让我非常满意。”

24. 苹果公司问：“如果你今天没有求职成功，下一步你会怎么做？”

瑛紫说：“我会报一个培训班，系统学习之后再来应聘。”

老板说：“你要知道这是一个手握鼠标‘死’在键盘上的时代，这些知识互联网上都有，你用1个月的时间就可以系统学习到，根本不用报班。”

25. 创客嘿帮公司问：“假如你在陪同领导做翻译，在饭桌上大家都开始吃饭了，没什么人讲话。你刚往嘴里放了一块肉，领导就开始说话了，这时你怎么办？”

徐莹回答：“我会立即吐到餐巾纸上，然后继续翻译。”

老板点评：“这应该是很多人的正常回答，但是我希望听到的答案是‘我根本就不会和他们同时吃饭’。餐桌前肯定会有陪同翻译一个个人座位，但是陪同翻译的盘子却永远是空的。专业陪同翻译应该在饭前吃一点东西或餐后用餐。”

26. 滴滴打车问：“你负责为公司招聘前台，三选一。第一个人迟到了，第二个人在等候过程中一直玩手机，第三个人沟通过程中面部表情有点僵硬，你会录用谁？”

梅杰考虑了一下说：“我会录用第一个人，我会问他迟到的原因，他应该不会无缘无故迟到。后两个人的表现都有问题。”

老板示范：“我会选第三位，这个人的问题在后期培训中可以改善。迟到的人如果有客观因素，应该提前打电话通知我们。第二个人是态度问题。”

27. 三只松鼠问：“如果你做校园招聘，收到的大学生简历，你看重哪三个方面？”

艾凡思考了之后回答说：“第一照片要正规，不要大头贴或者艺术照；第二要简洁，不要太烦琐；第三可能要看工作性质吧。”

老板示范：“以我的经验，80%的面试官首先看你在学校期间的实习经历；其次先看专业后看学校；第三，看是否有在学生会工作过的经验和获得的奖励。”

第六节　面试最常见的十类中文问题

一个面试答案是“好”还是“坏”，主要看它折射出什么信息。

不好的面试回答会折射出很多不匹配职位的特征：不真诚；太天真；以自我为中心……

好的面试回答，句句都投射出匹配职位的特征：了解并认同该行业；了解并认同该公司；幽默、智慧、实在……

一、让你放松的闲聊问题

1. 林佳，你是哪里人？

问题分析：面试官询问申请人的家乡，一是出于人天生的好奇心，二是希望制造放松和谐的气氛。

回答一：我是佛山人。

点评：除了在警察局，一律不能这么挤牙膏式地回答！你想想，这个答案折射出什么好的信息了吗？没有啊！

回答二：我来自无锡，您去过吧？

点评：一般来说，我们不鼓励申请人“反问”面试官，尤其是这种有关个人信息而不是商业信息的私人问题。而且，如果面试官没去过无锡，气氛岂不有点尴尬？

回答示范：我是吉林人，吉林省，吉林市，很多对东北不熟悉的人会觉得有点奇怪，因为省和市的名字都是一样的。本来吉林的省会是在吉林市，后来由于交通的原因，改为长春了。

点评：首先，他很健谈；其次，他能理解到外人对“吉林省吉林市”这个特殊现象会感觉有点奇怪，说明他很具有换位思考的意识。

2. 如果安排你去分公司工作，有问题吗？

问题分析：如果你工作经验不足，而且所求公司是分支遍布全国的大企业，那么，对方很可能会考虑你是否能到异地工作。

回答一：没问题，我可以到外地工作。

点评：只是回答了“Yes”，没有回答“Why yes”，所以就缺少说服力。

回答二：我可以到任何地方工作，无论是北上广还是冀鲁豫，都可以，因为反正是孤家寡人，估计我找到合适的女朋友结婚怎么也得30岁了。对我来说，四海为家还是很有豪情的感觉。

点评：有“Yes”，也有“Why”，更有豪情，是最高级别的“入情入理”的回答。

回答三：我父母在天津，如果我的工作地点是高铁六七个小时可以到的城市，我完全可以接受。从心理上讲，我比较认可每个月和父母见一次面。

点评：感情牌＋理性牌，完全可以。

回答四：我一个学姐在乌鲁木齐，一个学长在兰州，所以，只要在地球版图上，我都可以。

点评：如果你真的可以四海为家，就请你热情如火地示爱吧。

3. 你有什么爱好啊？有空的时候喜欢做什么？

问题分析：面试官询问申请人的业余爱好，其一是为了制造和谐气氛，其二是想通过申请人的喜好判断一下他的个性。

回答一：我特别喜欢打篮球，因为打篮球能够培养一种团队精神。

点评：这明显是一个“失真”的回答。一个人喜欢打篮球，绝对不是为了锻炼团队精神！如果对一个简单的问题进行“上纲上线”式的回答，面试官会觉得你连基本的聊天都不会！

回答二：我非常喜欢游泳，原来基本上每天都游，现在找工作时间比较紧，一个星期只能游几次了。

点评：比较有毅力（因为能坚持每天游的人不多），习惯于忙碌的工作。

回答三：我的爱好还挺多的，小时候爸妈逼着拉琴，过了八级，不过上大学以后不常拉琴了，喜欢群体活动——踢足球！我技术比较臭，只能打后卫。有时候连后卫都打不上，就去守大门。幸好大门的位置经常是为我敞开的。

点评：诚实，很可爱，让人会心一笑！而且，彰显出随和的个性。

回答四：说实话，我没有一个特别突出的爱好，有朋友来的时候去打打保龄唱唱K，一个人的时候看看电视、在网上聊聊天什么的。平时工作特别忙，很难发展一个特别的爱好。

点评：真诚的沟通，能够迅速引起面试官的共鸣，很可能面试官也在过着一模一样的忙碌生活。而且，这样的回答也暗示了一些积极的因素：随和的个性、习惯于繁忙的工作。

二、关于以往工作的问题

4. 介绍一下这家公司和你的工作内容吧。

问题分析：这个问题的潜台词可能是——“我从来没有听说过这家公司，它是否是一家只有三五个人的小公司呢？如果是的话，这个候选人的能力则可能要打个折扣了。”

回答一：这家公司成立于2005年，主要从事女鞋的外贸，男鞋也做。我做的是内勤，包括打单、跟单、为客户服务、处理客户投诉等各方面的内容。

点评：这个回答没有打消面试官的疑虑，这是否是个小公司呢？

回答二：“广盛发”主要从事女鞋的外贸业务，目前只有15名员工，但是生意做得并不小，去年的营业额大约是1500万元。我是三名内勤中的一个，工作内容包括打单、跟单、客户服务等。因为人手少业务量大，所以每个内勤的工作负荷都很大，旺季的时候每周7天上班，平均每天上十几个小时。淡季就正常上下班了。

点评：第一，折射出公司不一般；第二，折射出自己能够适应繁忙的工作。

5. 为什么要离职呢？

问题分析：对于跳槽者，这显然是个几乎必问的问题。

回答一：我意识到自己并不适合做老师，每天都要重复同样的内容，是很无聊的，也没有挑战性。

点评：这个答案折射出的只有负面信息：我不喜欢重复、我不适合做老师。

回答二：这家公司搬迁到棠下的软件园去了，而我家住在芳村，坐公共汽车要两个多小时，这就意味着我每天得花费四个多小时在路上。没办法，我只能辞职了。

点评：这个回答听起来很真实，似乎无懈可击。不过，如果你在刚才的面试当中大谈特谈自己所做出的突出贡献，自诩为原公司的“重量级员工”，则很可能遭遇到尖刻的男面试官或者温柔的女面试官（则更恐怖）的质疑：“既然你对公司这么重要，你的老板怎么不大力挽留你呢？他没有提出给予你一些交通补贴或者租房补贴吗？或者，你租个附近的房子不就行了吗？”

回答三：只有一个原因，为了能做到财务经理的职位，因为我确实觉得自己具备了条件。但是，在我们目前的公司，即便是一名优秀的财务主管，升职的概率也很低，因为我们只有一个财务经理的职位，而现在的财务经理工作出色，人也踏实，似乎不会辞职。所以，我只好考虑辞职。

点评：首先让人觉得很实在，其次，夸赞了现在的财务经理，让我们很欣赏。

回答四：应该是出于“人往高处走”的心态吧，毕竟，在压敏胶行业里，艾利是鼎鼎有名的公司。我非常希望能加入，因为这意味着一个很长远的发展。

点评：真诚，有心长期发展。

6. 你3年换了两个工作？

问题分析：频繁跳槽者被质疑=常理。

回答一：第一家公司发展不是很好，所以我就离开了。第二家公司，因为是管理混乱的私人企业，老板和老板娘在一起工作，我觉得似乎发展前景不太好。

点评：把过错推到别人身上，讨厌得很。

回答二：第一次跳槽怪我，当时刚毕业半年，年轻气盛，觉得公司对待客户似乎没有我希望的那样认真负责，就一赌气不干了。现在想想，公司也是没办法的，毕竟要有利润才行。第二次跳槽确实是客观原因，当时我们公司由于房地产行业不景气而客户锐减，我也挺不好意思再留下来给老板增加负担，就主动辞职了。

点评：一个质疑他的提问，却导出了一个反射出优点的好答案：关心客户，为老板着想。而且，听上去真实真诚。

7. 你觉得什么时候压力最大？

回答一：我觉得压力最大的时候是我要同时做好几件事情的时候，比如说，快到期末考试的时候要组织大型活动，这个时候我的压力特别大。

点评：这的确是个很真实的回答，可是，仔细思考一下，如果你申请的是一家知名公司的某个职位，那么你必须具备一种能力：Deal with several things at one time！ 也就是说，要具备同时处理几件事情的能力。所以申请人在表达有关自己的负面信息的时候，要格外谨慎。

回答二：我觉得压力最大的时候是刚刚接受一个任务或者是刚刚给自己制定了一个大目标。我喜欢一句谚语——“Well begun is half done”。所以，任务开始的时候，我会逼着自己做尽可能完整的计划，并且尽可能把各项工作都提前做好。比方说，参加一个比赛的时候，我会在刚确定参加比赛的那个阶段拼命准备，找资料，提前很长时间就模拟练习。这样的话，越到最后我反而越放松。

点评：这个回答很容易让我们相信，这是个一有任务就会立刻行动起来的家伙！如果你是他的老板，根本就不用担心他会把工作拖到最后一刻！

回答三：我压力最大的时候，是大家都特别依赖我信任我的时候，我特别不想让大家失望。比如说，我们在班级里面经常要进行小组讨论，在自由分组的时候，别的同学总是会特别愿意和我一组，因为大家都认为我分析问题的能力比较强。有的时候我会非常自信，因为讨论的问题刚好是我所熟悉的。但是，当遇到陌生话题的时候，我就会感到有很大的压力。

点评： 这个回答绝妙之处在于，除了回答了面试官的问题，还以事实不动声色地夸奖了自己：分析问题能力强，受到同学们的信赖，善于协调团队作业！

回答四： 我觉得压力最大的时候是追求创新的时候。我是一个比较求变的人，一旦觉得有哪些事情不够合理，总是希望能够改革。但是改革总是有风险，所以最大的压力就来自对风险的担忧。可是另一方面，我又很难做到墨守成规，所以总是一边追求创新，一边觉得有巨大压力。

点评： 这个回答体现了申请人的两个优点，创新意识强，对工作具有高度责任感和使命感！

三、你是个怎样的人：关于个性方面的问题

8. 你最大的优点是什么？

提问分析：面试官希望听到这样的优点——真实可信，此外，刚好匹配所求职位。

回答一： 我比较善于发现问题、解决问题。比方说，我们公司有鼓励员工提建议的制度，在两年的工作中我提出了60多条改善提案，80%被采用，总积分在我科533人中排名第三。除了技术上的改善提议，我也提了很多管理方面的小建议，比方说工作时间播放轻音乐、厕所的灯从3盏减少为1盏等。

回答二： 我擅长合理地安排时间。作为助理，我的杂事很多，总是觉得手边有做不完的事情，所以我特别注意时间管理，这样才能高效地工作而不至于搞得焦头烂额。比方说，我在办公室和家里的墙上各贴一张“当月时间表”，随时添加工作和生活上的安排，比如两周后的销售会议啊、朋友的生日之类，这样我就可以提前很长时间把生活和工作都安排得井井有条，不会遗漏重要的事情。我今天带来了我以前的“当月时间表”。平时我也很注意有效利用零碎时间，比如我习惯随身带一本口袋书，等公交车的时候看。上个月我就读了《走出华为》这本书，看得我特别激动。

回答三： 我是一个做事全力以赴的人，或者说是一个比较拼命的人。一旦我确定了一个目标，我会用上自己全部的力量，直到成功，或者说即使失败了也要不留遗憾。比方说，上大学的时候我为了做实验可以连续两天不睡觉。前一段时间我为了做一个紧急项目，连续两个月待在柳州，一天也没有休息。为了今天和您的这场面试，我提前做了两个星期的功课。（点评：面试官往往会追问你做了些什么功课，那么你就可以开始阐述自己对产品的了解啦。）

回答四： 我比较善于鼓动别人一起工作。我担任过班长、学生会干部，从无到有创

建了本系青年志愿者组织，还创建了一个很大的IT社团——萤火虫俱乐部。同学们都说和我一起工作干劲很高，我想最主要的原因是我善于调动每个人的积极性。我觉得一个人无论才能大小，他都希望能肩负一定的责任，所以在团队工作中，我十分重视让每个人都能展示自己的才能。

回答五：我觉得我最大的优点是比较符合儒家思想，仁义礼智信，可能一下子就是5个优点了。通俗点说，善良正直，值得信任。在科龙的博士后工作站待了两年多，同事和领导对我的评价都是“尽心尽责”。我从前年开始捐助希望工程，一年出1000块钱就可以帮一个孩子上学了。

（点评：我对这个博士后学员至今留有深刻的印象，他在上完面试英语培训班后不久，就被“抢”到一家著名的国际制冷公司，年薪是30万元人民币。他又一次验证了一个理论：一个成功的人，首先是一个好人。我很惭愧，除了受他感动资助了一个希望工程的孩子，我仍然是一个自诩有善心却没有真正做出善举的人。）

回答六：我的优点是适应性很强，我从东北来到北京读书，很快就喜欢上了这个城市，交了很多北京的朋友。我在银行工作两年以来，调换了三次工作岗位，每一次都能很快适应新的岗位要求。

（点评：面试官很可能会问，为什么你适应性这么强？那么则要继续阐述。）环境改变的时候，首先要积极学习，正所谓“自助者天助”。其次，是要学会寻求帮助，不懂就问，不能怕丢脸。

回答七：我的优点是表达能力强，而且乐于表达自己的观点。上学的时候在课堂上我总是踊跃发言，还参加过演讲比赛。在工作岗位上，我敢于表达自己的观点。我认为敢于表达自己的观点是对工作负责的一种表现，如果我们爱一份工作，我们一定会献计献策让它更好。

回答八：我的优点是我对工作很有热情，老板和同事都说我看上去老是干劲十足的样子。我确实很喜欢工作中忙忙碌碌的感觉。有时候事情少了，我会主动找事做，去年我申请了公司内部讲师资格，参与培训新员工。其实并不额外拿钱，但是我很喜欢做，觉得挺有成就感。

回答九：我动手能力很强，说俗一点，就是手很巧。家里水电气方面有些小毛病的话，我基本上都能搞定，大学里我的实验课成绩非常好。我还擅长计算机网页设计，这是我自己设计的作品。所以我相信我应聘这份工作有一定的优势，因为我们每天都需要和设备打交道。

回答十：我是一个责任感很强的人，不论是对学习、对工作，还对别的事情。比如说，我看到小偷偷东西一定会喊，绝对不会熟视无睹！如果我看到公共场所的水龙头坏了，我一定会打电话，甚至亲自去找到相应的负责人来修理。工作中也是一样，如果我没有很好地完成工作，就会感到很内疚。

（点评：感动啊！我们热爱向贼发出怒吼的女士和敢于同贼搏斗的男士！）

9. 你最大的缺点是什么？

问题分析：HR热爱这个问题，因为它能折射出很多信息：对方是否真诚，对方是否对自己有清醒的认知，对方是否知道如何弥补缺陷……

回答一：我的公开演讲能力比较差，在公共场合讲话的时候我会感到紧张，不过谈论我熟悉的领域我会比较放松。所以当我需要进行公开发言的时候，我必须要准备得很充分。我确实羡慕那些无论什么话题都能够高谈阔论的人。

回答二：作为经理我有一个缺点——心肠太软。尽管好心肠可以被说成是一个优点，但是作为经理人这是一个不小的缺点，因为管理的确需要一些强硬手段。和别的组长相比，由于我比较“软”，所以我的员工纪律性稍差，比方说开会迟到。当然，“软”也有它的优点，我的员工很乐于与我沟通，所以工作效率会提高。

回答三：我觉得我的一个明显缺点是说话太多，总急于表达自己的观点，我同学说我有些好为人师，爱出风头。我的确注意到，由于自己说得太多，就会忽略听别人的意见。所以我在笔记本上写了一句话：“少说多听！”结果有些滑稽，即使我觉得自己说得很少，我的同事也会说：“你挺活跃的！”印象是很难改变的。

回答四：我有时候急于求成，或者说做事爱急躁。一旦接手一个任务，总是想要尽快把它赶完，总觉得做完了一件事情心里才舒服。但是，欲速则不达，太追求Efficiency，就会牺牲Accuracy。我现在总是提醒自己Accuracy第一位，Efficiency第二位，这样会好得多。

回答五：我有时候会设立不切实际的目标，比方说一个月要减肥10公斤，一个小时把表格打出来。我觉得，设立不切实际的目标对我个人来讲的确不是一件坏事，正所谓“Aim at the sun，land on the moon”，向着太阳飞，至少落在月亮上。有了高目标就会有很大的动力，即使完不成也无所谓。但是，当我在一个团队里工作的时候，这就变成了一个很大的缺点。在团队里，一旦目标定得过高，就会引发很多管理上的问题。我想这是我需要克服的一个缺点。

回答六：我觉得我最大的弱点是还没有学会时刻以最佳状态来工作。我现在一天8个小时在银行做柜员，要面对大量客户，要随时随地以最佳状态来服务每一个客人真的特别难。但是，如果不这样，就很容易丧失机会。我去年冬天就有过这样一个教训。当时我因为家里人生病心情不太好，所以在一个客户来咨询的时候就显得不是特别热情，只是公事公办地给了他一些资料。结果呢，他第二天来办理业务的时候没有来找我，而是换了一位看上去特别可亲的柜员，当时就买了20万块钱的利得盈（理财产品）。如果我没有把个人情绪带到工作中，他肯定会成为我的客户！这件事情给我的教训很大，我想，不愉快的情绪是有连锁效应的，一旦把生活当中的不愉快带进工作，立刻就会产生工作中的不愉快！

回答七：我觉得我有时候会过分在意别人的感受，比方说，不敢直接表达不同意见，因为觉得会让对方丢面子，其实这样做很不利于快速、有效地开展工作。我希望自己能够逐渐学会更加爽快，对人对事更加直接。

回答八：我的缺点是容易受到别人的影响，比方说，大家都学习，我也就学得很拼命；大家纷纷找兼职，我也开始做兼职。我发现自己有从众的心理，所以，能加入光线传媒做秘书是我理想的职位，这里有很多优秀人才，我可以受到大量正面影响！

四、关于职业选择的问题

面试官喜欢追问你为什么选择某个行业和某个职位，往往并不是为了判断你是否热爱这一个行业，而是要了解你身上是否具备以下的素质。

对自己认真负责。如果一个人对自己的职业选择从来没有认真地考虑过，他怎么会在未来的工作中认真负责呢？

有见解。一个有见解的人，势必会井井有条地分析一个行业的前途和挑战。

敏锐。一个信息灵通、关注周围事物的人，很可能会在自己的回答中谈论某个行业的最新动态。

10.（行业之选）你为什么觉得这个行业那么有前途？

回答一：我觉得这个行业有前途，其实是基于common sense（常识）的判断，因为我毕竟不是专业人士。个人护理行业的市场应该是很大的，因为每个人都是这个行业的消费者。而且，现在人们越来越重视生存质量，人们在个人护理上的消费意愿会越来越强。还有，如果中国的农村经济真的发展起来，我想个人护理行业的消费群会有一个大幅的增长，毕竟现在大部分农村地区所消费的都是很低端的产品。

点评：这种回答既有优点也有缺点，其优点在于分析得入情入理，无可辩驳。缺点则在于没有个性，“千人一答”，众多申请人对于诸多行业，比如食品饮料行业、教育行业、医疗卫生行业等，都可以做出类似的回答。如果你把这个回答和其他平庸回答进行比较，就更能体会到个性化的绝对魅力！

回答二：我去年报名考了一个营养师证书，上课的时候老师给了很多数据，其中就包括婴幼儿营养业务在过去3年内的发展呈现出稳定增长态势。比如说，2012年雀巢收购了辉瑞的婴儿营养业务，在中国业务量翻了3倍。无论根据常理判断还是数据分析，这个行业都是有前途的。

点评：顺便告诉对方自己自修了营养师证书，立刻在这一点上屏蔽了N多求职者。此外，数据的引用至少表明他做了很多功课。

11.（公司之选）你为什么想到本公司来工作？

回答一：我想到KPMG来，其一是因为专业对口，我一直想做审计；其二是能够利用我自己的语言优势，如果我进本地所，我英语好的特长就很难应用了。至于在“四大”当中我为什么倾向于KPMG，其实是出于一个很感性的原因，我觉得你们的career talk（生涯对谈）做得是最棒的，我们同学都这么认为！其他几家就比较boring（乏味）点，太严肃了。

点评：好答案！它符合了面试的两个重要原则：夸自己、个性化。

回答二：我想到土豆来，其实就是因为非常看好视频网站的广告潜力，而且目前视频网站广告的价值处于严重低估的阶段，这也是广告主投放视频网站，获得回报最大的一个阶段。目前投放视频广告的千人成本只有电视的五分之一，我认为当企业的广告负责人从70后向80后过渡之后，我们的春天就来了。因为70后大部分是看电视成长起来的，而80后则更加认可视频网站。

点评：这也是一个不错的回答，虽然所说内容未必多么个性化，但还是透彻地表明了自己对视频网站广告收入的合理乐观情绪。

12.你目前这家公司比我们规模要大，你为什么想往小公司跳槽呢？

问题分析：当人似乎在往低处走的时候，对方怀疑你也是合情合理的。

回答示范：德尚的确算是行业领导者，但是在我所在的绿色技术领域，我是非常看好邦利的。我选择的是邦利的明天，邦利是我认定的绩优股。

点评：大公司跳槽到小公司，除非是为了小公司的光明未来，还能为了什么？

13.你是否投了其他什么公司？如果其他公司也给了你Offer，你会怎么选择呢？

问题分析：你大可不必担心这个问题是个陷阱，因为对于应届毕业生来说，同时“海投”多家公司是正常现象。只不过，面试官更加喜欢那些在“海投”中有一定选择的应届毕业生。盲目地“海投”只能说明你没有一个明确的职业发展方向。

回答一：深蓝是难得的总部不在北京和上海的准4A广告公司，如果我热爱广州同时又热爱广告，深蓝算是最好的选择了。

点评：实在＝可信＝被信赖。

回答二：是呀，我投了不少其他的公司，您也知道，我们应届毕业生基本上都要“海投”。我投简历一般是看职位，只要是比较有名的公司招销售，我都投了简历。对我来说，做销售是大三的时候早就想好的职业目标。如果别的公司也给我Offer，我肯定还是倾向于签美的，因为我对美的的品牌特别有认同感。我们家从风扇到空调到电饭煲全都是美的的。而且，海外营销中心的销售职位也有可能用上我的英语优势。还有，我好几个既在外企干过也在民企干过的朋友都说，好的民营企业其实比外企发展空间更大。

点评：在面试的时候，强调自己对该公司品牌的认同感是非常重要的。同时，确实如该申请人所言，好的民营企业的确是应届毕业生的理想就业选择。在中国，民营经济的增长势头已经多年蝉联各种经济形式之冠，大大超过了国企与外资企业的增长速度。

14.（职业之选）为什么想做这个职位？

回答一：我想做人力资源，其实很大程度上是受到家庭的影响。我妈在一家大型国企做了20多年的行政人力主管，她觉得这是一个特别适合女性的职业，不受年龄的影响，不像销售岗位那样需要频繁出差等。当然了，更主要的原因还是我觉得自己适合这个职位。我的亲和力很强，我的同龄人都叫我知音大姐。

点评：好的回答往往是非常个性化的，不会让面试官有“千人一答”的感觉。同时，以事实再次强调自己的优点。

回答二：“专业餐饮管培”其实是我在求职过程中才接触到的一个职位，以前我们很少把快消和餐饮结合起来考虑。真正了解这个职位以后，我理解这是快消或食品未来的一个新领域，发展空间很大，目前U家家（另外一个竞争对手）也大量投资做这个业务，也证明了这个市场的潜力。

点评：说“内行话”，知“内行事”，你就能面试成功。

五、关于你从事该职位资格的问题

以下几个问题几乎是每一个申请人都必须回答的问题。对于一些热门的职位，如销售、市场、公关、人力资源等职位的具体职责和从业资格，我已经在第一章中做出了详细的说明，请大家务必先行阅读。

15. 你为什么想做这份工作？

回答示范：我参加过一些宣讲会，有不少HR都提出过，当你身边的人都觉得你适合做什么的时候，你就的确最适合做那个工作。我身边很多人都说我适合做销售，我也有过相关的经验，也喜欢挑战，所以就决心做销售了。

点评：别人说你适合做什么，的确比“自认为适合做什么”更靠谱。

16. 你觉得做助理的人应该具备什么条件？

回答示范：做经理助理，首先要大方得体，如果一个助理看上去气质和谈吐不好，会损害公司和经理的形象。其次，助理做事情要格外谨慎。毕竟助理的职位比较敏感，别的员工肯定会通过助理来了解老板的动向。第三点也非常重要，做助理必须有关心人的天性，要发自内心地关心自己的老板，把老板的忧虑当作自己的忧虑，这样才能做好助手。同时，他也要关心别人，不能只对老板热心而冷淡别人，否则别人很快就会说他只会“擦鞋”，会被集体孤立。

点评：助理难做，难的并不是工作性质本身，而是心态难以平衡。因为做助理的人必须同时做“高端”和“低端”两种事。一方面，做助理的人往往要素质很高，因为你可能要提供“高端服务”，比方说，代替老板起草一份重要文件；另一方面，你还要具有“仆人”一样的服务意识，为老板提供一些特别“低端”的服务，诸如端茶送水、买饭买药、嘘寒问暖等。所以说，一个好的助理是这样的——他有能力，是老板的左膀右臂；他有关心人的天性，是老板的贴心人。

17. 你觉得你适合从事这个岗位吗？

问题分析：这几乎是一个必问的问题。回答这个问题，请大家用自己过去的事实来予以证明，而不是强调未来的潜力。对于面试官而言，唯一可信的是“过去时”，而不是“将来时”！

回答一：（以销售岗位为例）我觉得自己很适合做销售。我不怕压力，越有压力动力越强。在大学里，我每学期都给自己制定学习和社团工作两方面的目标，而且会排除一切困难去完成。我大二的时候要加入学生会，申请了两次都失败了。后来我就义务帮工，每次学生会有活动，我都不计名分地跟着干。两三个月之后我就成了学生会的成员。我觉得做销售和这个差不多，要坚持。

点评：不怕压力，能把目标当动力，是销售的必备素质！

回答二：（以客服岗位为例）我觉得自己挺适合做客服的。做客服，首先，做事的效率和准确度要高，既要快，又不能出错。我在朋友圈子里是公认的做事麻利的人，有集体活动的时候一般都由我来收钱，做记录。除了做事快，我的个性也很适合。我是一个特别和气的人，别人很愿意接近我。我们楼里连扫地的阿姨都跟我聊过天，我还把一个阿姨的儿子介绍到我家住的小区当保安了呢。我觉得，做客服肯定要让别人觉得亲切才行，我的朋友都说，即使是打电话，都觉得我是在笑着说话的。

六、关于所申请职位的“缺陷”的问题

任何一份工作都有其美中不足之处。在听完了你对这份职位的优点甜蜜得也许令人“作呕”的夸奖之后，面试官非常想来点“酸辣粉”，了解一下你对这份工作的弱点是

否有良好的心理甚至是生理上的准备。

18. 你做Sales的话，老要跑来跑去的，你怎么处理你跟男朋友/女朋友之间的关系？

回答一：我觉得，和女朋友朝夕相处反而没什么意思了。如果关系好，根本不必整天都待在一起，只要定期制造一些小惊喜就可以了。

点评：看上去很老练，但是，他太小瞧面试官提出来的问题啦！如果工作和家庭的关系这么好解决，面试官就大可不必问这个问题喽——只要定期给长期驻外的员工买些礼品，让他们去给老婆或者女朋友制造“小惊喜”不就完事儿了？

回答二：这对我来说不成问题，因为我30岁之前根本就没有打算结婚！我是个事业型的人，我觉得30岁以前是事业上升阶段，不能考虑家庭问题。

点评：这是个听起来颇为“雄赳赳气昂昂”的回答，却让我们心里有一种说不出来的滋味：有点天真？有点疯狂？有点变态？面试官想听的是一些切实可行的平衡家庭与事业的措施，而不是一个工作狂空洞的宣誓。

回答三：我现在还没有女朋友，原来有一个，大三的时候分手了。我觉得，处理好和女朋友的关系对我来说并不难，因为我肯定会找一个事业心比较强的女孩子，而不是那种小家碧玉型的。我喜欢事业型的女孩，她可以把自己的生活安排得很充实，而且能够理解别人工作忙。

点评：这个回答就要可信得多，因为它的“可操作性”比较强。

回答四：我男朋友在武汉读博士，我们一年只在寒假和暑假见面，剩下的就是QQ和电话了，情侣套餐真的很便宜啊。他两年后毕业，到时候应该会考虑到我所在城市找工作的。

点评：具体、实在、可信、自信。

19. 这份工作是很注重细节的，久了会觉得很无聊。你怎么看？

回答一：我是学会计的，对未来工作的性质早就有心理准备，财务和审计类的工作必然都是很注重细节的。我觉得，工作的乐趣不仅仅来自工作本身，还包括很多工作之外的东西，比方说，完成一个项目之后的成就感，有一些谈得来的同事，偶尔遇到一个好玩的客户等。能够找到乐趣的话，就会对细节的工作乐在其中了。

点评：这是一个颇有几分哲理的回答，乐趣，不仅仅来自工作本身，也来自工作之外。

回答二：我想，只要看到了琐碎的事务的价值，就不会觉得无聊。在上一份工作中，我每天要花两个小时左右的时间将VIP客户的资料录入电脑，看上去是一个很无聊的过程。但是，它使我熟悉了客户的名字、地址、家庭、爱好，当我和客户在电话上或者当面交流的时候，他们就会感觉我很亲切。

点评：以上一份工作为例子，证明自己对待琐碎事务的积极态度，很好。

20. 这份工作经常要加班，包括节假日，你有没有心理准备？

回答一： 我知道，赶项目的时候肯定是要加班的，其实就和我们期末考试前熬夜一个道理，我有心理准备。

点评： 把工作类比为学习，很可信。

回答二： 当然有心理准备，我听说项目忙的时候可能整个月都不会有休息日的。我觉得，要应付这么忙的工作，光有心理准备其实不够，还要有特别好的身体素质。所以，我准备把健身的习惯一直坚持下去。

点评： 不仅有心理准备，还有实际行动的准备，善哉善哉。

21. 做会计，你觉得自己会为公司做假账吗？

回答一： 我想我不会做的，做假账会害了自己，而且最终会害了公司。我想，我会说服自己的老板不要做假账。

点评： 听到这样充满正义感的回答，面试官大概会羞愧难当，恨不能立刻结束面试，去面壁思过。呜呼！

回答二： 我觉得，做账肯定是要讲究技巧的，如果我做会计，首先是要尽力给公司合理避税，也可以打一些擦边球。我姨妈就是做会计的，她说好会计都会打擦边球。但是，如果是非常明显的假账，我觉得还是不能做，一旦被查到，会给公司带来巨大的灾难，也可能把自己送到监狱里。我想，公司也不会要求我们做这样明显的假账的。

点评： 回答得非常委婉，合情合理。

七、关于你未来规划的问题

22. 你有什么职业规划？

问题分析：职场的法则是“If you fail to plan，you plan to fail”。面试官当然喜欢对自己前途做过认真规划的申请人。同时，他也必须考虑自己所在的公司是否能帮助你完成自己的职业梦想。

回答一： 我希望在第一年里通过公司培训和自我学习迅速适应工作，成为一名合格的员工。在未来的3年之内，我希望靠自己优秀的业绩进入管理层。

点评： 听到这样的回答，一部分面试官可能会心生不悦，“老子熬了五六年之后才升职……”此外，这样的回答毫无特色，可以被任何人用在任何面试上，丝毫没有展示出你对这家公司career structure的了解。

回答二： 长远来说，我希望做一个专业的法律顾问，我的叔叔就是专门做商业地产租赁方面法律事务的顾问，38岁的时候跟别人合伙专门做商业地产租赁。我认可我叔叔

“做专做精”的概念，只是和他方向不同。我之所以来这个公司，是因为这个律所做很多和知识产权相关的案子。我个人从3年前就开始重点关注这个领域了，我做过数据挖掘，这个领域的业务量每年都在增长。

点评：以过去时为例子，永远是最牛的面试回答，远胜于说“我觉得这个业务未来前景很好”。

回答三：说实话，我目前的职业规划还不是特别清晰，毕竟这是我的第一份销售职业，和以前做老师时的工作内容完全不同。所以说，我还没有给自己做一个明确的规划，比如3年之内做好销售代表，3年之后做销售主管这样的职业规划。不过，我有一个很清晰的“自我发展”的规划：我希望自己在专业性和人际交往方面都能够有所突破，使自己更加优秀。从专业性方面来说，我要成为一个“行家里手”，要非常了解药品的药性药理、药品行业规范以及医院运作的规则等。从人际交往方面来讲，我希望自己能成为一个敏感的人，能够敏感地觉察到别人想要什么，然后尽量去满足他。我觉得不论是做销售还是做人，只要能够全面了解别人，就会很容易成功。其实就和今天面试一样，我如果清楚您要的是什么，自然胜算就大啦。

点评：真诚的分享，很容易触动对方。我们列举这个回答示范，并不是想鼓励你一律实话实说，告诉面试官你还没有想好自己的职业规划。其实，做出这个回答的申请人已经对自己的职业有了相当清晰的规划：做一名专业的、敏锐的好销售！

23. 你有没有打算过创业？

问题分析：有谁没有打算过创业呢？但是，绝大多数人的“打算”，其实只是一种美好的愿望，一个默默的誓言，一个对未来的寄托和憧憬，简直连纸上谈兵的境界都还没到。也有一小部分人，在大学期间就尝试过创业了，无论是在淘宝上开个小店，还是在花市上弄个摊位，都是一次创业的尝试。面试官欣赏敢于创业的精神，但是，他绝对不希望招聘到一个整天盘算着自己未来如何当老板的雇员。

回答一：创业？目前还没有打算。我觉得政府鼓励大学生创业不太现实，绝大多数大学生没有资金、没有经验，而且，心理承受能力还不够强，光凭热情和冲劲不太可能创业成功。我目前的打算就是找一份好工作，好好干，升职加薪，走传统路线。

点评：冷静、不浮躁。

回答二：嗯，我更倾向于打工做到比较好的位置，这主要是由于家庭背景。我爸爸是从国企辞职创业的，说真的，我觉得他特别辛苦，从来没有节假日的概念。我希望至少能有张有弛地生活……

点评：有说服力。

八、关于你的期待值的问题

24. 你对工资的要求是什么？

问题分析：面试官最不想听的回答就是："我相信贵公司会提供一个公平的有竞争力的薪酬。"纯属废话！最好的办法当然是能够事先调查出该职位大致的Offer是多少钱，如果实在无从得知，只能把自己的市场价值报出来。

回答一：我现在的工资是3500元左右，我希望能拿到4500元。不过，如果福利和发展机会比较好，工资可以协商。

点评：有工作经验的申请人必须要报出自己的现有工资。

回答二：说实话，我没有一个固定的工资期望值，第一份薪水是多少并不太重要，关键是要有长远发展。如果一定要说一个数字，我希望是3000元至3500元，我们学校的毕业生起薪大体在这个水平上。

点评：如果是一对一的面试，把自己对工资的期望值和所持依据娓娓道来是非常值得推荐的做法。

回答三：我希望能拿到3000元至4000元，不过可以商量。

点评：在人声鼎沸的招聘会现场，恐怕只能做出如此回答。

25. 你有什么问题要问我吗？

问题分析：出于礼貌，面试官一定会问你是否有什么问题要问他。要不落俗套地提出一个得体的问题，实非易事。

回答一：我想问一下，P&G的P和G都代表什么含义？

点评：连这个都不调查清楚就来面试，肯定出局。

回答二：我想问一下，我们和其他几家竞争对手相比，最大的优势和劣势是什么？

点评：面对这么大的一个问题，面试官会虚弱地笑一下，然后说："你觉得呢？要不你先谈谈你的看法？"

回答三：我想知道，您作为一个专业人士，对我的印象如何？您觉得我还应该在哪些方面予以改进？

点评：这个提问非常地自讨没趣，让面试官当场点评自己的表现是完全不合逻辑的做法，显得提问者十分幼稚。

回答四：您是总经理，肯定特别忙，我就不提问了吧，其实在前几轮的面试里，Judy和Benson已经回答我不少问题了。

点评：面对日理万机的总经理，这样谦虚的态度还是非常得体的。而且，提起前几轮的面试官的名字，也令总经理感到很亲切。当然，总经理一定会鼓励你提问的，所以还是要提前准备好高质量的问题。

回答五：我有一个关于箭牌的中文公司名字的小困惑，其实早在几年前就有这个困惑，正好今天请教您一下。箭牌公司中文名字叫作箭牌糖果有限公司，在中国人的传统印象里，糖果是口腔卫生的敌人，而箭牌给我们一种口腔卫士的形象，好像和这个名字有些矛盾。我想知道，是不是按照行业分类，我们只能叫糖果公司呢？

点评：告诉面试官自己几年以前就对箭牌的名字感到很好奇，很高明。

回答六：宝洁前CEO雷富礼和白波都曾非常强调宝洁的创新，那么在这样一个已经发展非常完善的行业，宝洁是怎么保持创新力的呢？

点评：高明的问题。与其说是问问题，倒不如说是在夸宝洁，也展示出了对宝洁的了解和向往，所以面试官也非常乐意讲解，该面试官回答该候选人问题就用了30分钟！当然面试一定通过了。

九、应届毕业生经常遇到的问题

26. 你觉得大学生活使你收获了什么？

回答一：我觉得我学会了与人进行沟通，学会了团队协作，也锻炼了自己的领导能力和组织能力。

点评：没有说服力，表明该候选人沟通能力较差。

回答二：我觉得大学生活使我学会了与人沟通。可能您会觉得，10个大学生有9个会强调自己善于与人沟通，不过我依然觉得这是我大学里面最大的收获。您从简历上可以看出来，大学时我在学生会工作了两年半，从干事一直到副主席，这使我有机会与年龄和背景完全不同的人交流。从学生到老师，从学校的领导到校外的公司，每一种沟通的方式和方法都不同，的确使我学到了很多。

点评：相比前面的回答，这个回答就好得多了，虽然也有失全面，但是至少具备了两个优点：有说服力、个性化！

27. 你最喜欢什么课程？

问题分析：面试官的喜好往往会决定他所提出的问题。一般来说，喜欢询问课程与学习方面问题的面试官会比较重视申请人是否具有严谨的求学态度，是否对自己的学习进行过认真的思考，这类面试官也往往偏于“学术型”。

回答一：我最喜欢英语课，因为我很喜欢说话，上英语课让我觉得比较轻松有趣。

点评：这个回答没有“学术感”，没有体现出申请人渴求知识的态度，很难讨面试官的欢心。

回答二：哦，我喜欢体育课，您能看出来，我特别喜欢运动。

点评：这个答案虽然很诚实，但是不够严肃，没有表现出一个大学生应该有的认真学习的态度，很难令态度严谨的面试官满意。

回答三：我最喜欢《英美文化交流》这门课，我很乐于去体会不同地方的文化和风土人情。

点评：这个答案体现出申请人是一个很喜欢新鲜事物的人，却没有体现出职场所需要的素质。

回答示范：我比较喜欢实用型的课程，比方说，《中国营销案例研究》教材中的案例很新，很有参考价值，教这门课的老师也是我们管理学院的王牌教师，他不仅讲案例，而且还指导学生进行模拟营销策划方案的竞赛，所以我特别喜欢这门课，考试我得了A。

点评：这个答案非常好，因为申请人不仅回答了面试官的问题，还顺便带出了自己的优点：追求实用性、喜欢竞争、善于学习。

28. 你最不喜欢什么课程？

回答示范：不喜欢的课程，首先就是《马克思主义哲学》和《中国革命史》这类课程，原因您也知道，教材和教学方法几十年如一日，确实很无聊。还有，有几门专业课我也不太喜欢，比方说《微观经济学》和《宏观经济学》。说实话，在学这两门课程之前我们寄予的希望特别高，特别想得到一些有用的知识。结果这两门课程让所有同学失望了，老师基本上就是照本宣科讲一些大道理，书上的例子都过时了，人民币对美元还停留在8.3∶1的时候呢。希望越大，失望越大。相比之下，我们学生会组织的一些经济学讲座倒是特别火爆，内容很新，老师也有激情。

点评：很好的回答，体现出自己是个很爱学习的人，不喜欢一门课程往往不是因为个人兴趣，而是难以得到自己需要的东西。相比之下，因为个人兴趣而不喜欢一门专业课程就显得很任性了。

29. 你简历上写了很多社会活动，那你是怎么安排时间读书的？

问题分析：如果简历上描述的社会活动太多，面试官自然会怀疑你到底有没有踏踏实实地学习。毕竟，学生的天职就是学习，如果一个大学生连功课都学不好，面试官凭什么要相信你能把工作做好呢？所以，成绩好的同学最好在简历中提到自己的综合学分排名，成绩不理想的同学可以列举自己比较强的单科成绩、做项目的经历、科研或发表文章的经历、成绩优秀的选修课等来证明自己在学习和学术方面的能力。

回答一：我学习很刻苦，基本上是晚睡早起，所以能够在社会活动和读书之间找到平衡。

点评：这个回答听起来无懈可击，但是仅仅说明了自己一个优点：刻苦。我在与年轻求职者交流的过程中发现，大家往往不只是用刻苦这一种方法来应对学习与社团活动的双重压力的。所以，在与面试官交流的时候，不妨全面地阐述一下自己的应对方法。

回答二：其实，想要兼顾社团活动和学习成绩两方面确实挺难的。我觉得，第一是要刻苦，周六周日也经常要学习；第二点其实更重要，就是要提高学习效率。我特别喜欢那句话，“Study hard，and study smart”。也就是说，不仅要刻苦学习，更要聪明地学习。我总是想办法提高学习效率，比方说，坐第一排上课，和成绩好的同学一起学习等。如果学习效率提高了，自然就会腾出一部分时间来参与社团活动了。

点评：这是个非常精彩的回答，它表明申请人做事情不仅有刻苦的精神，而且很讲究方式方法。这样的人才必然会是职场的宠儿。

30. 你是独生子女吗？

问题分析：通常，如果一个应届毕业生看上去有点“娇嫩”，面试官可能会很自然地联想到他可能是独生子女。

回答一：不是的，我有一个弟弟。

点评：没理解面试官的弦外之音，不够敏锐啊。

回答二：是的，我是独生子女，不过我从来都不娇气。

点评：不娇气的确是个优点，但是这个回答给人一种立刻跳起来为自己辩护的感觉。

回答三：不是的，我还有一个弟弟，现在读高三。所以我们家现在正处在关键时刻，弟弟要考大学，我要找工作。希望我能给弟弟开个好头。

点评：挺温馨的回答，挺有责任心的姐姐。

回答四：是的，我是家里的独生子。小时候不懂事，只觉得特幸福，现在感到压力挺大的。我爸妈都是普通工人，将来只能靠我养家了。所以呢，我要努力工作才行。

点评：会煽情、很懂事、不娇气。

31. 你看过多少“面经”了？

问题分析：有一些非常坦率的面试官，会带一点“打趣”的意味询问应届毕业生，是否在网上看了很多“面经”。对于这类坦率而幽默的面试官，申请人也要开诚布公地回答。

回答示范：啊？我没想到您会问我这个，“面经”里可没这么写。我确实看了好多“面经”了，GE是大公司，网上的帖子特别多，五花八门的，过来人和应届生网站上都有你们的“面经”大全，您要是感兴趣，我可以下载一部分发到您的邮箱里。

点评：以“打趣”回应“打趣”，很合该面试官的口味！

32. 你最近在别的公司面试了吗？他们的招聘程序是怎样的？

问题分析：出于职业敏感和好奇心，HR在面试时会对其他公司的面试过程感兴趣，所以对这样的问题，你必须要回答得长一些了。

回答示范：我最近面试了3家公司，宝团、京东商城和我家铺子，宝团是纯粹外企面试风格，一轮一轮要三四周才能下来。京东商城就极快，一天就搞完三轮，我家铺子是新公司，我感觉HR自己还没摸清流程呢。

点评：逻辑性强，善于总结。

33. 你们班同学都是怎么找工作的？都找的是什么类型的工作呢？

问题分析：全社会都在关注大学生就业，何况直接从事招聘工作的人力专员或者经理们？此外，喜欢“打听”消息的面试官往往是天性比较好奇的人，那么你在回答问题的时候一定要满足他/她的好奇心才可以。

回答一：我们主要是上网找工作，还有校园招聘会，也有看报纸的。大家找工作的类型五花八门，什么都有，有的和专业有关系，有的一点关系都没有。

点评：晕！说的全是废话，让好奇心很重的面试官觉得索然无味。

回答二：我们班同学找工作，那可真是八仙过海。有两个同学最轻松，家里早给安排好了，有一个女生的爸爸是三甲医院的领导，好几个大的制药外企都争着要她。不过说实话，她在我们班也确实挺出色的，所以我们还不至于嫉妒到发疯。其他人就基本要靠自己了，大多数都是“海投”，只要是有点名气的企业招聘全都一窝蜂地投简历。根据我的了解，我们班好像所有人都投了腾讯。还有的同学托老师推荐，或者找朋友介绍，连QQ的标签都变成“一定要在3月前把自己卖出去”这种话了，哈哈。至于我们找工作的类型，基本上集中在销售、市场、行政、人事之类的岗位，这些工作比较适合我们所学的商业管理专业。

点评：以“擅长八卦”匹配“好奇心重”，让面试官倍感亲切。

34. 你为什么不去读研，学历很重要啊，或者以后有没有打算读研？

问题分析：有的同学问我这个问题是否是个陷阱，担心一旦你说自己未来打算读研，他就会认为你不会安心于本职工作！事实绝非如此，一个高职位的面试官会具有宽广的胸襟，他希望能够在力所能及的范围内，告诉年轻的申请人什么是重要的、是值得去追求的。这和一些老年人特别希望分享自己的经验是一个道理。所以，不要以小人之心度君子之腹，开诚布公地说明你的想法吧！

回答一：我没想过读研，我觉得经验比学历更重要，很多同学研究生毕业以后反而更加找不到工作了。

点评：一个很糟糕的回答，一定会让面试官不爽。原因很简单，面试官很可能自己就是高学历，所以才会比较推崇学历教育。即便不是如此，面试官也会有“道不同不相为谋”的感觉。

回答二：我也考虑过，我的成绩比较好，其实离保研的分数就差一点点，家里和老师都建议让我考研。不过我还是决定不考了，因为我没有想好要学什么专业。本科的时候都是由父母选择的专业，什么热门就选什么。现在成熟了，如果读研，一定要选择一个适合的专业，可是我没有一个特别明确的目标。反正现在读研没有年龄限制，将来再说吧。

点评：既突出了自己成绩比较好的优点，也体现出严谨的求学态度和自主决策的精神。

回答三：说实话，我从来没有考虑过考研。主要是因为我家里经济条件不算太好，虽然读研可以兼职养活自己，不过肯定没有办法改善父母的生活。我想先工作，把父母从农村接到城市来享受生活，他们都50多岁了，还没有用上自来水呢。至于我自己的学历，如果本科够用，我就不想再读研，如果将来工作需要，那就再读嘛，反正没有年龄限制。

点评：真实而合情合理的回答，很容易让人理解和感动。

十、女性申请人经常遇到的问题

35. 你是女生，对于做外贸要面对的压力和体力问题，你有没有心理准备？

回答一：我有心理准备，我知道做外贸肯定会有压力的，我可以把压力转化成动力啊。出差也是在所难免的，我不担心这些。我是一个很能吃苦的人。

点评：说得很动听，但全部是废话，因为面试官想了解的绝对不是“你有没有心理准备”，而是“你是怎样做准备的”。

回答二：肯定是有心理准备的。体力方面我绝对不会有问题的，我是学校800米的亚军啊，很多男生身体素质都没有我好呢！至于做外贸的心理压力，我是体会过的，我做过三次广交会的兼职。我觉得，忙起来的时候反而不觉得有压力，因为总能看到签单的希望啊，所以我应对压力的最好办法就是忙碌，向着目标一点一点地努力，就不会觉得有太大的心理负担。

点评：这是一个有事实性依据的回答，可信度要高得多。

36. 你有男朋友吗？如果有男朋友，准备什么时候结婚要孩子呢？

问题分析：很多人认为这是个隐私问题，用人单位是不应该问的。但事实是，不论是在国企还是外企面试，女性常常会遇到这个问题，面试官询问这个问题，可能有以下两个原因：

（1）该单位男女比例严重失调，希望能招聘到一些单身女子平衡一下比例，甚至是内部解决一些单身汉的问题。

（2）对一些已经“老大不小”的女性，用人单位颇为担心你一进公司就准备生孩子。

回答一：大二处过一个，后来分手了，双方都不太成熟。现在还没有呢，工作没定下来，也没心思找朋友啊。

点评：很奇怪，我们往往更喜欢那些“失过恋”的女生，而不是“从未恋爱”的女生。28岁不恋爱，不是变态也变态。（我还是这句话：学业、事业、恋爱，一个都不能少。）

回答二：哦，很多人都会问我这个问题，28岁好像标志着进入“育龄”吧。不过我觉得还早着呢，我和我男朋友都决定走传统的“三部曲”：房子、车子、孩子。现在我们刚刚考虑第一步：买房。轮到孩子这一步，我估计至少得三四年吧，反正最后期限是35岁嘛。

点评：有说服力！

特别备注：

面试的常见题目包括一些“事件描述”，比如，你做过的最成功的一件事情是什么，描述你所领导的一个项目或活动，等等。我们统一把此类问题的分析与回答示范归结到本章第九节，即，以“What-S.T.A.R.-Key Words陈述法”回答“行为事件访谈型面试”问题，请大家参考。

第七节　面试最常见的七类英文问题

对外企的英文面试应该按照以下步骤来进行准备：

1.预测问题。这个环节不但能帮助你克服听力困难，而且能缓解你在面试时的紧张情绪。

2.口头甚至书面准备答案。英语8级的牛人也会在英文面试时出现逻辑不清的情况，因为流利和井井有条绝对不是同义词。当然，有同学担心写下来的答案会死板，那么，口头准备亦可！

3.全真模拟。背诵绝对不可！但是，找个高手给自己做做模拟，绝对能大大提高你的成功概率。

衡量英文回答是否精彩，也只有一个标准：这个回答中，体现了申请人的什么特征，这个特征是否刚好适合所申请职位。

一、Personal information：关于个人信息的问题

1. What's the meaning of your English name?（你的英文名字有什么含义吗？）

问题分析：有些申请人的英文名字不合常规，比如叫King，或者Sushi，或者Monk等。面试官询问这些申请人名字的含义，主要有几个目的：第一，缓解面试的紧张气氛；第二，面试官也有一点点好奇心；第三，给申请人一个展示自己独特个性的机会，因为敢于给自己起独特名字的人往往具有独特的个性，这些人希望引起别人的注意。

回答一：Actually，Sushi is my nickname，my friends gave me this name because I like to eat the Japanese food sushi.

点评：这个回答体现出她是个什么样的人呢？爱吃寿司……虽然不会引起负面印象，但是也不会有正面印象。

回答二：I love cooking. I often make sushi for my friends，so they often call me "Master Sushi" or just "Sushi"...

点评：这个回答体现出她是个什么样的人，动手能力比较强的、喜欢做一些细节的

事情…… 完美匹配行政、人力、客服等岗位。

2. What’s the meaning of your E-mail address? （你的电子邮件地址有什么寓意吗？）

问题分析：当代青年男女普遍个性张扬，所以连E-mail地址往往也颇为独特。令人或迷惑或大笑的E-mail地址有很多，比如neverlazy，bighead，lazyfish，52n52n，yulovehong，等等。与上一个问题一样，善于交流的面试官往往乐于给你一个机会展示自己的个性。

回答一：52n52n? Oh，it means I love you，I love you，because 5 sounds like “I” in Chinese，and 2 for “love”，“n” for “you”. I registered this address to please my girlfriend.

点评：公开示爱？除了他的女朋友会觉得甜蜜蜜，别的人一律会反胃。

回答二：Never lazy? Oh，I signed up this address in sophomore year to encourage myself never to be lazy，because at that time，I realized we seemed to be spending more time watching movies and dating...haha.

点评：第一，她轻描淡写地说到自己在大二就注册了这个E-mail，打消了面试官觉得她临时注册这个邮箱博人眼球的那一丝疑惑。此外，在E-mail地址中都要给自己励志的女子，一定是个工作狂人。（这名女生如愿进入了宝洁。）

3. Where are you from? Where is your hometown? （你是哪里人？家乡在什么地方？）

问题分析：很多老外在中国工作居住多年，甚至自诩中国通，他们可能会顺便问问你是哪里人，拉近和你的距离。

回答一：I was born and raised in the city of Wuhan. Actually，my home is not far from our Wuhan Office on Hantang Street...

点评：这个回答说出了该公司在武汉的地址，展示了一下自己提前所做的功课。

回答二：I come from a very small town in the Northeast of China，it’s still far underdeveloped，you know，nothing like big cities like Beijing. The local people can only earn less than one thousand Yuan RMB per year.

点评：比较健谈，也比较煽情：家乡人均1000元的收入会让面试官有些唏嘘，在潜意识里会希望帮助你。

4. What are some of your hobbies? （你有哪些爱好？）

问题分析：由爱好判断性格，老外也爱这么干。

回答：I used to play chess a lot with my friends，but right now my only hobby seems watching TV to relax my mind. I’ve been too busy with my work to “afford” any time for my hobby.

点评：喜欢下棋，但是工作太忙，所以就只能看看电视放松一下——这样的忙碌形象是符合多数老板期望的!

二、Education：关于教育背景的问题

5. Why did you select your major area of study? （你为什么选择这个专业？）

问题分析：外国面试官更喜欢提“为什么”的问题，他们希望申请人是一个有主见的人。

回答一：I was quite good at mathematics and physics back in high school, so I chose a related major, Telecommunications. I also applied for the major of computer science, you know, these two majors are the hottest these years.

点评：擅长数学，自然地沟通。

回答二：As a matter of fact, I didn't select the major of "Geography Education" at all as I have never wanted to be a teacher. I had chosen "Business Administration", "Economics" and "Logistics Management" when I applied to study at Zhongshan University, but unfortunately I failed to get into these hottest majors as the score I got in College Entrance Examinations was about ten points less than the minimum requirement. The school "allocated" me to a cold major, Geography Education. Luckily, I could select a second major. I chose "Public Relations Management" to be my minor area of study. What was that saying? "If God closes the door, he will open a window for you."

点评：这个回答似乎很长，但是不得不这么长。这里面有一个典型的中国特色，如果你的分数够不上第一志愿，学校就把你打入某一个“冷宫”专业去，而你为了进入这所一流的大学不得不屈服。这种怪现象制造出很多感觉自己比窦娥还冤的“冤男怨女”，学着“地理教育”却痛恨从事教师职业，学着“国际政治”却连国际新闻都懒得看！这个回答的优点在于：第一，向外国面试官普及了一下中国特色；第二，强调了自己对商业和管理一贯的热诚；第三，告诉对方其实自己高考只差10分才没进最热门的专业；第四，自己是个不轻言放弃的人，主修学不成用辅修来弥补；第五，把上帝拉进来，也显得你很幽默。

6. What subjects were your favorite ones? Why? （你最喜欢的课程是什么？为什么？）

问题分析：与中国面试官一样，对于应届毕业生，外国面试官经常问有关学业方面的问题。面试官喜欢的申请人，是对自己专业的优缺点能够分析得头头是道的人。

回答：I like the subjects that include lots of experiments, for example, "CAD" and "Circuit Design". I found that I can learn more quickly by doing experiments than studying the theories only. I guess it's partly because I am good with hands, and doing experiments give me a chance to learn in a creative way.

点评：利用课程说到自己“善于动手”和“有创造力”的优点，不错。

7. What subjects were your least favorite ones? Why?（你最不喜欢的课程是什么？为什么？）

问题分析：外国面试官往往更加辩证，在问完成功经历后一定要追问失败经历，问完喜欢什么科目之后也要问问不喜欢什么科目。

回答一：My least favorite courses include “Marxism” and “Revolutionary History of China”. I don't like these subjects not because I am not a patriot, actually I love my country and I am fascinated by the revolutionary history of it. However, these subjects turned out to be disappointments as the textbooks and the ways they were taught were nothing but a repetition of the history subjects in our secondary school.

点评：在回答老外面试问题的时候，要注意文化差异，他可能很难理解中国学生为什么不喜欢学《马哲》和《中国革命史》，所以你需要解释一下，这并非我们不爱国，而是这两门课程几十年如一日的老面孔，学生在高中就已经学过，老师也不愿意对教学法进行创新。

回答二：I found “Macroeconomics” and “Microeconomics” disappointing as well, for the same reason that the information fell behind the times, for example, the exchange rate between RMB and USD stilled remained 8.3：1 till now! You can imagine how disappointing we were. So I spent more time listening to the lectures on economics organized by the Student Union.

点评：这个答案更好，因为它表露出的信息是，我热爱学习宏观与微观经济学，我学习兴趣很浓厚，但是很遗憾，这两门课没有满足我对知识的渴望。这就是典型的“表面看是负面信息，实则体现了正面信息”。

8. Other than the courses you studied, what is the most important thing you learned from your college experience?（除了学习方面，你在大学里面最大的收获是什么？）

问题分析：外国面试官的思维往往非常直接，他们往往坚持认为，只有在大学里面有巨大收获的人，才能在工作岗位上取得巨大收获。所以，千万不要天真地说：我在大学里学会了自理，学会了安排自己的生活！晕，这是童年的成就，绝对不能拿到大学里面来说了。

回答一：Well, I think the most important thing I have learnt in university is that I've learnt how to set appropriate goals and see them through. You know it is so easy for university students to waste time if we don't set goals, so I set demanding goals to motivate myself. One is that I decided to get scholarships each year, the other one is that I decided to be the leader of a club on campus. Neither was easy, but in more than three years, I managed to achieve both.

点评：这是一个很漂亮的回答，体现了自己的优点，既能够给自己设立比较高的目标，也擅长克服困难实现自己的目标。面试官最喜欢的，就是这种"目标导向型"的申请人。

回答二：I believe the best I have achieved in university is that I've improved my general ability, for example, presentation skill, question exploring, pressure handling and so on. Take the monitor election activity as an example. I have to develop the skill to present myself in front of 70–80 students. Through different activities, I have made progress in leading, communication, organizing. This probably is the best I have achieved.

点评：这个回答符合我们一贯强调的"个性化"和"夸赞自己"两个原则。

三、Experience：关于工作经验的问题

9.Would you briefly describe this company to me?（介绍一下你的原单位，好吗？）

问题分析：当老外提出这个问题的时候，他心里的疑问是——"这个公司我从来没有听说过，是不是一个小烂公司"。如果真的是小公司，你务必强调出个体的能力。

回答："Guang Fa", the name means "a big, prosperous company", although it's not really a very big company. But, it's true that the company is quite prosperous.It specializes in lady shoes exports. With only 10 employees so far the turnover last year was up to 15,000,000 Yuan RMB. I am one of the three customer service officers, with the responsibility of order taking, tracking and general customer service roles. Due to the limited number of staff, we all overwork with more than 10 hours a day, 7 days a week in busy season.

点评：很明显，这个回答既体现了自己原来的公司的规模，也暗示了自己能够适应繁忙的工作的特点。

10.Would you describe a typical working day of yours?（请你描述一下自己典型的一天的工作吧。）

问题分析：在这个问题上，面试官希望捕捉的信息点是，第一，这个家伙原来干的工作和我们现在这份工作到底有多少是类似的？第二，他原来的工作表现到底怎样？

回答：Yes. I would arrive at office half an hour earlier as my boss often gives me a lot of work once he comes in, and I have to be ready for it. My responsibilities are mainly to assist the sales manager and representatives, e.g. order tracking, stock report, document preparation and translation，using Excel，Word and PPT. When the reps are on business trip，I will deal with their share. Two thirds of my work is computer involved，working on table and forms precisely and quickly，the rest of time is to take care of the managers and reps，you know，do what they need me to.

点评：用事实说明自己是个敬业的人。在描述工作内容的时候，有细节性描述，也有总结性描述，非常清晰。

11.Why do you want to leave your job?（你为什么要离职？）

问题分析：在这个问题上，面试官希望捕捉的信息点是，第一，这个家伙到底有没有说实话？第二，他离职的原因是否代表了他的某个缺点。比如，因为公司离家远就离职，说明他是个不能吃苦的人；在一两年之内没有升职就想跳槽的人太过好高骛远等。第三，他是否会因为同一个原因而在本公司再次跳槽？（具体参考中文面试回答）

12.Describe the employee you most enjoy working with?（你最喜欢和什么样的同事一起共事？）

问题分析：在这个问题上，面试官希望了解的是，第一，这份工作是否会令你开心；第二，你所欣赏的人往往就是你的影子（心理学家如是说），比如，如果你说自己欣赏爽直的人，往往你就是这样一个人！

回答一：I enjoy working with straightforward people，partly because I am a straightforward person myself. I hope my colleagues will offer their honest suggestions and even criticisms to me. Frankly speaking，I am not very comfortable with those people who are too sensitive and always hesitate to express themselves.

点评：突出了自己直爽的性格，很好。

回答二：I enjoy working with positive-minded people who don't complain too much. I find it uncomfortable to work with those who always complain. In my opinion，we either need to make improvements or accept the facts. Complaining is a total waste of time.

点评：这是一个令人喜欢的回答，因为任何一个公司里都有大量的“怨男怨女”，令人反感却无可奈何。如果能多招聘几个“阳光男女”进公司，岂不美哉。

回答三：I enjoy working with those who are action makers. I don't like to work with big talkers or those who are very slow to react. I am a quick person myself，so I prefer to work with the people of the same kind.

点评：大家都喜欢风风火火的人，只要不忙中出错就好！

回答四：Well，I like to work with those who are good at planning as they can always make a strong team with me. I am a detail person，and I need to work with big picture planners to achieve best results.

点评：善于利用别人的长处弥补自己的不足，不错！

13. What is an ideal boss like?（你最喜欢的老板是什么样子的？）

问题分析：和上个问题一样，面试官希望了解的是，第一，这份工作是否会让你满意？第二，你一定会效仿你的老板，如果你说自己喜欢的老板是能吃苦耐劳的，那么你往往是一个吃苦耐劳的人；如果你说喜欢自己的老板是高屋建瓴的，那么你往往也是一个颇为注重宏观规划的人。要格外注意的是，如果面试你的人恰恰就是你未来的老板，那么这个问题可要小心了，如果你的描述和他的个性风马牛不相及，可能令面试功亏一篑。

回答一：I like democratic bosses. He or she can give me enough room to develop myself, rather than giving instructions to me on every small detail.

点评：这个回答比较危险，明显地表现出该申请人追求"自由化"的性格特点，会令很多面试官觉得心里一沉。所以说，在回答这个问题的时候，要走"保守主义"路线，尽量不要给人一种"初生牛犊不怕虎"的感觉，而要表现出谦虚谨慎、积极、诚恳等特点。再者说，这个回答明显在跟老板提要求，当你对比下面这个回答二的时候，你就会明白一个道理：给老板提要求，远远不如请老板给自己提要求令人喜欢！

回答二：Ideal boss? Well, I prefer strict bosses. Although working with strict bosses means a lot of pressure, I can grow fast with them. For a new graduate, nothing is more important than developing our abilities as fast as we can.

点评：主动请老板为自己加压，多么可爱可敬的人，善哉。工作经验有所欠缺的申请人，不妨向面试官表表这样的态度！

回答三：Ideal boss? Let me see. Well, in my opinion, an ideal boss can effectively motivate his or her subordinates by encouraging good performances and punishing poor performances. I will feel highly motivated to do a good job if I know my boss would reward me if my performance is excellent.

点评：好！一个希望老板能"奖惩分明"的员工，往往是很自信、能够有优良表现的员工。

14. What were the best aspects of your last job?（在上一份工作中，你最喜欢的是什么地方？）

问题分析：在这个问题上，面试官要捕捉的信息点是，第一，这个申请人是个什么样的人？如果你是一个小秘书却喜欢有挑战，那么你很可能还停留在好高骛远的不成熟阶段；如果你喜欢原来的老板给你很大的自由发展空间，那么你很可能是个"自由派"，不太喜欢约束等。第二，你所申请的工作到底是否会让你满意？如果这份工作内容和你最喜欢的工作内容大相径庭，比如，你喜欢有挑战而偏偏这份工作很重细节，那么面试官可能会因为“自惭形秽”而拒绝你的申请。

回答一：The best aspect of my last job? Let me see. Well, I think it's the trust of my boss. He gives me lots of room to develop myself, you know, letting me shoulder responsibilities. And I didn't let him down. I did a good job.

点评：一个令前任老板信任的员工，更有可能赢得未来老板的信任。

回答二：The best aspect of my job, well, is that I can learn a lot from others. As you can imagine Carrefour has a team of high quality staff. When working with these people I can learn a lot, you know, their attitude to see things, the way they work.

点评：乐于向别人学习的人，我们喜欢！ I'm loving it!

回答三：The best aspect of my job? I think it's the team I work with. As a sales assistant I work with the sales reps on a daily basis. It's so interesting to work with them, as you can imagine the sales reps are all active and humorous guys. Besides, I can learn so much from them. After working with them for a year and a half, I feel I have "inherited" their good traits. I'm tougher, more positive and a lot better at pleasing others.

点评：很多人都会说自己工作最好的地方是拥有一群好同事，但是只有在你给出细节之后才能打动面试官。这个答案很棒，既夸了自己的团队，也夸奖了自己。

回答四：The best aspect of my job? I think it's the fast pace of it. I was kept busy by my clients.You know I had two jobs, and compared to the first job, which was dead quiet, I like the last busy job so much better. It makes me feel much more satisfied with myself.

点评：用事实说明自己是喜欢繁忙工作的人，挺好。

15. What were the worst aspects of your last job?（在上一份工作中，你最讨厌的是什么地方？）

问题分析：这是一个比较棘手的个问题，说得虚伪了没有人相信，说得太真实又唯恐令面试官反感。

回答一：The worst aspect of my last job is definitely lack of job security. My pay was delayed twice in the four months I work here. I joined this company in hope of helping the boss to grow a small business into a bigger one. However, it proved a lot more difficult than I expected. The boss is very reluctant to invest in promotion. As a result, business has been rather slow.

点评：职位不稳定，薪水不能保证，这的确是份糟糕的工作。不过，别忘记告诉面试官，这的确不是你的错。

回答二：I have to work six days a week in my last job. You know it's against the Labor Law but it's the normal practice in many factories in Dongguan. It would be quite all right for me to work on Saturday occasionally，but certainly not every Saturday.

点评：真诚沟通，很好。

回答三：The worst part of my last job is that it’s too quiet. As it’s a branch liaison office it has only five people.And I don’t have enough workload. Sometimes I have little to do in the whole week！ I really feel bored of working here. I’d like to have a busier job. You know，more responsibilities，more sense of achievement.

点评：因为工作太清闲而辞职，这样的人谁不爱？

16. What were some of your achievements in your last job?（在上一份工作中，你有哪些成就？）

问题分析：一个颠扑不破的面试哲学是，在上一份工作中有成就的，才有可能在新工作中有成就。在回答这个问题的时候，一般要遵守一个原则——用事实与数字说话。

回答一：I was named“Employee of the Year”，for the highest level of accuracy of all 18 bank tellers last year.

点评：一个言简意赅而又强大的回答。既说出了所得到的奖励，而且列出了获奖原因，同时又告诉面试官自己在18人中是最佳的。

回答二：I increased sales approximately 100% in three years. Last year I personally sold 1.5 million Yuan worth of services and was ranked No.2 in entire company of 14 sales reps.

点评：如果是做销售的同志，只能用数字来说明自己的业绩。

回答三：I suggested to my boss that we should create a new type of customer satisfaction survey. This suggestion was applied later and effectively reduced customer complaints.

点评：对于没有得到过什么奖励的申请人，一个比较好的办法就是告诉面试官，自己的一个好建议被老板采纳，取得了非常不错的效果。

17. What were some of the disappointments in your last job?（在上一份工作中，你比较失望或者失败的地方是什么？）

问题分析：这个问题相当棘手，太真实可能会吓坏面试官，太虚伪又没法令人相信。比较好的应对方式是，给对方列举一些非致命的失败，同时，这些失败的原因是自己所定的目标比较高。

回答一：Disappointments? There were some. I couldn’t get an A in the annual evaluation，instead，I got B，which was not bad but certainly not good enough. And，I am not 100% satisfied with the accuracy of my work. I can work very efficiently，but I sometimes make mistakes，say，the typing mistakes，the error of dates in the reports I have done，etc.

点评：这个回答很圆滑，因为他所有的失败都是在基于高标准严要求之下的吹毛求疵的失败。整个答案给我们的感觉不是在说失败，而是在暗示面试官：我是个对自己有很高要求的人，所以我自然会有一些比较失望的地方。

回答二： I failed to achieve the sales target last year，I sold a million and a half but the target was two million. This year，I' ve done 70% of the target，but I' m afraid I still can' t meet the target as our Beijing headquarter is having some problems and can' t provide effective pre-sales support for us. Failing to reach the target is a big disappointment for me.

点评： 一个很好的回答，体现出了一个销售人员对完成任务的强烈渴望。

18. How would you evaluate the progress you made in your last job?（你如何来评价自己在上一份工作中的表现？）

问题分析： 对于在上份工作中表现平平的申请人，这个问题简直如芒在背。所以，我们必须面壁三天掘地三尺想出工作中的亮点……

回答一： I am very proud of the progress I made in my last job. I joined the company as a new hand，but after only a year and half，I was promoted to be a team leader. I could achieve such a rapid progress partly because my last job is in a small firm. If I can make the same progress in a large company like GE，I would be prouder.

点评： 回答得非常好，既体现了自己的迅速成长，也谦虚低调地指出自己是个羊群里的骆驼，在小公司里才能获得如此快速的提升。

回答二： Well，I would give myself 70 if 100 is full satisfaction. I had some achievements in my last job. For example，I got B in annual evaluation last year，which was top 40%.The promotion program I organized on Beijing Road was highly successful and my client was very pleased. However，the results of several other programs were not quite satisfactory due to some reasons I couldn' t control. Actually that' s why I want to quit.

点评： 这个回答可能更符合多数申请人的实际情况，有成就，也有失败。

19. What pressures did you have in your last job and how you managed the work related pressures?（你工作中有什么压力，你是怎样应对的？）

问题分析： 平庸的人往往感受不到压力，有能力的人往往在工作中遭遇很大的压力，同时，他们处理压力的方法也是相当积极有效的。

回答一： In my last job，most pressure comes from the high sales target. It' s extremely difficult to meet the target as it' s 30% increase over the sales of last year，and the sales of last year was already quite high. However，I can manage this pressure well because，although I can' t meet the sales target，my sales abilities have never been challenged by my boss and others. Six out of seven sales reps can' t meet the target this year and I am actually quite close to the target.

点评：虽然该申请人没有说出具体的应对压力的办法，但是他告诉面试官他并不受压力所困，因为自己的能力早已经被公认。这是一个很自信的回答。

回答二：Well，I have to meet deadlines in my last job. Some projects have a very tight schedule，and even if we do a lot of over time work it's still hard to meet the deadline. This gives me a lot of pressure. Usually I manage the pressure by communicating honestly with my boss. If he can understand me I would feel relaxed.

点评：非常入情入理的回答。做技术工作的人员通常为了赶项目而熬通宵，而如果熬通宵也不能如期交付项目的话，势必会造成心理压力。争取老板的理解，的确是缓解压力的好办法。

回答三：There are quite many emergencies in my last job，you know，customer challenges，unexpected orders. As the customer service office of the longest experience I am usually put in charge of handling emergencies，you know，like firefighters. This gives me lots of pressure for I can't let my boss down. I could handle these pressures well，partly because I'm used to them.

点评：这是个超级棒的回答，它变相地告诉面试官，自己是最资深的客户服务代表，因此总是被派作"消防队队员"，自然要面临很大的压力。而自信，是应对压力的最好办法。

20. Sometimes a work assignment requires frequent travel. How do you react to the prospect of frequent travel? **（有时候工作需要你经常出差，你怎么看？）**

问题分析：如果你兴高采烈地说："哦，出差是免费旅游的好机会啊！"面试官只能哑然失笑或者苦笑，因为你太天真了，对于绝大多数人来说，出差绝对不是"美差"，而是"苦差"。所以，在这个问题上，面试官要捕捉的信息点有两个，第一，这个家伙成熟了没有？他对于这个职位本身的缺陷有没有心理上的准备？第二，这个家伙到底会采用什么样的方法，以避免出差损害自己的身体健康？所以说，面试官不想听大话和空话，他要听的是一些实实在在的小措施，能够让你常出差而不会觉得太辛苦。

回答一：I traveled a lot in my last job. I traveled almost every week. As far as I know，this job requires me to travel，but not every week. So it won't be worse than my last one.

点评：以事实来回答质疑，永远是最上策。

回答二：I am very lucky as I can eat and sleep very well on trips. I've never been carsick，and even when sitting on a train I can have a good sleep. So，I never need to worry about frequent traveling.

点评：这是个很踏实很中肯的回答。有很多女性在出差的时候神经衰弱，精神不振，老板当然希望你能够在出差时吃好睡好、龙马精神。

回答三：I don’t worry about frequent travel as my daughter is taken care by my parents，who are both well-educated scholars. It is not a big deal for them to educate a two-year-old little thing.

点评：有家庭、有小孩的申请人要主动告诉面试官自己是如何处理家庭和工作的关系的。这是一个很博人好感的回答，有当教授的老爸老妈来带自己2岁的小家伙，还有什么后顾之忧呢？

21. Most employees and bosses have some disagreements. How did you react to these disagreements in your last job?（很多雇员都和老板有意见相左的时候，在上一份工作中，你是如何处理和老板意见不同的情况的？）

问题分析：这个问题通常会提给有几年工作经验的申请人。在这个问题上，面试官希望捕捉的信息点是，第一，这个家伙是一个有主见的人，还是一个唯老板之命是从的人？第二，这个家伙是更信任自己的老板，还是更信任自己？第三，在真正意见相左的时候，这个家伙是否能够高效地解决问题？

回答一：My boss in the last job is very democratic. He always listened to our opinions and gave us enough opportunities to defend our opinions. So we never had any trouble communicating with each other when having disagreements.

点评：这个回答体现了对老板的赞赏。把功劳归于老板，是很令人欣赏的一种素质。

回答二：When I have disagreements with my boss，the first reaction is to double check my opinions，as my boss in the last job is an expert and he’s been proved right most of the times. If I do believe I’m right or partially right，I would provide my boss with a detailed report listing all facts and numbers to prove my opinion. As my boss is extremely busy，I need to make the report simple but powerful，to help him make the decision.

点评：这个回答体现出了该申请人的两个优点，第一，在意见不合的情况下，他首先会信任自己的老板，检视自己的意见。第二，他会以事实和详细的数据来支持自己的观点，帮助工作繁忙的老板做出决策。善哉。

四、Position and Company：关于所申请职位和公司的问题

22. Why did you select this company?（你为什么要选择这家公司？）

问题分析：在这个问题上，面试官希望捕捉的信息点是，第一，申请人是会诚实地说出自己选择该公司的理由，还是会从网络上找一大堆废话来搪塞面试官。第二，你了解这家公司吗？一个了解该公司的申请人能够准确地说出该公司的魅力。第三，你了解自己吗？一个有想法的申请人会有一堆理由来支持自己的决定，而绝不仅仅是因为一个

公司的名气大而想加入。

回答一： Mars（玛氏）is the dream employer for almost every single fresh graduate，not only because the starting salary is high，but also because you' ve designed an attractive career path for us. For me，another personal reason is I' ve been a loyal customer of Whiskas（伟嘉猫粮）for ten years！ My two cats love Whiskas...

点评： 这个回答体现了该申请人的两个特点，第一，他很诚实地告诉面试官，应届毕业生当然对玛氏趋之若鹜；第二，他因为爱猫而爱伟嘉猫粮，再因爱伟嘉猫粮而爱玛氏，夸奖了玛氏，也表达了自己的向往。

回答二： To be honest，it would be ideal for me，a fresh graduate who specializes in Accounting，to join any of the big 4s because each of the big 4s has its own advantages. However，I' m particularly interested in KPMG for a very sentimental reason.I was completely fascinated by your career talk！Compared with yours，the other three companies are a bit boring.

点评： 这个回答体现了该申请人的两个特点，第一，实话实说，学会计的同学能进“四大”中的任何一个，的确都是求之不得的美事；第二，善于巧妙地“拍马屁”，告诉对方自己被他们的Career talk打动了，所以对该事务所情有独钟，的确是一个不错的回答。

回答三： Shengjia is a professional ERP software provider，and I' ve been interested in ERP for a very long time. I believe ERP has a large market in China，even if this business may have some difficulties in the course of development.

点评： 如果你要进入的是一个不太知名的公司，那么你可以告诉面试官自己选择这家公司是因为自己对它所从事的业务有信心、有兴趣。

23. Why did you decide to apply for this particular position?（你为什么要申请这个职位？）

问题分析： 在这个问题上，面试官希望捕捉的信息点是，第一，你了解这个职位吗？一个了解该公司的申请人能够准确地说出该职位的优缺点和长远发展；第二，你了解自己吗？你的兴趣和特长是否吻合这个职位？

回答一： For the past three years I' ve been doing a similar job. Though my current boss has given me a raise twice I' m still not quite pleased with my salary，I believe you can understand，1800 Yuan is not a very good pay. Now that I have this opportunity to get a higher pay，to work in a more famous company，of course I would give it a try.

点评： 这个回答有几个优点，第一，很真实，为钱而跳槽，是大多数人换工作的理由；第二，强调了自己已经在过去单位工作3年的经历，足够忠诚了；第三，强调了自己两次涨薪的事实，说明自己一定有过优异的表现。

回答二：My career choice actually has been influenced a lot by my mother. She's been a Admin & HR director in a large state-owned company for over twenty years. She impressed on me（注释：反复强调）that HR jobs are suitable for women as it's not influenced much by age，and females enjoy an equal opportunity of being promoted. However，the other top positions like sales often go to men. Besides family influence，I select this job also becauseI feel I am suitable to it. I'm easy-going，trusted by others.

点评：这是一个很好的回答，真实，又夸奖了自己。告诉对方自己的家庭很支持自己从事这个职业，的确有加分的作用。

回答三：I want to be a Sales Rep as it suits my expectations. First of all，I wish to get a pay based on my performance，you know，better results，better pay. Secondly，I hope I will be going out，meeting people instead of sitting in office. What's more，sales，compared to other jobs can improve my abilities most quickly. I can learn how to observe others，how to persist，how to deal with coldness and rejection，and all these traits will help me to be successful in both career and personal life.

点评：非常好地概括了销售工作的优点，体现了一个应届毕业生的活力和激情。

24. How do you see yourself being qualified for this position?（你觉得自己有多适合这个职位？）

问题分析：在这个问题上，面试官要捕捉的信息点是，第一，你了解这个职位的具体要求吗？第二，你是否能用事实逐一证明自己是最适合的人选？

回答一：I think I'm qualified because the job duties of this position are 80% same as my last job. And the rest 20% shouldn't be a big problem because I'm quick to learn，and eager to learn. My ability to learn has been proved in my last job as well.

点评："我做过类似的工作"，永远是最能说服面试官的撒手锏。

回答二：I studied your job ad and feel that I'm a good match. First，my writing ability is proved by the reports I've written，here they are. Second，my computer skills are top in my class.I can show you now if you want me to. The only weakness seems to be lack of experiences. But，as you can see on my resume，I did have lots of part time experiences at the Tourism Club（注释：旅游协会）and Tianhe Volunteers Association（注释：天河区义工协会）.What I did there was to support the bosses，you know，writing reports，preparing files and so on. I worked for over two years in these associations，but most girls in my school only did it for a couple of months. I am a detail person with good patience and excellent service attitude. I hope you have found out these traits.

点评：这是一个典型的标准答案。首先要把自己符合招聘启事的地方强调一下，其次要把不足之处弥补一下。关键得分点在于，你使用的是“过去时”，要用过去的经历来说明问题，而不是告诉面试官未来我会怎样的这种“将来时”。

25. What about this position is especially attractive to you?（这个职位最吸引你的地方是什么？）

问题分析：在这个问题上，面试官要捕捉的信息点是，第一，你是否对该职位有充分的了解？第二，什么因素最能激励你？是钱，还是职业发展机会？

回答一：I would be doing similar things as in my last job but with a higher salary in a more famous company. That' s the main attraction of this position to me.

点评：干同样的活儿而拿更多的钱，实话实说，适合很多实干型岗位，比如网管、客服等等。

回答二：The best of this job，I think，is that it gives me an opportunity to become a professional in the shortest time. I can master the expertise of auditing with the comprehensive trainings. Learning a professional skill is particularly important to me as my major of Business English is a tool instead of a career.

点评：大公司通常为自己完善的培训体系而自豪，而应届毕业生也恰恰最需要这样的培训，所以说，这是个典型的“一拍即合”的回答，唯一的缺点就是它可能过于大众化。这个申请人做得就很好，他把自己的大学专业结合在答案中。他告诉面试官，自己所学的英语专业不能算是一种职业，只能是为某个职业而服务的工具，所以一份专业性强的工作对他来说格外有吸引力。

26. What do you see in the position that is not attractive to you?（这个职位最不吸引你的地方是什么？）

问题分析：这个提问的考察目的是，你真的了解这个职位吗？了解职位缺点、能接受缺点的人，才是适合这个职位的人。

回答一：I know the obvious disadvantage of this job for most people in this industry is the long hours of work to meet the deadline. My friend told me she ever sat in front of computer for 36 hours without eating proper meals and sleep... but，I am sure I can deal with it. My mind always seemed quicker at night.

点评：广告公司熬夜出方案是业内常态，没有人会喜欢连续工作36小时，但是，这就是工作性质。该候选人既表明了自己对该行业的了解，也用“过去时”表明自己能应付，比较可信。

回答二：Our clients tend to trust senior，older sales engineers rather than fresh graduates. I have to try my best to look a bit “older” and talk in a more “mature” way.

点评：很实在！

27. Tell me what you know about our company.（说说你对我们公司的了解吧。）

问题分析：在这个问题上，面试官要捕捉的信息点是，第一，这个家伙对我们公司到底有多么热诚？一个很迫切的申请人，会通过各种途径搜索该公司的信息。第二，这个家伙是否有什么独到的见解，他是否能说出别的申请人说不出来的信息？

回答：I’ve been following the twitter of three employees of our company for half a year，actually. From their description and pictures，I’ve got quite a lot of information about our company，for instance...

点评：从长期微博跟踪就能看出，这个候选人对这个职位是非常严肃认真的，同时也知道如何通过最佳渠道去了解一个职位。

五、Self Evaluation：关于自我评价的问题

28. How does your mother describe you?（你的母亲认为你是个怎样的人？）

问题分析：只有外国面试官会这样提问，因为他不了解中国的国情。在中国，有两类母亲，一类是传统型的中国妇女，从来不会夸奖自己的孩子；另一类是高学历的现代母亲，因为只有一个孩子而看不到孩子的任何缺点。在面试中，你不妨把中国的这种“文化”传递给面试官，以使面试气氛更加轻松有趣。

回答一：Well，it’s an interesting question. It reminds me of a Chinese saying，the best child is your own child，and the best wife is others’ wife. It means a man or woman is always satisfied with the child，but not with the spouse. My mother is just like this. She tells everybody that I am hard-working，more hard-working than I should be. She says I am trustable and independent，never giving her troubles，you know，she sent me to boarding school at 14.

点评：这个回答很好，它有两个优点，第一，比较有趣，轻松地传播了一点中国文化；第二，以事实说明了自己的刻苦与自立的特征。

回答二：Most Chinese parents are not quite expressive as western parents. My mother has never told me what kind of person she thinks I am，but I feel if you ask her，she would say that I’m a good kid. I never give her troubles，you know，as a kid，I’ve been strong，seldom go to hospital. As a student，I never need her to push me to study. As a son，I give her a call several times a week to ask how she is doing and her about myself.

点评：很诙谐很感人的回答！

29.How do your friends describe you?（你的朋友认为你是一个怎样的人？）

问题分析：其实，这个提问等同于“你的优点和缺点是什么”，只是把同样的话以朋友的口吻表达出来。大家可以参考第30题关于优点的回答。

回答示范：They describe me as a very dependable person. When they have an appointment with me，they never worry if I'll be late. When they give me a task they know they needn't push me to do it as I always keep my promise. My friends also say that I'm energetic，and when they are with me，they feel energetic too. That's why I have many friends and they all enjoy hanging out with me.

点评：很好的回答！用事实说明了自己的两大优点——令人信赖，活力四射！

30.What do you see as your strengths as an employee?（作为一名公司职员，你觉得自己有什么优点？）

问题分析：请大家注意，这个问题的前提是“作为一名员工的优点”，它和单纯的“你有什么优点”是有区别的。你必须列举自己在工作场合的优点。

回答一：I have good time management skills. As Assistant I often have several things in my hands at the same time so I have to manage my time well to work effectively. I paste a very big “Monthly Schedule” on the walls at office and at home，adding the arrangements like sales meetings or friends' birthday parties any time they are scheduled. So I am very organized both at work and in personal life，never missing important things and deadlines.

点评：“善于管理时间”，是秘书和助理等职业必须具备的优秀素质。

回答二：I am a planner and my motto is “If you fail to plan，you plan to fail.” I plan everything. I plan my work，the first thing in the morning I do is making a Must-Do list and Waiting-To-Do list. I plan shopping，I always make a shopping list so I never wander in supermarket wondering what is needed，the best way to save time and money！ I plan my career too. Since sophomore year I have planned to work as a marketing representative after graduated. So I began to undertake more selective courses of marketing and do related part time jobs，as you can see on my resume.

点评：“计划性强”，是所有职位都必须具备的优秀素质。

回答三：I do my job whole-heartedly to achieve good results，as my friends say，I am a workaholic. I always give 100% to my work. In university I worked overnight for experiments. Last month I stayed in the city of Liuzhou for two months，all work，no rest，to finish a project before the deadline.

点评：“做事情很拼命”，是任何老板都欣赏的素质。

回答四：My strength is my flexibility to handle changes. I began to like Guangzhou shortly after I had come from the Northeast of China and I have made many good friends in a short time. I’ve been sent to three different departments in three years of work at ICBC and I’ve adapted to each new position very well.（如果面试官继续询问你如何适应变化，则继续回答如下。）When changes occur，firstly I learn the new things hard and quickly. Then most importantly，I don’t hesitate to ask for help when needed. I am not afraid of telling others that I don’t know something. Being open-minded is very important in my view，it’s so much better than go and hide in fear of losing face.

点评：“适应能力强”既是一个生活上的优点，也算是一个工作中的优点。不过，这个回答最绝的地方是它巧妙地把面试官的注意力转移到该申请人在工商银行3年换了3个岗位这个事实。连续换岗，表明原单位对他很重视，有意识地培养和锻炼他。

回答五：My strength is that I am quite expressive and I have the passion for expressing myself. When studying in college I wasn’t afraid of speaking in front of the whole class. Now at work I’m not shy about speaking my mind. I believe if we love a job，we must share our views to make it better.

点评：“表达能力强”，是很多岗位都需要的优秀素质。

回答六：I am a very active person. I’d rather hang out with people than sit and watch TV. That’s the main reason why I want to be a sales rep. Business trip won’t be a burden for me，it’s a joy of my life.

点评：“积极好动”，明显是适合销售岗位的优秀素质。

回答七：I am eager to learn. I am curious about lots of things so that I enjoy reading. When I was a kid I liked to take things apart and saw how they worked. Now I enjoy researching and developing new technology at work，which is a joy for me as well as work.

点评：“求知欲强”，是技术研发类职业的必备素质。

回答八：I am passionate about work because I can find lots of fun at work，say，making an achievement，being praised by boss especially in public，or self-improvement. For example，I’ve volunteered to be an Internal Trainer at our company to train new staff. Although I make little money for my hard work I’ve gained more important things than money，like presentation skills and confidence.

点评：“对工作充满热情，并善于在工作中寻求乐趣”，这是一个多么可爱的优点！

回答九：My strength is that I am sensitive to what’s happening around，in other words，I pay attention to what’s going on and think about it. I keep up with the latest fashions in our business. For example，I once suggested one of my clients to sell NBA cards and he made around ten thousand Yuan from this business in less than a month. I hit on the idea when my nephew told me many of his classmates were interested in these cards. For another example，an old client once rejected my invitations of dinner three times in a row，and I immediately got a feeling that he was trying to hide something from me. So I visited him the next day and found out that he intended to cooperate with another sports shoes company. I successfully stopped him from breaking from us by giving him some real examples of failures of this brand. I believe I have to be sensitive to the business and to people or I can't do my work well.

点评：“对周边事务非常敏锐”，这是一个非常独树一帜的回答，势必能令听惯了“领导能力强、组织能力强、沟通能力强”等“列强”答案的面试官印象深刻。

回答十：I have problem solving skills，that is，I can often think of a way to bring a satisfying end to a difficult situation. Let me give you an example at workplace. Last summer I found a very obvious number mistake made by the Project Manager when I was a part time auditor. I would have told her directly if she hadn't lost her temper for the same kind of mistake made by another auditor. So I come out with an idea that wouldn't have made it too embarrassing for her. I sent her an E-mail，not only reporting the mistake of the number，but asking a lot of questions about that project. As a result she realized her mistake and didn't feel very bad because she was still an expert who could answer my difficult questions!

点评：“具有解决问题的能力”，这是一个令面试官很感兴趣的优点，他将很乐意与你讨论你是如何解决问题的！

回答十一：I am quite innovative. I would rather make a birthday card than buy one. My family likes the special dishes I cook. I've planned about half of the parties in my class，the “Mock Interview Competition” party proved so successful that it's been followed by many other classes. Last year I helped a MP3 shop owner to build a sales channel in our school. He is a relative of my classmate.When he asked us to hand out some advertisement sheets on campus，I told him that this is not at all an effective way of getting sales，and it might lead to a big fine for paper pollution because students litter this kind of sheets. I suggested that he hire some student agents among freshmen and sophomore as freshmen are the target customers and sophomore are keen to do some part time jobs to make some extra money and to prove themselves. This suggestion proved very effective；what's more，it even gets support from our school because it is seen as a way of social practice.

点评：“有创新思维”的确是个优点，不过，我并不建议应届毕业生过多地强调自己的创造性思维。用人单位往往更喜欢听到诸如“脚踏实地”“兢兢业业”“责任感强”等优点。原因很简单，应届毕业生谈创新，往往停留在空谈的阶段。

回答十二： I have a great sense of responsibility，to the society and to my work. For example I would shout when I saw a thief putting his hand in others' bags，though I only had one chance to do so because I had only witnessed stealing once. I report water leaking in public places immediately. And I really dislike some girls for flushing the toilet before use though it looks clean. I don't think such people will make good employees，because if they lack responsibility for the society they won't be responsible for their work. I am always responsible for my work； if I don't do it to my best I will feel guilty.

点评： “责任感强”，好哇，只要能够有效证明自己的责任感的确很强，这个优点永远能为你增色不少。

回答十三： I am persistent. I keep a diary since coming to college. I eat healthy food and exercise as much as possible all these years. I worked for one student organization for three years instead of participating in many organizations.

点评： “做事持之以恒”，这个优点对于某些员工流动性很大的用人单位来说，具有致命的诱惑。

回答十四： I am good with my hands，as my parents put it，I have smart hands. At home it is my job to deal with all the minor troubles of water，electricity and gas utilities. At university I've scored very well on experiment courses. I am good at web design and I've brought some of my designs with me today if you are interested. I believe I have advantages over some other candidates because I am good at dealing with machines.

点评： “动手能力很强”，是应届毕业生最能打动面试官的优点之一！

31. What do you see as your weaknesses as an employee?（作为一名公司职员，你觉得自己有什么缺点？）

问题分析： 中国面试官往往用这个提问来衡量申请人是否有自知之明或者开诚布公的勇气，外国面试官则往往更加注重这个问题的“后续问题”，也就是——“你将如何避免因自己的缺点而影响工作质量”。

回答一： I am not a great public speaker. When speaking in public I feel uncomfortable unless the topic is familiar. So I have to be well prepared before giving a presentation. As a matter of fact，I did lots of preparation for our interview today!

点评： “不善于在公开场合发表演讲”，的确是很多人的通病。不过，现在越来越多的申请人“喜欢”上了这个回答，造成了人力资源经理们的审美疲劳。我建议大家在这个答案上适当包装，这个申请人做得就很好，他打趣说自己来面试前都做了详尽的准备，无疑会博得面试官展颜一笑。

回答二： Well，maybe my weakness sounds a little bit strange to you. I think my weakness is that I talk too much. I like to express my opinions. My classmates say I am bossy and like to show off. I've also noticed that I don't listen enough because I am talking too much. So I write down a reminder on my notebook，"Listen more，speak less." But interestingly enough，even when I feel I am speaking little my co-workers still pat on my shoulder and say，"Susan，you are an active person！" The "talker" impression doesn't go away easily.

点评："说话太多，甚至有点爱出风头"，其实是一个比较可爱的缺点。至少，比招聘一个闷嘴葫芦要强上百倍啊。

回答三： I pride myself on being a big picture guy，but I have to admit I am not careful enough. Sometimes I make stupid date and number errors，like typing 2004 when it's 2005！Once I forgot to final-check the microphone when I was in charge of the Welcome Party and caused great panic when it was found to be silent only half an hour before the show began. So I do love to hang out with the "detail" persons. They can depend on me to make plans，and I can depend on them to remind me of the small details. When I can't depend on others，I always depend on my notebook. I like to write things down in my notebook now，which is the best way to remember every important detail.

点评："能看到事情的大框架，有全局观而忽视了细节"，确实有很多这样的人。这个回答的亮点不在于此，而在于他对自己缺点的弥补手段，一方面他乐于和注重细节的人合作，另一方面他选择使用"好记性不如烂笔头"的方法强迫自己注重细节，不错。

回答四： I do things in haste sometimes. I am eager to finish a task once I start doing it. It looks like strength but it can be a big weakness at work. Haste makes waste. Great haste makes great waste. For example，when I started working for my current boss last year I once made a ridiculous mistake in an urgent report. I typed "shit out" instead of "try to" for the two phrases have exactly the same spelling. So now I often remind myself：Do it right，Don't do it over.

点评："急躁而忙中出错"，通病也。

回答五： I set unrealistic goals sometimes. For example，lose 10kg in a month，or finish typing a form in an hour. The truth is that I know they are hard to achieve even when I am setting them，but I can't resist doing so for I need to be motivated by aiming high. But my boss sometimes criticizes me for being unrealistic when making plans.

点评："设立不切实际的目标"，的确是个缺点，不过，往往上进心强的人才会有这种缺点。

回答六：Well，frankly speaking，I think I still need to be more professional. Sometimes I let my emotions affect my work. Last winter I lost a client because I didn't look very enthusiastic when answering the inquiries of a potential client. He went to another teller the next day when he opened an account in our bank. And he bought ten thousand Yuan Lideying（a investment fund）immediately. This was a big lesson for me，it made me realize that I should learn to be at my best to any client，at any time. You know，always look like an angel，no matter how difficult it is，because it will indeed help me to sell more products. You never know when the customers decide to buy.

点评：通常，告诉面试官自己的职业化程度还不够高是非常危险的做法，但是，这个申请人以最真诚的态度，给了我们一个很打动人的回答，使得她在一群对自己的缺点欲说还休的申请人中脱颖而出！

回答七：I am too sensitive and spend too much time worrying about what others think about me. For example I hesitate to speak out when I disagree with someone in fear of making him uncomfortable. So I have missed some chances to share my views and prove my abilities. I wish I could be more objective and more straightforward when dealing with people.

点评："敏感，过分关注别人对自己的看法"，这的确是个不讨人喜欢的缺点。不过，对一些容易脸红、说话柔声细语的小姑娘，这倒不失为一个好答案。如果你刚好是一个大老爷们儿或者阳刚小伙，这个答案则会迅速让10个人中的9个人讨厌你。

回答八：My weakness is that I need pressure to work harder. This is my weak point. I tend to perform better when somebody is pushing me，or give me a high goal. I really wish I can work with a very strict boss so he can give me the pressure I need.

点评："需要压力才能更努力"，这是大家的通病啊。这个回答的点睛之处在于，该申请人盼望着能遇上一个高标准严要求的老板，从而督促自己更加努力地工作，这是一个多么可爱的令用人单位求之不得的应届毕业生啊！

回答九：I am likely to be influenced by the environment.I study hard when I find everybody else studying hard，and I start looking for a part-time job when I find others talking about how important it is！It would be great if I could join Ericsson，as I can be influenced by the high quality people here！

点评："容易受到周围人和事的影响，所以尽量强迫自己和好人与好事在一起"，回答得好！

32. What factors in a work situation provides motivation for you?（工作中有哪些因素能够激励你？）

问题分析：在这个问题上，面试官要捕捉的信息点是，第一，你是什么样的人。能直截了当地告诉面试官自己需要钱来激励的申请人一定是个比较爽直的人，一个需要老板表扬的家伙一定自尊心很强，等等。第二，这份工作到底能否让你满意。

回答： There are many，I'm easily motivated. Money of course is a key motivator. The sense of achievement also motivates me a lot，say，winning honors，being praised by boss，clients and by colleagues. In addition，pressure can provide motivation to me too.

点评： 很全面的回答，体现出申请人的几大优点，第一，实话实说自己喜欢钱；第二，自己是个容易被鼓舞的人，要知道面试官最怕招聘进来一个不爱钱财不爱美人的冷面人，不爱吃胡萝卜的驴不可能好好拉磨啊；第三，自己是个好胜心很强的人，喜欢获得奖励，获得老板与客户的认可；第四，自己不怕压力！

六、Goals：关于职业目标的问题

33. Where do you see yourself being in your profession in five years? How did you establish these goals?（你的5年职业目标是什么？你为什么会确定这样的职业目标？）

问题分析： 与中国面试官相比，老外更加重视这个问题。在这个问题上，面试官捕捉的信息点是，第一，这个家伙是个有计划有目标的人吗？第二，他对自己所申请的职业了解吗？他知道这个职位的下一步是什么吗？第三，这个家伙所设立的职业目标切合实际吗？此外，外国面试官往往是你未来的直线经理或者顶头上司，与人力资源部的面试官相比，他更希望遇到一个已经明确决定要在这个领域里发展的申请人。

回答一： In five years I want to be a brand manager，or，a marketing specialist. As a matter of fact，I don't really care what title I will have，because you know，it's too soon to tell now.But，I'm sure about what I'll be doing at that time. I want to be able to independently handle different kinds of promotion campaigns，make effective use of media，and find out any other means to promote a product or service. That's where I see myself doing in five years.

点评： 对于有志从事市场推广活动的应届毕业生来说，这个答案可谓中规中矩了。

回答二： In five years? I think there are two possibilities，either I will be working as a senior sales，or I will join management team as a sales manager. You know during the past three years I worked my way up from a sales reps to sales team leader，and I've felt that both positions have their own attractions. So，in five years，I would be happy if I'm a top sales at the company，or，if I can be a team leader in such a huge company like Siemens，that would be even better.

点评： 在小公司里，获得一个高职位往往很容易。如果是在大公司求职，你可以尽

量淡化对高职位的向往，而强调对工作内容本身的追求。

34. What will you do to achieve your career goals?（你将如何达到你的职业目标？）

问题分析：在这个问题上，面试官要捕捉的信息点有两个，第一，你为实现目标而要采取的措施是否合乎实际？第二，你所申请的这份工作能否给你机会让你去一步一步实现自己的职业理想？

回答一：To achieve the career goals，I think performance is the answer. If I perform well in the current position，I would naturally win the trust of the management team and move on to the next step of my career path. So，what I'll do is to work hard，and achieve good results at my job.

点评：说得很对，把本职工作做好了，升职机会自然就来了。大家都喜欢这样脚踏实地的人！

回答二：My long term career goal requires a wide range of skills. What I'll do is to keep improving myself，at work and through self trainings outside work. As a matter of fact，I've started to work on it. I've enrolled in a two month English training program in Xindongfang as I know English is important for my job.

点评：这个答案很精彩，除了列举了未来会做什么，更为动人的是说自己已经开始行动了！

35. What are your salary expectations for this position? Starting salary? Salary in five years?（你期望的薪资是多少？你希望5年以后你的薪资是多少？）

问题分析：必问的环节。

回答一：I expect to have a salary between 4000 and 5000 as this is the average salary the students of our school can get. But we can negotiate on it anyway. As a new graduate I care about career development opportunities more than the starting salary. As to the salary in five years，frankly speaking，I've even thought about it. I hope the more the better，but of course，it depends on what I can do for the company.

点评：一个很适合应届毕业生的回答。

回答二：I make about 4000 Yuan RMB now and I expect a salary from 5000 to 6000. It's not so easy to tell how much I can make in five years. If I am still at the same position I don't think the salary then will be too much different，however，I certainly hope I can do more important things for Adidas and then be offered a higher pay.

点评：一个很适合有经验的申请人的回答。

七、Questions：请提问

36. What questions do you have for me?（你有什么问题要问我的吗？）

问题分析：在这个问题上，外国面试官要捕捉的信息点是，第一，你面试前做过足够的功课吗？第二，你对自己所申请的职位有过深思熟虑吗？第三，你是一个有想法的人吗？一个有思想有见解的人，提出来的问题往往是有深度而且不流于形式的；第四，你是一个脚踏实地的人吗？一个踏实的人，往往会更加关注具体的工作内容，而不是问一个海阔天空的大问题。此外，要注意到面试官的身份，如果他来自HR部门，你的问题可以和培训与职业发展有关系；如果他来自业务部门，你的问题最好和自己的工作职责有关。

回答一：My question may sound a bit stupid，but I really want to know，do you prefer to hire male sales reps than female? You know it' s true in many other companies. I am a bit concerned about this coz you know，I really want this job.

点评：不错，利用提问强调了自己对该职位的热诚，同时也直言不讳地表示了自己的忧虑。女性申请人在申请以男性为主导的职位时，比如销售职位，不妨直接询问对方对招聘对象性别的期望值，以及女性在这样以男性为主导的团队中的职业发展问题。

回答二：May I know what the sales assistants before me are doing now，I mean，she transferred to other positions or left Nike?

点评：一个很实在的提问。如果你在一家比较成熟的外企应聘秘书或助理之类的职位，不妨直言相问，原来这个职位的人哪里去了？是离开还是转其他岗位了？

回答三：Honestly speaking，I' d really love to know something about your career path in this company and how you feel about it，if you don' t mind? You know，we dream to be as successful as you are in the future，so we hope to know how you came all the way to this position...

点评：既是个问题，也是个马屁，只要态度诚恳，完全可以。

第八节　开放性问题制胜法宝：八宝粥答题法

你对这个题目一定有些好奇，请听详细解释。

所谓开放性问题，就是没有标准答案的问题，比如说，“你觉得顾客永远是对的吗”。对于这种开放性问题，候选人可以自由发挥，发表自己的见解。

所谓“八宝粥答题法”，指的是你的答案能让考官品尝到很多匹配职位的特点，比如，在对待他人的时候，懂得感恩，乐于看到别人对自己的“好”；谈到前任老板的时候，顺便提及他对自己的提携与恩惠。

在对待自己的时候，自省。对待自己很自律，善于检讨自身的不足。比如说，谈到别人的缺点的时候，立刻联想到自己也有同样的缺点。

在处理事情的时候，辩证。在谈到“说闲话”的时候，也能想到这是舆论，也有正面作用。

另外，重数据与细节。

在个性方面要刻苦。很多人强调领导力和创新，却忽略了刻苦。殊不知，90%的职位看重吃苦耐劳，因为毕竟创新和领导力是少数管理者才最为需要的。

充满正面能量。大家都喜欢和心态阳光的人在一起，即便自己牢骚满腹，不是吗？

成熟。成熟可能是面试官最想看到的个性特征，尤其是对于应届毕业生。成熟其实是一个关口，在这个关口之前，一个人会把自我看得很大，经历了这个关口之后，自我会变得越来越小，而其他的东西会越来越大。比方说，婴儿是最不成熟的，是自我的，只要想吃喝拉撒就会理所当然地大声哭喊。以此类推，在职场上，刚毕业的大学生是最不成熟的，他们张口闭口说“我”，并且感觉是理所当然的。他们会说，“我喜欢富有挑战性的工作”、“我具有领导能力”等。然而，一个成熟的职场人，更多的时候会说“工作”。比如，“工作要求我应对挑战，我就会拼尽全力去应对”；“工作需要我领导一个项目的时候，我乐于承担任务并且有能力胜任；如果工作不需要我成为领导者，我会乐于做一个被领导者。我是谁并不重要，重要的是，大家一起可以把工作做好”。所以说，成熟代表着一个候选人把自我看得很小，而把职业精神看得很大。

本节中，我们以5个开放性问题为例，运用“八宝粥答题法”来进行回答示范，同时进行了与“单层陈述答题法”的对照，相信你能领悟其中的奥秘，精进自己的面试“武功”。

1. 京东商城面试：你如何看待客户投诉？

单层陈述举例：客户投诉说明我们做得不足，我认为应该检讨自身并立刻进行改进，这样才能让客户更加信赖我们。

点评：此回答只能体现出该申请人的一个优点，即具有服务意识。

八宝粥陈述示范：

（辩证）我想，90%的客户投诉，确实是因为对我们的产品或服务有不满之处。不过，也许有个别的恶意投诉退货，毕竟我们是承诺30天拆封无条件退货的，所以也许会有人利用这一点。

（服务意识）不过，我个人觉得，既然恶意投诉属于极个别案例，那么，我们在处理投诉的时候，必须都假定是我们有过错，这样才能诚心诚意地去让客户满意。

（行动力）从实际做法来看，我个人建议对客户投诉承诺24小时反应机制。无论如何解决，在24小内必须对客户投诉有人工回应，最好是电话回应。从表面上看成本是增加了，但从公司信誉角度看，这样做是最好的广告。

点评：这是一个典型的“八宝粥”答案，体现了该候选人的三个优点，而不是仅从一个角度表扬自己。

2. 某国企：你是环境的适应者还是环境的改变者？

单层陈述举例：我觉得我既是环境的适应者，也是环境的改变者。因为，在改变环境之前，我首先要适应环境，才能在这个环境中生存下来，才能有机会改变环境。

点评：单层陈述最可怕的地方在于它会和绝大部分候选人的答案“撞车”，即使它是个正确答案，也不可能令面试官对你另眼相看。

八宝粥陈述示范：

（总结）我觉得我既是环境的适应者，也是环境的改变者，因为首先要适应，然后才能谋求改变。

（结合实际工作）如果我能够成为我们的一员，我首先要适应企业内部诸多的优秀传统，比如重视用户体验、追求技术领先。然后，我才能谋求创新与突破。

（结合性格）从个性上来说，我认为自己更是一个环境的改变者，因为我特别喜欢改善自己和周围的环境，比如说，我在学生会外联部的时候就改革了拉赞助的方式和流程。

点评：对企业有一定了解，以事实说明了自己的优点，善于沟通。

3. 凡客：你如何看待“电子商务行业春天来了”这句话？

单层陈述举例：电子商务行业受到大家的认可，吸引了大量投资，我个人就对电子商务行业充满了信心，相信它会在未来有更加爆发性的增长，所以我对我们公司非常有信心！

点评：单层陈述即便听着好听，也摆脱不了最可怕的弱点——过分大众化，极易与别人“撞车”。

八宝粥陈述示范：

（认可）我认可这句话，一直相信电子商务的前景。

（辩证）但是，必须辩证来看，一方面，去年上千家团购网站倒闭，对它们就是冬天；另一方面，我们熟悉的几大电商业务量激增，真的就是春天快来了。

（看问题透彻）我觉得说到底还是谁的“用户体验”做得好，谁就能生存壮大。

（了解公司）我觉得我们公司的客户体验做得非常棒，已经在客户心中形成了“快时尚、订货易、发货快、退货简”的形象。

点评：认可行业，辩证思维，看问题透彻，了解公司。

4. UPS物流：这份工作是很琐碎的，每天做的都是细节性的工作，缺乏挑战和创新，久而久之你会觉得很无聊。你怎么看这个问题？

单层陈述举例：我不会觉得无聊，因为我会在细节中寻找乐趣。在上学的时候，很多同学害怕学会计，而我觉得，和数字打交道也挺有趣的。

点评：虽然以事实说明自己喜欢和细节打交道，但这个回答的说服力不够强。

八宝粥陈述示范：

（诚实）我觉得，工作本身必然是琐碎的，可能有些人受了《杜拉拉升职记》的影响，觉得工作很刺激。

（了解公司）但是，我并不觉得琐碎细节的工作中就缺乏挑战和创新，比如，如何让巧克力恒温快递、如何为电子产品做防磨损运输，这些都是细节，但都充满创新精神。

（结合自我性格）我是一个能够在细节中寻找挑战的人，即使是复印资料，我也希望能找到方法，这次比上次印得快一些好一些。

点评：这碗“八宝粥”的料，你品出来没？

5. 中国移动：在你以前的工作与生活中，你有没有遇到过特别自私的人，他/她只关心自己的利益？你如何应对这种人？

单层陈述举例：我遇到过这样的人。一般来说，我不会和他计较的，只要不太过分就行了。但是，如果他的自私已经严重影响了我的个人利益，或者公司的利益，我会制止他的。

点评：严格来说，这个回答并非是单层陈述，而是有两个层次，但是它和单层陈述具有同样的致命弱点——大众化。

八宝粥陈述示范：

（真实）特别自私的人？嗯，我想想，应该遇到过，不过很少见。其实，特别自私的人自然会被整个集体所孤立，我不觉得需要特别对付他们。

（宽容）不过，我总是觉得，人只有在特殊的成长经历下才会变得特别自私。我认识的两个很自私的人，一个幼年丧父，另一个家里特别穷。所以，对他们要多一点宽容。

（以工作结果为导向）当然了，在生活当中可以宽容，但在工作中不能一味宽容，因为这可能会影响到整个集体的协作，影响工作效率。所以，在工作中要坚持“公事公办”。

点评：入情入理！我们似乎已经看到了一个宽容但是并不缺乏勇气的小伙子……

6. 腾讯：在工作中，如果你遇到这样的同事，他们整天意志消沉、无所事事，甚至在背后说他人的坏话，你会怎么办？

单层陈述举例：嗯，我不会和他们同流合污的。我想，首先我要做好自己的本职工作，尽职尽责。然后，我会规劝那些和我关系比较好的同事，不要无所事事，尽量鼓励他们振作起来。如果他们实在不听我的规劝，我可能会向经理反映。

点评：99%的候选人根本不知道，这个开放性问题中的“同事”其实很可能就是“你”，至少是“你身上的一部分影子”！几乎所有候选人都会把自己描述成天使，而现实是什么？我们每个人不都是天使和魔鬼的混合体吗？所以，当面试官假设出一个负面的形象来，首先展示一下你“常常自省”的特质，这是否是某些时刻的“我自己”？这个道理如此重要，希望你能品出。

八宝粥陈述示范：

（实话实说）说实话，我觉得您所描述的“同事”其实就有我自己的影子。意志消沉，说别人坏话，每个人都有这样的时刻吧？我想，既然大家都会有这样的消沉期，我们就要互相给予宽容和谅解，要给别人一段时间从低谷中走出来。

（表扬企业）长期萎靡不振的同事应该是很少的，我想，尤其在我们腾讯，应该很少，否则就太令我们这些QQ迷失望啦。

（辩证、积极）不过，话说回来，我觉得意志消沉和说别人坏话也未必都是坏事。偶尔的消沉也是一种放松，有张有弛嘛，说坏话也恰恰是一种舆论监督。

点评：这是一个非常精彩的回答，简洁扼要，却入情入理。

第九节 行为事件访谈型面试法宝：What-S.T.A.R.-Key Words陈述法

在课堂上，每当我们讲起这个学术味道颇浓厚的名词“行为事件访谈型面试”，台下的人们都会立刻皱一皱眉头，暗自心惊道，老师又搞什么鬼？于是，课堂上总是会上演以下几个回合的“师生问答录”。

第一回合问答录

学生问曰：“行为事件访谈型面试”，这是什么东东？

老师答曰：“行为事件访谈型面试”这个名称源自英文，叫作B.E.I.（Behavioral Event Interview）。其实很简单，就是面试官让你详细讲述自己做过的4—8个重要事件，并且提供具体的细节。比如一个很常见的问题是，请你谈谈在最近1—2年中，你负责过的最成功或最满意的3个事例。

学生暗自曰：不就是描述一件事吗？故弄玄虚。虽然是描述“一件大事”，不也是小菜一碟？我们大可以使用5W（时间、地点、人物、事件、结果）的顺序轻松阐述！

第二回合问答录

学生问曰：面试官为什么要采取这种“行为事件访谈型面试”？

老师答曰：有两个原因。第一，控制面试的场面。如果只是针对求职材料进行提问，而没有一些固定的套路，面试官可能无的放矢，应聘者可能泛泛而谈。等面试结束时，面试官才发现自己想了解的、该了解的信息竟然没有了解完全，只能“跟着感觉走”作出判断。第二，利于比较。如果申请人都回答了一套共同的问题，那么面试官很容易对比各自的成就大小。

第三回合问答录

学生问曰：哪些公司愿意使用这种“行为事件访谈型面试”？是否有很多面试官使用这种方法？

老师答曰：几乎所有公司都会使用到这种面试方法，有的公司部分使用，有的公司甚至会全套使用，最典型的当属宝洁公司的“八大题”了。目前，越来越多的面试官喜欢使用“行为事件访谈”的方法进行面试，有的面试官从头到尾都在访谈，有的是面试中间穿插几个这样类型的问题。

第四回合问答录

学生问曰：怎样应对“行为事件访谈型面试”？

老师答曰：这个问题提得很好，老师推荐你们使用“What-S.T.A.R.-Key Words陈述法”！我们现在权且简称为S.T.A.R.描述法。

学生再问：既然是描述一件事情，为什么不使用5W（时间、地点、人物、事件、结果）的顺序进行阐述呢？这种方法我们很熟悉啊！

老师再答：这个问题提得更好！5W的方法纯粹是“叙述”，是按照事件发生的顺序进行流水账似的描述，需要面试官自己边听边进行分析和总结。而“What-S.T.A.R.-Key Words陈述法”是“夹叙夹议”，是你把事件分析总结给面试官听。相比之下，孰优孰劣？

学生配合曰：嗯，明白了！请您举例进行示范吧！

老师欣然曰：以理服人，以例为证。

面试原题回放：请描述一下你上一份工作中的最大成就。

按照“What-S.T.A.R.-Key Words陈述法”，我们的回答步骤如下：

第一，What，你首先用一句话扼要地回答面试官的问题。比如，“我去年是销售冠军，我的销售业绩过百万”。

第二，S.T.A.R.，分别是Situation（背景）、Task（任务）、Action（行动）和Result（结果）的首字母，你要按照这四个顺序详细地把整个事件描述清楚。比如，在Situation部分，你需要告诉面试官，“我所在公司的产品在市场需求方面是供大于求的，所以做销售很艰难。不过，在销售渠道方面，我们公司比较有优势”。通过这些对Situation的描述，你能够有效地让面试官了解你取得优秀业绩的前提，获知你所取得的业绩有多少是与你个人有关、有多少是和市场状况以及你公司的实力有关。在这个过程中，你既可以展示出自己出类拔萃的地方，也可以客观地把功劳归于行业的大发展或者公司的好政策，从而显得更加客观真实、不贪功。

第三，Key Words，也就是提问当中的关键词，你要在描述中扣住Key Words，因为Key Words反映了面试官的考察意图。比如，这个提问当中的关键词是“最大成就”，你要主动地告诉面试官为什么这是自己最大的成就。是因为横向对比优于同事，还是纵向对比优于自己以往的表现。更为重要的是，如果一个提问中有好几个关键词，比方说这个题目，“举一个例子描述你所做过的一件事情，是你发起的，然后组织大家共同完成，并且最后取得了很好的效果”。在这个题目中，关键词包括“你发起的”和“组织大家共同完成的”，那么你要在回答的时候把这两个关键词进行一段独立的描述，包括你为什么发起该活动，如何发起，然后又如何组织大家共同完成。

一、中文行为面试访谈问题举例

1. 你印象最深刻的一件事是什么？（或者，我们来谈谈，在过去两年中，你印象最深刻的几件事情吧。）

回答一：（What）我印象最深刻的事情是我在两年以前获得升职。（Situation）当时有几个候选人都可以升为副经理，大家在学历、工作年限、业绩方面各有所长。我当时觉得自己的优势要相对明显一些，因为我的业绩是几个候选人当中最突出的。但是您也知道，在国有银行，论资排辈和托关系走后门的情况也是常事，所以我周围的朋友和家人都劝我也托托关系送送礼。（Task）我最终决定不走后门，凭实力获得升职。（Actions）当然，我并没有完全顺其自然，我还是采取了一些行动。我把事情分成了三个部分，分别是我自己、我老板和竞争对手。从我自己这方面，我更加注意自己的态度与表现，更加努力；从我老板那方面，我通过E-mail和平时聊天，表达出我的想法，让他知道，我认为对老板最大的支持就是协助他提升业绩，而吃喝送礼只可能授人以柄，反而连累了他；而在竞争对手方面，我在适合的场合暗示他们，我相信公平竞争，踏踏实实做事，胜过蝇营狗苟做人等。我想，制造一个公平的氛围对我会更有利。（Result）我最终顺利当选了副经理，在后面的两年里，我的确以工作业绩回报了我的老板。我升职以后主管大客户营销，在两年之内业绩提升了45%，是整个部门当中增长最快速的。（Key Words）这次升职使我印象很深刻，主要是其中经历了内心的斗争，很矛盾。从这以后，我更加相信公平竞争了。如果以后再和别人一起竞争升职机会，我想我会彻底地选择“无为”，连内心的斗争也不必有了。

点评：如果你是一个有工作经验的人，那么你印象最深刻的一件事情应该是自己工作中的一个经历，而不是遥远的大学时代发生的事情。而这个工作中的经历，我们也希望它能体现出你工作能力比较强，并且善于深刻思索。

回答二：（What）我印象最深刻的一件事情应该是我在大学里两次竞聘班干部的事情，大一竞选班长惨败，大二竞选生活委员大胜。（Situation）刚上大学的时候，积极的同学都竞选班干部，竞争挺激烈的。（Task）我当时给自己定的目标就是班长，因为我觉得既然竞争，就要竞争最好的。（Actions）竞选中，我在全班72票中只得了15票。（点评：第一个行动是竞选。）失败后，我首先分析了自己失败的原因，发现是同学们觉得我并不适合做班长。他们希望班长有种霸气，而我太亲切了，不像领导。（点评：第二个行动是反思并得出结论。）我想明白自己失败的原因之后，决定大二改选的时候竞选生活委员。（点评：第三个行动是调整策略后再次参与竞争。）（Result）结果很完美，我几乎拿到了全票。（Key Words）这两次应聘的经历之所以给我留下最深刻的印象，是因为它使我明白了一个道理：要想获得别人的认可，首先要做自己最适合的事情。这种想法一直影响着我，包括指导我找工作。我有很多同学在找工作的时候都投市场部或销售部，因为似乎这两个部门头顶的光环最亮。不过，我还是集中精力投行政、人力资源和客服的职位，我觉得这些工作更适合我。

点评：从印象最深刻的一件事情，谈到自己的职业选择，很高明！

2. 你最成功的一件事是什么？（或者，我们来谈谈你过去两年中取得的成就，先说两个比较大的成就吧。）

回答一：（What）我最成功的一件事，应该是我两年以来员工业绩评估都是优秀。（Situation）只有10%的员工能被评为优秀。我们公司的评估是全方位考评，分为自我评估、同事评、上级评、人事评4个分数，各自占有的权重不同。（Actions）我之所以评估为优秀，并不是因为我有什么特别大的成就，而是在每一天的工作中都尽力做到最好。比方说，提前15分钟上班，开无聊的会议也不会迟到，完不成工作一定会主动加班，老板提醒的工作赶紧做，老板没有提醒的也要自己提前想到等。（Result）就这样，我每次考评都很好，我觉得这是特别公平的考评体系。如果不是这个考评体系在支撑着我，可能我去年就辞职了，毕竟一个月才1600元，实在是比较低的。

点评：令人喜欢的一个基层人才，令人忧虑的一份工资，强烈支持他换工作！此外，这个回答当中没有Task，也没有Key Words，很多时候确实可以省略掉这两项。

回答二：（What）上大学之前，我觉得自己最大的成功就是能够从广西教育水平最差的农村中学，考到全省的最高学府广西大学。（Situation）我知道，在大城市，大家也许并不认为读广西大学有多么了不起，但对于当年的我，这确实是很难得的一个成就，因为我家是在广西与越南交界的一个村寨，当地几年也出不了一个大学生。（What）上大学之后，我觉得自己最为自豪的事情是非常独立，我在大学四年所用的生活费全部都是自己做家教挣来的。而且，做大量家教并没有影响到我的学习，我的平均学分是全年级第10名。（Situation）一边做好多份家教一边学习挺难的，时间好像总不够用。（Task）不过我自从做了家教以后就决心做下去，因为一方面可以挣钱，另一方面可以和学生家长接触，让自己更加了解社会。（Actions）为了不影响学习，我首先辞了两家比较远的，不过其中一个小孩决定由他爸爸送到我们学校来学习。然后，我调整了自己的学习方法。以前我会逃掉一部分实在没意思的课，靠抄笔记和自习来应付考试。由于做这么多家教，我必须当堂掌握所学的东西。基本上，我每次上课都坐第一排，遇到不懂的地方向来当场就问，老师都怕了我了。（Results）结果就是这样，做家教和学习我基本都没有耽误。（Key Words）我觉得，自己并没有取得什么特别光辉的成就，但是我在合适的阶段做了最合适的事情，这就是我自己认为最成功的事情。

点评：这个回答很真实、很感人。面试官有理由相信，这个申请人是一个脚踏实地而且做事讲求方式方法的人。

3. 你最失败的一件事是什么？（或者，我们来谈谈你过去两年中失败的经历，或者说是遇到的很大的困难和挫折。你给我举一两个例子吧。）

回答一：我觉得我最大的失败是高考没有发挥好，结果考到了这所学校，而且不得不服从分配，学的是自己不喜欢的建筑学。

点评：这个回答当中包含了两个负面信息，第一是申请人看不起自己的母校；第二是他不喜欢自己的专业。面试犹如一个磁场，你所提供的负面信息越多，面试官对你的印象就越负面。

回答二：（What）去年，我应聘高露洁暑期实习生失败了，而且是在小组讨论中就被淘汰出局了。（Key Word）这对于我来说绝对是一个很大的失败，因为我向来是以能言善辩在班级里著称的。（Situation）当时我们讨论的话题是早餐包销售，每个人代表一个城市，手里的资料是自己所在城市的早餐包销售中出现的问题。整个小组讨论很不顺利，因为我们组的组长特别强势，他基本上主导了整个讨论，而且老实说，他确实走错了方向。他一直带领大家用SWOT的方法进行分析，但实际上，我们领取到的材料已经就是SWOT当中的T（即Threaten），早餐包在各个城市的销售已经遇到威胁了，我们需要讨论的是具体的应对措施，而不是再重新分析一遍SWOT。（Task）我特别想扭转整个局面，把整个讨论带到具体行动上来。（Actions）我先是提醒组长他思路不对，但他坚持自己是对的。然后，我又争取其他组员的支持，但是大家刚才已经跟着组长分析了半天，都不愿意或者不敢中途转换思路。（Result）结果很惨，我们组除了组长过关，其他人全被“枪毙”了。我想，组长被选中，应该是由于他表现出来的积极和踊跃。而相比之下，我却没有坚持自己的观点。（Key Words）我之所以觉得这件事情是我最大的失败，并不是因为结果的失败，而是因为自己心态上的一种失败。我在心态上，没有完全投入到解决问题的实战中，而是过分注重个人留给面试官的印象，总是提醒自己不能太aggressive。据说面试官最讨厌太aggressive的“出头鸟”了。这样的心态导致我不能强势地坚持自己的观点，最终失败。由这个失败，我明白了一个道理，无论做什么事情都要有“公心”，也就是要想方设法为集体解决问题，为了集体的利益，即使失去了个人的风度也在所不惜。如果“私心”太重，反而会影响自己的表现。（后面的这段总结似乎偏长，但在实际面试中，也只需要一分钟就可以阐述完毕，而且很可能是在面试官引导之下逐步完成的。）

点评：这个回答的精彩之处在于申请人的自我升华，他从一个普通的失败之中，领悟出一个做事的准则——有公心，无私心，自然会解决事情并赢得别人的尊重。这是职场人士所欣赏的黄金素质。

回答三：（What）最失败的一件事情，是我前年的一个策划案惨败。（Situation）我们刚完成创意的时候大家都很满意，因为从概念到实施难度似乎都很好。（Actions）我们凭着这个策划案也顺利拿下了一个保健品公司的单子。（Result）结果我们的实施还没启动的时候，正好赶上张悟本事件，所有的前期投资全砸进去了。（Key Words）这是我迄今为止最大的失败，有同事说我们只是倒霉，不过我觉得必须承认是自己的错误。我们本来的创意和张悟本的风格类似，缺乏科学依据，有忽悠之嫌。以后我再写策划的时候，一定会深刻讨论“科学性”，因为我们的项目基本都是保健品项目，所以这一点格外重要。

点评：不推卸责任，值得赞赏。

二、英文行为面试访谈问题举例

英文的行为面试访谈问题，每个题目都往往包含着一个主要的考察意图。比如说，有的题目考察创新能力，有的题目考察团队精神，而有的则考察领导能力。这些考察意图会非常明显地在题目本身的Key Words当中表现出来。所以，在回答这种问题时，你的描述应该侧重于“What-S.T.A.R.-Key Words描述法”中的Key Words。

以下这些题目我们取自宝洁八大题，但它们实际上具有非常普遍的代表性，基本包含了外企公司所要考核的全部内容。如果你感兴趣的是一家比较著名的外企公司，或者是一家相当不错的国内公司，请务必仔细准备下面这八大题目。

1. Describe an instance where you set your sights on a high/demanding goal and saw it through completion.（描述一个例子，证明你给自己确立了一个很高的目标，然后完成了这个目标。）

问题分析：考察目的是制定高目标的勇气＋完成高目标的执行力。关键词：demanding goal+saw it through。所以，你要着重描述这个任务为什么这么demanding，有些什么具体的困难，你是怎样一步一步去克服的。

回答：

（What）Designed a show to celebrate the Anniversary of Tianjin University，and won the 3rd Prize in 18 teams.

（Situation & Key Words： demanding）On the anniversary night，there was a huge celebration party，when songs，dances and dramas are played. Each school should design five shows，and our class volunteers to design a show. It was a demanding a goal as it was very close to the end of the term when most students are busy preparing for final exams.

（Task）As a sophomore student I was in charge of my class’ performance，which was a drama. I had to deal with the pressure from study，my classmates’ disinterest to act，and my role as the King in the drama.

（Actions，即Key Words：how I saw it through）

First，as there were only 20 students in my class，I distributed at least one task to each student，either had a role，or made tools or costume.

Second，since at the end of the term each member was busy with study，the rehearsal schedule should be reasonable and periodic. All team members cooperated well because of the low frequency and short time of each rehearsal.

Third，music and scene were added into rehearsal in order to get close to the circumstances of the party.

In addition，I emphasized the value of time and ordered every actor to respect other partners.

（Result）Finally，our performance was very successful. Not only did I act the “King” wonderfully，but also got good marks in final exam.

2. Summarize a situation where you took the initiative to get others on an important task or issue，and played a leading role to achieve the results you wanted.（描述一个例子，你团结了一群人共同努力，并为取得成功起到了带头作用。）

问题分析：考察的是领导才能。关键词是took the initiative，get others on，leading role。所以，你要重点描述自己吸引他人参与、团结鼓励他人、借助他人力量、带领他人等过程。

回答：

（What）I organized a group to sing English anthems on Christmas Eve，visited all dormitories in university and sent Christmas gifts on behalf of our English Association.

（Task）To broaden the students’ horizons about Western culture.

（Key words：took the initiative & leading role）

Suggested the idea to the Chairman of our English Association and got his approval.

Asked each member of our association to offer at least three suggestions on each questions below：

What songs to play?

Who could attend the choir?

Which spots we performed on?

Combined the other team members’ suggestions with my idea and drew the decision on the questions above.

Organized the rehearsals, reminded the singers of the rehearsal time and place each time with short messages, as our singers were indeed busy and they could forget.

Made each rehearsal as lively as possible to make them feel the atmosphere of Christmas, thus to motivate the singers to sing with emotions.

（Result）Many students said that they were happily surprised by our activity and they hoped we would hold such activities next Christmas. And some said they would love to join our association if we taught the beautiful anthems.

3. Describe a situation where you seek out relevant information, define key issues, and decide on which steps to take to get the desired results.（描述一个例子，你找到相关信息，确定重点事项，然后决定采取哪些步骤来获得满意的结果。）

问题分析：考察你的分析—判断—决策能力。关键词是seek out relevant information, define key issues, decide on the steps。面试官希望了解你分析处理一件事情的全过程，这和考察你如何争取别人协助的题目是完全不同的。所以，要重点描述你做整个事情的经过，而不是和什么人一起做。

回答：

（What）I organized the first activity after the establishment of the Management School English Association.

（Situation）As the association is newly found, not many students show interest in our activities, and we lack of efficient ways of helping the existent members to improve their English.

（Task）We decided to make some improvements in our association, in order to help more than two hundred freshmen and the sophomores with their English while publicizing our group.

（Actions：利用原文的Key Words）

Seek out relevant information:

What kind of entertainment was popular among students and also offered chances for them to learn English most effectively?

Which foreign teacher was suitable for this position?

When was our member free?

Which place was convenient for most attendances?

Other related factors, such as the availability of facilities and the layout of the spots.

Key issue: What are the weak points of the students' English abilities? Vocabulary? Listening? Speaking? Grammar? Writing?

Decide on the steps to take:

Do a questionnaire survey to find out the weak points of the students' English abilities.

Work out some activities with the foreign teachers aiming to improve the weak points.

Do another questionnaire survey to find out the popularity of our activities and choose the top 3 to launch.

Launch the top 3 activities.

(Result) Top 3 activities, Fun Vocabulary Recitation, Friends Mock Show, Devil English Corner, proved highly successful and we got double students in our later activities.

4. Describe an instance where you made effective use of facts to secure the agreement of others.(描述一个例子，证明你用事实去说服别人。)

点评：考察的是以事实说服他人的能力。关键词是facts, secure agreements。所以，你的描述应该直截了当，先把大家的不同意见列出来，以及人家为什么不同意，然后逐条以事实进行说服。

回答：

(What) I advanced a plan to found an English Garden in collaboration with the English association in neighboring university.

(Situation) When I was the member of the English association in our university, I realized that the activities we organized lacked uniqueness and couldn't effectively help the students improve their English. And our neighboring university is just five-minute-walk from us.

(Task) I proposed the idea to the President that we can found an English Garden in cooperation with the English association in neighboring university.

(Actions)

(Key Words: disagreement) The disagreement I met included:

The authority of our school may dissent.

The cost was expensive, and we had no enough human resource to carry on this project.

There were too many English corners. Another one was unnecessary.

(Key Words: facts) The facts I made use of:

Our dean approved this proposal.

Our partner was willing to provide financial assistantship. And our members volunteered to design the details of the plan and implement it.

The poll showed that the current English corners did not meet the students' requirement and lacked uniqueness.

（Result）Others were convinced and we founded the English Garden successfully. It's run once a week now，each attracts over a hundred students.

5. Give an example of how you worked effectively with people to accomplish an important result.（描述一个例子，证明你有效地与人合作，共同完成了一件重要的事情。）

点评：考察团队合作能力。关键词是worked effectively with people。所以，你的描述应该很清晰，我做什么+我和别人做什么。

回答：

（What）Our team won the 2nd Prize in the Military Songs Competition held in our university.

（Situation）Totally 20 teams joined the competition，each team represented a class.

（Task）I was in charge of the project. We decided to make our team's performance unique in order to win a prize.

（Actions & Key Words：worked effectively with people）

Design：I cooperated with my colleagues to figure out the climax of the performance，the musical accompaniment of the songs and the whole arrangement of the narrative poem. As three members in our team were good at guitar，I encouraged them to come up with some ideas about how to use guitar in the military songs.

Rehearsal：I worked together with those who were in charge of the lights，sounds and scenes to create the perfect artistic effect.

On stage：I reminded my fellows with gestures and eye expressions. Also，I helped a singer to cope with an emergency coherently.

（Result）Our military team won the second prize in this competition.

6. Describe a creative/innovative idea that you produced which led to a significant contribution to the success of an activity or project.（描述一个例子，你提供了一个创新的想法，使得某个活动或者项目取得了成功。）

问题分析：考察创新能力。关键词是creative idea，significant contribution。所以，你的描述要包括你的创新意识，创新的根据，有了创新的想法之后如何去实现它，以及这个创新的想法起到了多么重要的作用。

回答：

（What）I suggested that we set the topic to be Sell Yourself for the annual speech contest in our school.

（Situation）Each year our school holds a speech contest，the topic is randomly chosen by the teachers，for example，how to protect the environment，the importance of honesty and so on. Students are not very excited about these topics.

（Task）I am quite interested in joining the speech contests，but I'd like it to be different，more exciting and more useful. So I decided to offer some suggestions to our school.

（Actions）

I proposed three topics，Sell Yourself，Where I'm in 3 Years，Be Competitive. All focus on the future job hunting and career development，which I believe are attractive to most students.

I did some survey among other students and got the information that Sell Yourself seems better，for it gives us a chance not only to say something，but possibly to sing and dance while speaking.

（Result）My proposal was used in the speech contest，which was highly welcome by the students. Over 500 students came to watch the speech contest，double the number of audience before. And the participants said the topic gave them a good opportunity to show off themselves，and be more confident.

7. Provide an example of how you assessed a situation and achieved good results by focusing on the most important priorities.（描述一个例子，说明你如何评估形势，并且集中精力放在最重要的事情上，然后取得了比较好的结果。）

问题分析：

这个问题的关键词是assessed a situation，focus on the priorities，考察的是你分析事情的能力，找到问题关键点的能力。所以，你的描述应该是着重于自己的分析过程。

回答：

（What）I once solved the problem of lack of inventory in our store in an hour.

（Situation）Four stores do the promotion at the same time and our store is one of them，but the largest one. The sales assistant on the previous day forgot to report that the inventory wasn't enough and I just realized it when I came in the morning.

（Key Words： my assessment of the situation）The four promoting stores were not very far from each other，and the time they opened was not the same. It was possible to fetch some stock from another store and made up for it later.

（Key Words： the priorities） To satisfy the stocking demand of the store，which had the largest number of customers.

（Actions）I reported to the manager and offered my suggestion. He accepted it.

（Result）Everything went all right. The inventory in our store was plenty，and the stock of the other store was made up later before lunchtime.

8.Provide an example of how you acquired technical skills and converted them to practical application.（描述一个例子，说明你如何获得了技能，并且把这些技能转化成实际应用。）

问题分析：这个问题的关键词是worked effectively with people，考察的意图是你如何与别人一起工作。所以，你的描述应该很清晰：我做什么+我和别人做什么。

回答：

（What）I learnt how to arrange the questionnaire forms in a scientific way and used it in the survey of a new beer.

（Situation）In the investigation of customers' opinions about the taste of a new kind of beer，I found that the questionnaire form was out of date and limited the freedom of the responses' choices.

（Actions）

I consulted my boss and a good friend who works in a professional marketing research company and learnt a new way of arranging questionnaire forms.

I designed two new forms，and my boss chose one of them.

（The result）With the help of the converted form，our company obtained more objective and effective information.

第十节　如何应对“角色扮演”

角色扮演，即Role Play，是很多企业青睐的面试方法。角色扮演，其实就是对实际工作内容进行模拟，要求应聘者直接演示出工作的过程。它的优点是真实直观，能使面试官感性地了解应聘者对行业是否熟悉，从事该职位是否合适。

“角色扮演”大致可以分成两种类型：

第一，互动式的。在整个角色扮演的过程中，面试官和应聘者各自扮演一个角色，着重考察应聘者的交流能力和人际交往能力，我们权且将这种类型称为“互动交流型”角色扮演。

第二，独角戏。由应聘者独立完成，往往是用来考察应聘者和交流能力无关的其他职业技能，比如电脑操作能力，我们权且称为“单独技能型”角色扮演。

一、角色扮演问题举例

“互动交流型”的问题举例如下。

1. 销售类职位

我是家乐福的采购部主任，请你把这种节日礼盒麦片推销给我。

请你给我打一个预约电话，假设你希望于下周某个时间拜访我。

把你面前的这支笔（也可能是桌子上的矿泉水，或者是笔记本）推销给我。

2. 技术销售类代表

请你在5分钟之内在纸上画一条狗，并推销给我。

请你给我打一个拜访电话，回访一下我刚买的电脑的使用情况。

3. 客户服务类职位

请你现在接听我的电话，我要咨询一项业务。

请你现在打电话通知我，我要的货会延期三天才能到货，原因是台风。

4. 人力资源类职位

现在你来做面试官，你觉得我下面要问你什么问题？

我是一名普通员工，当我和一个人议论工资的时候被你发现了，你会怎么办？

"单独技能型"角色扮演问题举例如下。

1. 市场推广类职位

请你给这瓶矿泉水做个广告策划。

如果你来推销桌子上的这个文件夹，你会设计什么样的广告词？

现在，你想约一个媒体记者来参加我们公司搞的一个市场活动，你会怎样吸引他前来？

2. 助理与秘书类职位

请你上机把这份文档做出来。

请你现在制作出这份Excel表格，并告诉我你用的是哪些函数。

3. 英文教师类职位

现在请你讲解一下这个句子。

你会唱英文歌曲吗？能唱几句吗？

4. 记者编辑类职位

马上就要到岁末了，如果现在我们派你去采访金融界的专家，你会采访谁？

5. 网络管理类职位

请你在30分钟之内把这台电脑的网络问题找出来，并让它恢复正常。

二、如何应付"角色扮演"问题

从以上题目中可以看出，应付"单独技能型"角色扮演问题，没有任何临场的技巧可言，全部要依赖应聘者多年积累的真才实学。

而应对“互动型角色扮演”，我根据几年来的教学经验和学员的反馈，总结出五大原则。

一慢。指的是语速要放慢，尽量争取慢条斯理地讲话，这样可以给你足够的时间边说边思考。

二看。指的是要关注面试官，要观察他的每一个表情，对他说的每一句话作出反应。这一点在销售类职位的角色扮演中尤其要注意，很多应聘者为了推销产品，大段地描述产品的优点，却根本没有对面试官的皱眉、沉默、挖苦等表情作出及时的反应。如果对方皱眉头，你一定要停下来，温柔地问一句：“你似乎有什么不满意或者不理解的地方，能说给我听听吗？”

三赞美。指的是要在恰当的时候赞美面试官所扮演的角色，认同他所说的话，而不能当场反驳。一见面，你就可以赞美他的气色很好；他反驳你的时候，你可以赞美他思考问题很周到，他的反对意见有一定的道理；他拒绝购买你的产品时，你可以首先肯定他是一个精明的消费者，购买之前三思是非常必要的。不要贸然反驳对方，否则会激起他的挑战心理，使角色扮演陷入僵局。赞美，是“软化”别人的最好办法。男同胞们想一想，你是否应该这样“对付”你的女朋友？

四坚持。指的是无论对方是什么样的反应，是讽刺还是根本不理你，你一定要坚持，坚持镇定自若，坚持顽强的销售或者甜美的服务。在做销售的本色扮演时，一定不要怕挫折，面试官扮演的买方会挖苦你、讽刺你，会毫无理由地拒绝你的推销，请千万不能表现出沮丧或狂乱的样子，因为谁看上去灰心丧气谁就出局了。要百分之二百的热情洋溢！几乎没有任何一个应聘者能够成功地把产品销售出去，面试官考察的不是结果，而是整个过程中你所展示出来的特点：机智灵活、坚持不懈、幽默风趣等。

五互动。互动，指的是你的沟通要和所应聘企业的产品、公司文化等相结合，产生足够的互动，而不是唱独角戏。尤其在推销产品的时候，要结合对方的卖场、销售季节、促销政策等因素，不要单方向强行销售，而是要结合对方的实际情况进行推销。

下面，我们来举例说明。

思科中国：请你用10分钟的时间折一座纸塔，然后把它推销给我。

角色扮演示范

应聘者：你好，Michael！气色不错啊，看着有点节日的喜庆感觉！

面试官：谢谢。到会议室来吧，喝茶还是咖啡？

应聘者：不用麻烦了，我带着水来的。刚才你电话说你很忙，那咱们就尽快开始吧。

面试官：嗯，一会儿还真要开会，咱们尽快。

应聘者：没问题，知道你总是很忙，来之前我准备的资料很详细。我和我们老总都觉得这一款应该适合思科公司广泛派发，你说过价格不能太高，又要有品位。

面试官：这是什么啊？怪怪的。

应聘者：哦，这是模拟大雁塔的一个纪念品，是现在最流行的纸制品。

面试官：纸做的？那恐怕不行，很容易弄坏的啊。

应聘者：你的担心有道理，我们的设计师也考虑到了这个问题。你看这个细节，在运输携带的时候，把它沿着虚线折叠，然后再一拉开，就成了！

面试官：哦，可是纸制品，我还是觉得怪怪的。

应聘者：我开始也觉得有点怪，不过，最先锋的东西总是有点怪啊。根据我们的调研，环保纸制品和大公司的形象最吻合，思科是行业领先的企业，选择环保产品能体现出我们是一家有社会责任感的公司。Michael，你品位高，肯定能理解这一点啦！

面试官：我可没有什么品位，我挺现实的，礼品总得有点实用性，这个纸塔太抽象了。

应聘者：你说得对，现在这个社会就是因为有太多浮夸不讲实用的人，所以才有这么多的浪费。你看，这个大雁塔的纸模其实是有实用性的，它一可以用来支撑名片，二可以做应急用的记事本，就这样，我演示一下。

面试官：这也太牵强了，我们名片夹和记事本都有啊。

应聘者：我们的设计师还有一种方案，不过要先征求你的意见。这一面可以打思科的logo，另外一面可以是送给大家的一句话，也可以是思科的Slogan。比如，“思科祝您登临事业成功的宝塔”等。这个我们可以客户化，让礼品更能代表我们思科公司。你说过，广泛派发小礼品的主要目的还是宣传公司的品牌形象，实用性应该是其次的。

面试官：你们还有别的推荐吗？我觉得这个很奇怪。

应聘者：别的礼品我们当然还有，我把产品样本带来了。不过，你再看一眼这个纸塔，我们设计师模仿了Stack Wise原理（堆叠式原理，是思科的一种交换机技术），每一层塔是单独的，可是堆叠在一起，又可以作为一个独立的塔。这个刚好象征我们的产品技术，起到了提醒消费者的作用。

面试官：你们报价多少钱？

应聘者：这是价格单，单色的单价8元，量大的话自然是老规矩，有折扣。

面试官：啊？也太贵了吧？

应聘者：太便宜的东西也不符合思科的形象啊！开玩笑了。不过，高科技肯定是贵一些，和我们的产品一样。话说回来，如果你需要的客户化工作量不大，我可以跟老板申请特殊折扣。

面试官：好，那就这样吧，你去问问1000只最少多少钱。

应聘者：没问题，不过能否告诉我，你的预算是多少钱呢？

面试官：这个很难说，总之你给我最低报价吧。

应聘者：好，那我先告辞了，应该下午就可以答复你。再见，你忙吧。

面试官：好。

点评：以上是一个很完美的“一慢二看三赞美四坚持五互动”角色扮演过程。在实际推销过程中，你也许不可能用上全部的五大原则，但是只要你使用了其中的两三个原则，你的角色扮演就会相当成功了！

第十一节　如何应对挑刺型问题

有些面试官善于运用压力型面试方法，问一些挑刺型的问题，以淘汰心理素质不佳的或者反应慢的申请人。

在实践中，笔者总结出一个“一退二进三改”三部曲的方法，来应对挑刺型问题。

一退。退一步，承认面试官挑的刺有道理，而不是立刻跳起来反驳。原因很简单，当别人拿着一根长针“刺”你的时候，你是冲上去，还是退下来？

二进。进一步，为自己的“刺”做一个辩护和辩解，争取得到面试官的理解或同情。

三改。改善，承诺以后一定注意改善，以改过自新的态度争取面试官的认同。

下面，我们列举了一些挑刺型面试问题以及“退进改三部曲”示范回答。

1. 金光纸业：你看上去并不聪明，你觉得自己如何胜任销售工作？

回答：

（退）我确实看上去比较老实，尤其是第一印象，我的朋友们也这么说过。

（进）不过，辩证地看，这对销售工作是个优点，客户会更加信任我这种看上去很忠厚的人。

（改）当然了，我以后会在气质上好好修炼，争取做到既老实，又看上去很有素质，彻底符合我们金光的形象。

2. 中华人才网：你是家里最小的？难怪没做过什么大事！

回答：

（退）和您相比，我们80后几乎的确都没有做过什么大事，我想倒不只是因为我是家里最小的孩子。

（进）不过，与同龄人相比，我做过的事还是比较多的，我15岁就住进学校的宿舍，大学4年的学费有一半是我自己挣的，也担任过班长等重要职务。

（改）当然了，我还是希望以后能遇到更多的挑战和磨炼！

3.《南方日报》：你的简历有这么多文字错误，还来应聘做记者？

回答：

（退）哦？文字错误？那真是太惭愧了，我应聘的是记者职位啊。

（进）其实，我特别看重贵公司的机会，所以检查了N次！我的简历还被同学们广泛参考过呢！看来即使是中大这样的名牌学校，教育质量还是有待提高啊。

（改）您能不能稍微指点我一下，具体是哪些错误呢？我确实没有意识到。

4. GE：你的简历经过包装吗？

回答：

（退）的确包装了。不光我的简历，我的人也使劲包装了一下。

（进）不过，只是措辞上面的包装，我想可能把自己美化了30%，事实上，简历上面的内容都是准确的。

（改）您觉得我哪些地方写得不够真实呢？我愿意挤掉水分，百分之百跟您说实话。

5. 民生银行：你在原来工作岗位上好像没有取得过什么特别的成就，是在简历上没有写，还是确实没有呢？

回答：

（退）在国有企业里想要升为科长是很难的，我们现在的科长就熬了10年。从职位上来讲，我的确没有特别突出的成就。

（进）不过，从业绩上来说，我的表现还是很不错的，我们科室连续两年都是优秀科室，我没有罗列在简历上，是因为觉得这是集体成就，不能完全算是我个人的。

（改）看来，我要学习一下如何表达自己了。

6. 杜邦：你换了很多工作，这份工作是你的兴趣，还是你只是想再换一次工作？

回答：

（退）我的确有频繁换工作的不良记录。

（进）有人建议我在简历上删除两个工作记录，不过我还是希望能够诚实。我频繁换工作是因为我毕业后的心态很浮躁，总想找到一个最适合自己的工作。您看，我现在申请的工作和目前我的工作是类似的，这说明我已经稳定了。如果不是这家公司太小，我是不会换工作的。

（改）如果我能进杜邦，我真的会很稳定，毕竟不是刚刚毕业的学生，频繁地换工作绝对是弊大于利。

7. 宝供物流：你应聘的是客户服务代表，可是你有没有觉得自己是个非常严肃的人，很少有笑容？

回答：

（退）哦？真的是很抱歉，我实在太紧张了，因为我很想进宝供，可能一直表现得紧张不安。

（进）不过，我放松下来的时候是很有亲和力的，我的同学有事情都愿意找我帮忙。我可能太依靠行动赢得信赖了，忘记了微笑。

（改）特别感谢您的提醒，我以后一定常照镜子，提醒自己微笑。

8. 某小电子公司：我刚才描述过前台秘书的要求，你真的觉得自己适合吗？

回答：

（退）看来您并不觉得我很适合，我的确在经验上很欠缺，还有，我的个人形象不算漂亮。

（进）不过，我看招聘启事特别强调了前台秘书的文字与计算机能力，而不是强调与客户打交道的能力，而我在文字与计算机方面肯定是非常强的。

（改）经验上面我可以弥补，个人形象方面，我想等挣钱了就好办了，就可以买比较好的衣服啦，必要的话我可以去做个形象设计。

9. 某中型IT公司人才招聘会现场：其实我们并不想要女生啊！

回答：

（退）我能理解。

（进）不过，除非您一个女生都不要，给我一个机会吧，我是特别刻苦的女生！

第十二节　也谈细节决定成败

几年来，我们与很多年轻人共同经历了形形色色的求职过程，也了解了一些很特殊的成与败。之所以说特殊，是因为往往一些极微小的细节起了决定性的作用。现在，我们把这些小小的细节分享给你，希望你可以借鉴其中的经验和教训。

一、导致成功的细节

1. 5个饮料瓶

Jane的专业是政治学，毕业后曾经在一家小的饮料厂做过一年市场部助理，她申请的是“品牌助理”一职。

Jane的简历上设计了一个很好玩的细节，她设计了一头北极熊畅饮该公司品牌饮料的小插图，所以HR一下子注意到她的简历，当然也就约来面试了。

Jane果然出手不凡，她刚一落座就征求HR的意见，把5个饮料瓶子摆在了桌子上，她说她希望能用事实说明自己是适合这份工作的最佳人选。Jane的面试持续了两个小时，因为她很快就赢得了HR的好感，而且HR破例把需要助理的那个品牌经理抓过来一同面试她。Jane真正是一个热爱市场工作的人，她做了“购买冲动调查”，询问了她从老到少的亲戚朋友在超市买饮料时的购买冲动是来自什么，是广告还是对产品名称和包装的第一印象？她还根据调查结果设计了几个包装，而且贴在空白的饮料瓶上给我们做实物示范。

无论Jane的设计是否显得幼稚，是否存在缺陷，她都毋庸置疑地赢得了招聘企业的信任。热爱工作的人，就是企业最需要的人。

2. 有人鞋跟断了

在一次10人的集体面试中，刚刚做完自我介绍的陈小姐可能由于紧张，在下台的时候突然滑了一下，更糟糕的是她的鞋跟折断了，骨碌骨碌滚出去好远。陈小姐十分尴尬，一瘸一拐地回到了她的座位。

Patrick是在陈小姐之后做自我介绍的候选人，他走到讲台，微笑地看着大家，说出了令所有人难忘的一段话："看来今天的竞争真是激烈，连高跟鞋的鞋跟都感受到了这种压力。可能很多人会觉得，在面试现场竟然断了鞋跟，简直是运气糟透了。不过我想，我们中国有一句古话，叫作'否极泰来'，当运气真的糟透了的时候，好运气就近在咫尺了，看来陈小姐很快就要有好运气了！我的名字是……"

当天负责面试的几个评委不约而同地给了Patrick满分，一个懂得安慰别人、关心别人感受的人，怎能不赢得别人的喜爱？而且，他在瞬间把一个尴尬的意外扭转成了一个好运的象征，说明他是一个非常机智、情商很高的人！

3. 恭维要恰到好处

Susan原来在一家体育用品公司工作，她在面试的时候这样描述自己原来的工作性质："我一部分工作职责是帮助零售商分析某个店铺位置是否适合经营我们的体育用品。比方说，刚才我在我们'开口乐'公司附近发现了一个大约60平方米的店铺。我会把这个店铺推荐给我的客户，它的地理位置和面积都比较适合，而且这座写字楼里有'开口乐'这样的大公司，我们的员工是非常朝气蓬勃的，也有比较强的经济实力去消费体育用品。"

Susan巧妙地夸赞了招聘公司的员工，可以说马屁拍得恰到好处，而且暗示，她是一个善于观察事物的人。我们就是在找这样的"有心人"！

给所有的申请人一个小提醒，当你来到所面试的公司楼下时，请环顾四周，看看有没有什么可以作为面试话题的资料。来到了办公室之后，悄悄注意一下办公室的环境和人，面试时大胆地把你今天的感触告诉HR。大家非常欣赏"敏感度"高的人，如果你对周边的环境很敏感，你必然会对别人的感受、对市场的变化等同样敏感！

二、失败的细节

1. 鞠躬

有的申请人一进门来一个90度的大鞠躬，令HR感到很不舒服，在面试的时候表现不自然的申请人心理素质不够好。

2. 问一答十

有一次HR问一个申请人："你平时喜欢做些什么？"他说："我最喜欢看书，看书能明事理；我也喜欢踢球，踢球能锻炼我的意志力。"这样的申请人HR肯定要把他否定掉，人家跟你闲聊的目的就是让你放松，结果你搞得连HR都紧张起来了。面试时一定要保持正常的谈话思维，不能失常。

3. 她一进电梯就失败了（面试官自述）

有一个申请人还没有面试就被我否掉了，只因我在电梯间碰到了她！

那天早上大概将近9点的样子，电梯里人比较多，我站在最里面。就在电梯门快要关上的时候，一个人匆匆忙忙跑过来，按了“上楼”的按键（她就是当天早上来我们公司面试的小梁）。门打开时，站在电梯最右面的一个女孩因为没有看到外面有人，所以按住了“关门”键。小梁马上连续拍打“上楼”键，门当然再次打开了，小梁一进电梯就立刻把愤怒的眼神投向站在电梯口的那个女孩子，然后再给了她一个白眼！

10分钟后，小梁出现在我的办公室，她申请的是“客户服务代表”的职位。尽管她笑靥如花，我的脑海中实在难以抹去她在电梯里那个愤怒冰冷的眼神。我只敷衍了她几个问题，就让她回去等候必然是拒绝的通知。我怎么可能喜欢一个动不动就横眉冷对的人呢？一个连小事都不肯包容的人，怎么可能做好客户服务？

你可能会觉得小梁的运气不好，其实是她的个人修养还不够好。电梯的小小礼节体现了一个人的修养。当电梯门已经快要关上的时候，尽量等候下一部电梯，除非你有急事。如果你一定要再次开门，请你进电梯的时候小声地说一声“抱歉抱歉”。

4. 她失败在洗手间（面试官自述）

做HR久了，我确实有职业病，我喜欢在非面试的场合观察别人，来判断他的素质，因为我知道在正襟危坐进行面试的时候，很多申请者都藏起了庐山真面目。

我们的办公室隔壁就是大厦的女洗手间，来面试的女申请人一般都会先到这个洗手间方便一下，或者整理一下妆容，或者照照镜子稳定一下自己紧张的情绪，所以有好几次我都是首先在洗手间与申请人打了个照面！

小赵是不幸被我在面试之前就否决了的一个候选人。当时我正在洗手间清理茶杯，一个女孩子走进来，用脚碰开一个厕位的门，哗啦一声开始冲水，然后才开始如厕。要知道我们公司是在一个四星级的大厦办公，负责厕所的女工时刻关注着每个厕位的卫生，完全没必要如厕前冲水！如厕后的小赵更加注重卫生，她把龙头水开到最大，洗手梳头左看右看，即使旁边有人在等龙头洗手，她也熟视无睹。最后一个步骤是很多女孩子的习惯动作，她拿了一张手纸包着龙头把它关上了，似乎水龙头上沾满了SARS病菌。

还有一次，有个女孩在抽纸巾擦手的时候，哗啦哗啦抽出了四五张，擦干手上的水，而我和几乎所有人一样，一张纸就足够。自然，她当天的面试失败了。

你可以说我偏激，但是我一定会否决掉如厕前冲水的人、用脚开门的人、用纸包着水龙头的人。她们要么有洁癖，要么完全不在乎浪费公共资源，完全没有社会责任感。这样的申请人一定会浪费公司的资源而毫不心疼。

5. 他太喜欢用手机（面试官自述）

我办公室的门中间是透明的，所以我可以从里面观察到外面等候面试的申请人。小王是某个大学的高才生，从简历上看，我很欣赏他。

小王面试那天我们刚好特别忙，所以不得不让他多等了半个小时。在半个多小时的时间里，我偶尔一抬头，每次都看见小王在打电话，要么拿着手机急匆匆地走开，很明显是有电话找他；要么似乎在发短信。他座位旁边摆着我们公司的宣传册，但他似乎没有看到。

所以，我问小王的第一个面试问题就是：“你很喜欢打电话吗？”

6. 颤抖（面试官自述）

总有申请人紧张得手都在颤抖，面试都紧张的人怎么可能不被拒？我劝那些容易紧张的人，平时多锻炼自己与陌生人打交道的本领。面试的时候，把手放在膝盖上，而不是放在桌面上，这样即使你的手在颤抖，我也看不到啊。

第十三节　你也有这些疑问吗

以下这些问题都来自天涯读者交流帖的留言，我在此公开作答，也许刚好你也有这些疑问。

1. 在面试中，HR能否看出面试者是经过大量准备后的伪装？

如果你准备的答案都是假的，那么，千万别去面试，因为你不可能装一辈子。

面试的准备，只是帮助你把自己合格的方面展示出来，而不是造假啊！

2. 面试是否应该非常真实和真诚？这样会使自己获得一些机会吗？

真实，是面试官的诉求之一，如果你其他方面也合格，那么，真实能帮助你更进一步。

如果其他方面不合格，无论多么真实真诚，都是不可能的。

3. HR面试时的心理活动是什么？

这个人，是否匹配这个职位呢？

4. 如何把被动应答换成主动面试？

为什么非要主动面试？

无论是被动应答，还是主动面试，只要你注重匹配对方的需求，就一定能赢得职位。

5. 面试是否特别看重成绩和证书？

如果你没有其他的亮点，成绩和证书就重要了。

如果你已经有工作经验了，面试就只在乎你的“工作成绩”了。

6. 面试过于真诚会被看成幼稚吗？

过于真诚，不是幼稚是什么？

7. HR看人是完全出于理智评判还是有什么主观的因素？有没有可加分的因素？

HR是人，当然有主观因素。你的外表、穿着、笑容、亲戚介绍等，都可以加分。

8. 怎样能够自然地掩饰自己的缺点？

承认缺点，告诉HR你是如何弥补的。

9. 如果我很不擅长表现，是否意味着我一定会失败？

谁说的？！如果你申请的职位叫作质量控制专员，你大可以不善言辞。

10. 回答问题时，人的肢体语言例如眼睛，看向哪个方向比较好？据说向上看时大部分是在回忆，向下看时大部分是在分析思考。

如果你在申请公关和人力资源职位，估计这样不行，因为有媒体采访你的时候你就是不看镜头啊！

11. 本性不是强势的，但面试中HR看重“领导者”，遇到这样的情况该如何权衡呢？

不用权衡，这个职位不适合你。

12. 将自己的经历讲给面试官的过程中，如何能够简单明了又突出重点及亮点？

高考写作文，如何才能简洁明了又突出重点？——练习、模考。

13. 有没有必要针对面试去专门学一些心理学和行为学的知识？

你留意女朋友的喜怒哀乐吗？你在乎同宿舍的哥们儿/姐们儿的情绪变化吗？

如果是，你不用专门去学。如果不是，你先要从生活中学习人情世故。

14. 老师您好，我想问您如何才能勇敢地说出英语，我以前总在逃避这个问题，口语烂得要命，却总是迈不出那一步，尽管很清楚自己的缺点！

录音，是个好法子。我年轻的时候，就把自己的英语答案录下来，录满一盘的时候，就会发现：唉呀妈呀，老自信了！

15. 练习外语？我总是不能在第一时间就说出我想表达的内容……

请问你练过多少次？

16. 是否所有的职业都需要非常好的英语水平？

当然不是！很多岗位不需要英语啊。

17. 如果在英文面试的过程中被面试官突击问一些不太擅长的问题，该如何应对？

首先承认自己不擅长这个，其次尽力。

难道还有什么必杀技能解决这种问题？只能认栽，然后尽力爬出这个坑嘛！

18. 英语和法语、日语弄混该怎么解决？

有个香港人来北京面试，经常把粤语和普通话搞混，问题大吗？当然不！

如果你英、法、日混搭到谁也听不懂，那就不行啦！

19. 背诵对英语有什么作用？

对面试没用，除非面试官的问题是："宝贝儿，来段新概念第二册第三篇课文……"

20. 很喜欢Tracy老师的气场，大方又干练，也想成为这样的人，这样的气场是怎样练成的？

你如果变成我，就会一辈子找不到老公了……你的同龄人谁肯要这么一个20岁时就已经有40岁心态的女人啊？你只要比同龄人气场大一点点，就已经大大成功了！

21. 语言类学生有哪些合适的岗位？在哪里会比较有优势？现在英语已成为通用工具了……

英语既然只是工具，那么，你将用它来干什么？做销售？做市场？做金融？

如果你用这个工具为公司做了上述核心业务赚钱了，你就成功了。

22. 自己在对陌生人（如面试官）说话时，特别是陌生人（如面试官）提出一些自己较难回答的问题时，自己就会紧张脸红，这个经常出现在面试的时候，怎么克服？

不用克服，不一定是缺点。

第八章

面试之后：感谢信与申诉信

激烈的竞争并没有随着面试的结束而结束，而是继续硝烟弥漫。在结束面试的当天，你要再发射一次子弹，写上一封简短的感谢信给面试官，当然，前提是你在面试的时候已经索要了对方的名片或者个人E-mail地址。

即使你在面试后被“锯”了，你依然要绝地反击，再次诚恳地写上一封“申诉信”，请求对方再给你一次机会。正如你追求一个理想爱人，即使你看见她挽起了别人的胳膊，你也不死心，还是要再次强调一下你的臂膀才更加有力！

我见证了多次绝地反击获得成功的求职经历，深刻地体会到了什么叫作“try，try again，until you succeed”。当然，绝对不可能所有的申诉都会获得回应。但是，如果你经历了最后的挣扎依然失败了，你就能潇洒地一甩头，无怨无悔地去追逐下一个机会。

写感谢信与申诉信一定要讲求技巧，否则会弄巧成拙。在本章中，我们提供了几个真实案例，帮助大家了解写感谢信和申诉信的一些技巧。

第一节 感谢信：核心并不是感谢

提笔写感谢信之前，请大家换位思考一下这几个问题：

1.面试官是期待着你的感谢信，还是有点害怕你的“骚扰”？

2.面试官会因为你的感谢而感动吗？

3.如果面试官不得不收一封感谢信，他会希望收到什么样的感谢信呢？

回答这几个问题其实非常容易，面试官对于公式化的感谢信其实一点也不感冒，他们既不期待着你的感谢，也不会因为你的感谢而感动。只有那些幽默或者优美的感谢信，能够让他们在欣赏你的文字之余给你的申请加上一分。

我负责招聘工作的时候，经常收到大家在面试之后发来的“Thank you letter”。我发现，这样的感谢信往往能够给我留下比较好的印象。

1.开篇，以诙谐幽默的一两句话让我回忆起候选人是谁。

2.第二段，利用面试中发生的一个细节或者小插曲，感谢或夸奖一下我，或者发表一下感想。

3.第三段，把自己的缺点弥补一下。

4.第四段，再次强调一下自己的优点。

5.最后，表达加入该团队的渴望，并表达自己的祝福。

从上面的描述中，你可以看出，感谢信的核心并不是感谢，而是夸奖对方，然后弥补自己在面试中表现出的不足，并再次自夸！

现在，请大家欣赏一封漂亮的“Thank you letter”。

E-mail标题：很抱歉“偷”了您的签字笔（点评：标题最好要引人注目）

老师你好！

我是李园，上午刚刚被您面试过，回来之后发现自己竟然“顺手牵羊”了您的签字笔，真是抱歉，希望有机会能把笔还给您。我最近也在其他培训机构被多次面试过，但是，从来没有哪个面试官像您一样，真诚地把自己身为一个优秀教师的经验分享给一个还没有入职的候选人。感动之余，我更加感慨：高素质的人士向来不害怕分享，而是享受分享。能够和您一起工作的老师，真是很幸运！您在面试中表达了对我缺乏经验的担忧，可以理解，所有学员都期待遇到经验丰富的老师。的确，这也是我急于弥补的一个不足。就在面试回来的路上，我买了一块小白板，刚才又支起了摄像机，我要每天进行至少5次的试讲，并且全部录下来，反复修改自己的不足。我相信，经过一段时间的“孤芳自赏”，我会积累到所需要的经验！由于您在面试的时候提到了《面试英语》和《商务英语》两门课程，我在面试结束之后到前台浏览了一下这两门课程的教材。我很高兴地发现，这恰恰是我比较擅长的领域，由于我有两年多在外资企业工作的背景，我可以利用这一优势，把我的经验和授课结合起来，让更多的学员受益！最后，衷心地希望能有机会加入您的团队！

冬寒乍起，希望您保重身体，拥有一个温暖的冬季！

李园即日

以下是该感谢信的英文版。

Subject: Sorry to have “stolen” your pen

Dear Tracy,

This is Li Yuan（李园）who had the interview with you this morning. I just realized that I “stole” your pen! Sorry about that, and I wish I can have a chance to return it to you.

In those many interviews I had at other training centers, never has any interviewer impressed me like you did, because you were willing to share your precious experiences with me about how to be a qualified teacher. I was deeply touched, and realized once again that high quality people are never afraid to share. Those who work with you now are indeed very lucky!

You expressed your concern about my lack of experience, which was exactly the area I am eager to improve. Right after the talk with you, I bought a whiteboard, set up my digital camera, began my trial teaching at home! I’ve decided to do at least 5 trial teaching every day, recorded them to find out the weaknesses for improvement. I believe I can accumulate the much needed experiences in this way.

After the interview I took a look at the textbooks of “Interview English” and “Business Oral English” as you mentioned they might be suitable for me. To my happy surprise, they are! I feel confident that I can use my experiences of working in foreign firms in teaching to help students learn faster!

I really look forward to joining your team.

It’s cold winter outside, I hope you take care and have a warm season!

Best wishes,

Nick Li

第二节　申诉信：核心并不是申诉

一般来说，只有在过五关斩六将的最后一关失败的选手，写申诉信才可能起死回生。如果一个候选人二面或三面就出局，申诉信不写也罢。

失败之后的申诉信未必真正是“申诉”，也许你只需要真诚地与对方沟通沟通。打动人心，自然就会有机会。

接下来，和大家分享一下Eric的求职经历。Eric很优秀，但是在强手如云的HP公司面试最后一关败下阵来。以下是他被拒之后与我进行的MSN通话，我把全文原封不动地（除姓名与公司名称外）摘录如下，希望让读者诸君更直观地掌握“申诉信”的写法：

Eric 说：

我被“锯”了！被自己最想去的公司拒绝，就像被“锯”了一样！流血不止……

Tracy 说：

啥原因？

Eric 说：

英文还是不行，另外三个MM都是英文狂好。唉，有两个MM我们都没把她们看得太重。

Tracy 说：

重男轻女是要栽跟头的。你在写申诉信吗？

Eric 说：

我刚写了一段，你帮我参考一下。“今天下午知道自己在这次应聘中落选，所以抱着一线希望给您发这封邮件。从本科三年级末我加入中大思科网络技术学院之后，我被IT技术和HP用IT改变社会的理念所深深吸引，出于对IT技术的热爱，后来我的硕士学位选择了计算机工程专业。在此期间，我担任过思科网络学院的助教；组建了一支中国思科网络学院优秀的学生团队，不仅参与技术研究和教学，而且承担网络学院的招生推广工作。这段经历使我受益很多，不仅是网络技术方面的水平系统提高，而且使我树立了自己的方向——投身网络行业，用网络来为社会创造价值。我对自己的职业目标定位是：成为一个具有良好的技术背景，了解行业，能够为客户提供解决方案，为客户创造价值和帮助客户成长的专业人士。”

Tracy说：

我觉得这样写不行，对方最多花一两分钟看你的信。要扼要，每个句子都要显出实力，字数要少，但句句重要。首先要让对方回忆起你是谁，再告诉对方他最打动你的是哪一点，要以对方为中心，人家才能看你的信！

Eric说：

这样写怎么样：“您好！在上次一个小时的面试中，您的平易近人给我留下很深的印象。对于最后的面试，我觉得自己的表现不够理想，所以写了这封邮件，以便使您更多地了解我的情况。”

Tracy说：

对方的优点不能是平易近人，他一定有更大的优点。

Eric说：

我朋友是他的下属，说他非常负责，是个好师长。

Tracy说：

对方能记住你吗？你觉得他最可能记住了你什么特点？

Eric说：

我是一个执着、全力以赴的人，而且我的背景很好，技术+管理比较综合。

Tracy说：

这很难让他记起你，因为每个申请人都把自己包装成这个样子！

Eric说：

他一定知道我是哪一个，他问过我朋友我的英文会不会对美国的培训有影响。面试那天他还送了我一个苹果。此外，我曾经给他发过一封感谢信的。

Tracy说：

好，就提苹果！因为这个很特别，话题又轻松。你发邮件给他了吗？

Eric说：

不，邮件不太正式，我打印出来邮寄给他！看真实的书信感觉更有说服力一些。

Tracy说：

同意，电子的东西总是感觉有些虚无。

现在，让我们来欣赏一下Eric最后定稿的申诉信：

Dear Mr.Wilson,

My name is Eric, who received a big red apple from you before the interview on August 29th, which I secretly regarded as the sign of good luck. I resorted to believing in luck because I do value the opportunity to join my dream company HP. I am of course very disappointed to learn that I had not made the list of finalists for the sales position you are filing. I am writing this letter to appeal for your second consideration.（我是Eric，在8月29日的面试前您给了我一个很大的红苹果，我当时把这个苹果当作是我好运的标志！我并不是一个迷信的人，但是我当时宁愿相信运气的存在，因为我非常非常珍惜能够进入HP工作的机会。得知我未能入选最终的销售职位，我非常难过。我请求您能再次考虑一下我的申请。）

（点评：申诉信的开头极其重要，千万不能上来就苦大仇深地让对方再次考虑你的申请，而是要尽量以一些微小的细节让对方放松警惕，先吸引他把你的信读完再说！）

You have impressed me a lot in the interview with your international background and surprisingly nice attitude. And my friend Robert Du told me that you are such a wonderful boss. You can't imagine how much I want to be working under the guidance of someone just like you, smart, experienced and supportive. And this is what I regret the most if I can't join your team.（您在面试时给我留下了非常深刻的印象，您的国际背景、您超常的亲和力令我十分惊讶和感动。我的朋友Robert Du说您是一位特别好的老板。我非常向往能有一位像您这样的师长，聪明、经验丰富而且提携新人，如果不能加入您的团队，将是我最大的遗憾。）

（点评：申诉信的第二段一定是对执掌生杀大权的面试官进行彻底拍马屁。所谓彻底，就是一定要听起来非常真诚可信，绝对不能拍得虚无缥缈或者拍得恶心！所以说，写申诉信给HR是没有用的，因为做决定的一般都是你的直接上司，千万要搞清楚决策权在谁手上。）

As I understand, I failed to get this job because I don't speak English well enough because you indicated your concern about my spoken English when you interviewed me. As you suggested, I immediately began working on my spoken English after the interview. I have paid 1600 Yuan for an oral English course which begins this weekend. And I have been talking to myself in English for at least two hours a day now, though my roommates find me crazy. I promise that I will be speaking English much better in a few months!（按照我的理解，我没有得到这份工作是由于英语还不过关，因为您在面试的时候表示了您对我英语水平的担心。在面试之后，我按照您的建议立刻开始主攻英语口语，我报名参加了一个1600元的口语课程，本周末就要开课。每天我至少跟自己讲两个小时的英文，尽管我的室友觉得这有些

疯狂。我向您保证在几个月之后我的英语水平会好很多！）

（点评：申诉信的第三段一定是诚恳地承认自己面试“应该失败”！千万不能挑战人家，说自己觉得面试失败了很冤枉！你所描述的自己“应该失败”的原因，一定是某一个可以弥补的客观条件，比如说英语不够好，而绝对不能是面试表现不够好，或者经验不够丰富等致命的东西！在承认失败得活该之后，要立刻告诉人家自己已经采取了什么实际行动在弥补自己的不足。切记，一定是已经采取行动，而不是即将采取什么行动！）

I wish you could consider again the following aspects of my application：（我希望您能再次考虑一下我的以下方面素质：）

（1）I have been the Chairman of the First Student Team of HP Academy for two years.

（2）I have hired and managed over eighty members for HP student team.

（3）I have promoted Huagong HP Academy effectively and built up the brand “e-Dream”. I have organized over ten lectures to promote HP brand in five famous universities.

（4）I have solid HP network knowledge since I have taught [HP Network] for two years.

（5）When I was Chairman of Huagong HP Academy，our HP student team won the prize of Outstanding Academy in Asian Pacific. No matter if I would have the honor of joining your team，I wish you and your team have a wonderful time together！（无论我是否有幸加入您的团队，我希望您和您所带领的团队天天快乐！）

（点评：结尾的时候，千万不要迫切地要求对方一定要考虑你的申请，而是要再次让对方放松警惕，以轻松的心态面对你的申诉。记住，你越温和，他就越愿意接近你；而你越是严肃，他就越觉得你给人压迫感，反而会躲开你！）

Sincerely yours，

Eric

与Eric同在最后一关落选的共有7个人，其中有2个人再次获得了面试机会，其中一个就是Eric。除了Eric个人素质很好之外，可以想象，Eric的申诉信一定起了作用。那么，我们总结一下申诉信的具体写法：

1.开篇要新颖，要以面试中的某个细节作为引子让对方回忆起你是谁，再巧妙地“煽情”，表达自己对落选的失望和对职位的渴望。

2.第二段要夸赞面试官的个人魅力，强调自己渴望在他的团队里工作。这比表达自己对整个公司的向往要高明多了，更能打动面试官，而且也更真实。有一个好老板是人生幸事。

3.第三段是对失败原因的自我剖析，同时着重告诉对方，你在尽力弥补自己的不足，一定能够迎头赶上。

4.第四段再强调一下自己的优点，把优点放在最后说，可以打消对方的逆反心理，毕竟他对你的优点已经了解了。如果一开篇就再次夸奖自己，不免显得自己不识时务，毕竟对方是在了解你的优点之后拒绝掉你的！所以只能把自己的最大优点在结尾简单地重复一下。

5.最后，要祝福对方，而不是苦大仇深地请求人家再给你机会。

并非所有的申诉信都能有一个美好的结局，但是对于自己心仪的职位，我们必须战斗到底！同时，不能真的像驴子一样狂踢而不讲技巧。失败之后的企求，比面试还要艰难。在写完自己的申诉信之后，一定要多找几个高素质的人读几遍，要让读信的人有三分感动、七分信服。

第三节　电话跟进：应聘小公司的制胜法宝

如果你应聘的是一家大公司，那么你不应该在面试之后打电话去骚扰面试官。但是，假如你应聘的是一家很小的公司，你可以放心大胆地去“骚扰”面试官，面试之后可以直接打电话去询问面试结果，再次表达自己想要加入该公司的迫切心情。道理很简单，大公司犹如大美女，你追得太紧反而会惹恼她，干脆不理你了！小公司则如姿色平平的乡村小妹，最担心的就是你对她不够真心和忠心，若你反复纠缠，她反而会窃喜不已！

林若是我朋友的妹妹，由于生性怯弱，她的面试往往以失败告终。在经历了一毕业就失业的折磨后，她终于以一个电话为自己找到了第一份工作。在本节中，我们把林若的自述摘录如下，以此来鼓励那些到小公司应聘的读者，大胆地在面试之后以电话跟进！

林若自述：

我从桂林工学院本科毕业后，半年时间没有找到工作。虽然我学的是计算机专业，但老实说，我并不能胜任编程和网络管理等工作。我也不善言辞，所以没办法应聘销售等工作。我唯一的机会就是做秘书类工作，然而僧多粥少，我又不会讲粤语，很少有企业给我面试的机会。

在我姐姐一个熟人的推荐下，我终于在一家软件公司得到了一个应聘前台的面试机会。这是一家总部在上海的软件公司，所以不要求前台讲粤语。我自以为面试表现得相当不错，来自上海的办事处主任有说有笑，说我条件不错，所以我以为自己很快就可以上班了。

一周时间过去了，依然没有消息。一贯胆小如鼠没有勇气的我，在经历了几天的思想斗争之后，在为了省钱连续吃了好几天包子之后，颤抖着拿起电话，拨通了面试我的张经理的电话，询问他为什么还没有消息。他的回答令我很吃惊，他说他觉得我既然是本科毕业，肯定不会在前台这个职位上长期干下去，无非是想过渡一下就跳槽！冤枉啊，我还没有开始工作，您怎么就断定我干不长呢，真是比窦娥还冤哪！

这个几分钟的电话帮我得到了这份工作！在我赌咒发誓自己会长期干下去之后，经理通知我第二天就可以上班了。他还说，如果我拖一天再打电话，他就会通知一个大专毕业的女孩子来上班了！

前台不是什么令人羡慕的工作，它是我人生的一个转折点，我再也不是失业在家的人了。在这个喧嚣的都市，有一张桌子和一把椅子是属于我的，我感到安全了。我不必再害怕太阳每天升起。以前，每当太阳升起的时候，我觉得我不再属于姐姐家的那张小床，可是我又不知道自己属于哪里！

一个电话，给了我一份稳定的工作，在半年后的今天，我已经变成前台兼渠道销售助理了，因为我知道了勇气的价值。打个电话没有什么大不了的，所以现在，我每天打几十个电话去推销我们的软件，我想，一两年之后，我就可以做销售了。

第九章

牛人求职记

求职100%努力，胜为必然，败亦无悔

在我接触过的年轻人中，有些人堪称求职“牛人”，让我十分敬佩。现在把他们的案例真实记录如下，希望你能有所借鉴，至少也成为“小牛人”。

本章的重点不是说这些主人公所找到的工作有多么“牛”，而是想展示给你他们的求职过程有多么“大牛”！

第一节 把事情做“绝”

纪实案例：从护校教师到王牌制药公司的销售代表

受到严重刺激，王云决心辞职

王云本来有一份稳定的工作——在护士学校做老师，除了羡煞人的寒暑长假以及每月有几千元的收入，还买到了教师公寓物美价廉的住房。她憧憬着遇到白马王子之后住进白马公寓，然后把自己的住房出租再开财源——马无夜草不肥啊！

她的心态在2005年年底彻底失去了平衡，校友聚会上她受到了严重的刺激，几个在大学里面她压根没有放在眼里的“小瘪三”，竟然靠“卖药”就月薪上万元！王云痛苦地辗转了几个晚上，痛快地下了个决心：此时不辞职，更待何时！

失败的开端，王云的简历石沉大海

愤怒的王云化气愤为力量，像天女散花一般把“应聘销售代表”的简历投向各大知名的制药外企。然而现实多么残酷，在圣诞节这个充满了欢歌与祝福的日子里，圣诞老人没有听到王云反复的祈祷：面试机会，我只要一次面试机会！

是简历的问题？是经验的问题？是自我定位的问题？是人家歧视妇女？王云充满了疑问。那么，我们先来观摩一下她的简历吧。

王云

求职目标：药品销售代表

姓名　王云

性别　女

出生年月　1980年3月（两寸照片，白领丽人加女强人形象）

联系电话　1300111××××

教育及培训

1997年9月—2001年7月　北京医科大学护理学专业本科

2002年7月—2002年8月　广州英语培训机构TOEFL课程

工作经历

2001年7月—2004年12月　中山医科大学附属卫生学校教师

2004年4月—2004年7月　中山医科大学第一附属医院急诊科进修

2003年2月—2003年8月　中山医科大学第二附属医院外科进修

2001年9月—2002年5月　中山医科大学第一附属医院内科进修

工作收获

了解患者

熟悉医院各种环境

语言能力

国家英语四级（CET-4）

粤语无听力障碍，可表达基本意思

及时求助，调整申请方向

气馁归气馁，王云是不会轻易放弃的。她有一个巨大的优点：懂得求助。当她遇到困难的时候，她会把短信发给每一个她认为有可能帮助到她的朋友。于是，王云以圣诞和新年的名义在几家快餐厅里分别约见了她的几个正在制药外企工作的新老朋友，帮她出谋划策。在此额外说说王云的交际技巧。现实生活当中，每个人都忙得焦头烂额，其实有时候很害怕和朋友见面，一聊就聊上几个钟头，还不好意思找借口走人。但是朋友们对王云的邀请从来都欣然前往，因为她总是为对方考虑得很周到："你哪天中午有半个小时的时间吗？我到你楼下的肯德基请你吃个饭，顺便请你帮我分析一下我应聘的事儿。你吃辣汉堡还是鸡肉卷？"当朋友步入肯德基的时候，王云早已经占好了位置，点好吃的恭候了。

朋友老A和老B以及老B的朋友老C分别对王云的申请进行"会诊"，诊断如下：

病因：大型的外企都很重视工作经验，尤其是销售工作，原则上讲只招聘曾经做过药品销售的申请者，或者至少在别的大型制药企业工作过。

药方：

1. "西药"。在外企，扩大应聘范围，不要只盯着"销售代表"的职位，尽量寻找有可能对她"教师"经历感兴趣的职位，比如说培训等岗位，先打进外资医药公司这个

“圈子”，再伺机转做销售。

2.“中药”。如果两个月之内都不能进入外企，则先应聘大型的国有制药企业，先下基层锻炼一下再去应聘外企。（其实我们都不想崇洋媚外，但是外企的薪资确实要优于大部分国有企业。多么希望在不久的将来，我们的目标是先到外企基层锻炼一下，再来应聘我们的同仁堂、九芝堂、养生堂！）

终于通知我面试了！

王云的第二稿简历，除了把应聘职位从“销售代表”改为“医药行业相关职位”，只字未动。同时她采纳了老B的建议，不再天女散花似的广发简历，而是有的放矢主攻目标职位。曙光，在新年后出现了！王云收到了第一个面试通知，而且是来自排名前10的AB公司！首先让我们来分析一下王云收到面试通知的原因：

1.“教师”和“患者教育”有那么一点联系，HR很自然地联想到王云具有人民教师的光荣传统——耐心细致，充满爱心。

2.照片好。面试成功之后，HR小姐跟王云说：“你的照片特别精神，看上去特专业，所以我一眼就把你的简历挑出来了。”我看过王云的照片，深格子外套白衬衫，表情自信，显得很有权威感。的确，看上去职业而且具有亲切感的照片是简历的重要亮点。同志们，即使你其貌不扬，也要奉献一张看上去舒服的照片，不必担心HR见到你时因为巨大失望而崩溃，那是下一步面试的工作任务。简历的工作重点是：赢得面试机会！

3.教育背景好。北京医科大学对于任何一家制药公司都有着巨大的诱惑，王云记得有一家企业在她的简历上打了个大大的钩，写着“北医”。同志们哪，尽量从事自己的本专业工作吧，如果王云改行去做房地产（她真想过），她出身北医的名门望族背景就一文不值了。

4.简洁明快。对方关心的内容无非是“医科”“医生”“医院”，那么简历的全文便强调这些信息。如果过多地强调“教师经历”“个人评价”等，反而会冲淡HR对你“医药”方面的感觉。

一面顺利闯关！

一面是一个HR小姑娘主持的，闲言少叙，王云顺利地通过了一面。

二面感觉不妙，她从公共汽车上跳下来，发了个传真给HR。

大公司的运作，有时候会出奇地慢，王云的第二次面试，等了足足一个月的时间。

第二轮面试是由部门经理直接面试，大约20分钟，核心问题其实只有一个：给你1分钟时间思考，然后告诉我，如果让你搜集广州市高血压病人的资料，请问你会如何搜集？

对明显比较重要的第4题，王云的答案是中规中矩的：

1.要到医院去，找医生了解病人的详细资料。

2.到网络上去搜索，应该可以找到一些资料。

3.可以到一些卫生机构，比如到疾病防控中心去了解情况。

面试结束之后，王云对自己的答案感到很不满意，她觉得自己丝毫没有创新，她想到的方法肯定别的申请人也都想到了。走出AB公司的大楼，坐上了272路公共汽车，王云仍然在想这个题目。冷风带来了新鲜空气，也给王云带来了新的想法，灵感接踵而至，王云又想到两个可以搜集到高血压病人情况的好办法。懊恼了1分钟之后，王云果断地跳下车，决定把自己的新想法报告给刚面试她的张经理。她找了一家最近的能发传真的复印社，想立刻把自己的想法写下来，可是她刚一起头就被难住了：尊敬的……经理……上午同时面试王云的有两位经理，一位是AB公司广州人事部经理，还有一位是北京总部来的“患者教育总监”。显然，王云必须把传真发给总监，可是她在面试的时候没有问总监贵姓，也忘记了要对方的名片！不过这倒难不住王云，她立刻打电话给前台秘书，了解到从北京来的那位总监姓张。（此后，王云吸取了教训，每次面试都会主动了解面试官的姓氏和职位。）于是，她的传真是这样写的：

尊敬的张经理：

您好！我是上午刚刚被您面试过的王云。关于搜集高血压病人的资料，我又有了以下两个新的想法：

1.可以到社区进行高血压专家义诊。

2.可以建立一个专门的高血压网站，吸引高血压病人填写自己的资料。

我很遗憾在面试时没能想到这两个方法，现在补充给您，十分冒昧，希望您能谅解！

祝工作愉快！

王云

俺被“锯”了

传真发过去两天之后，王云收到了AB公司的“Thank You Letter”，也就是拒绝信。她的传真没有打动AB公司的芳心，她被拒绝了，要强而且辞职在家心情焦虑的王云感到像被“锯”了一样！

你拒了俺，俺仍然关注你

虽然申请遭到拒绝，王云仍然每天浏览AB公司的网站，因为她对失败充满了遗憾，她觉得“患者教育”和她的教师经历非常贴近！万一公司再招一个人呢？万一那个应聘成功的人第二天就被炒掉了呢？Hire today，fire tomorrow！ It happens！

讲座一周以后，我突然收到了王云的E-mail，她告诉我AB公司在广州地区再一次开招“患者教育专员”。也就是说，上一次二面的选手全军覆没，无一入选！可见AB公司遴选这一职位之困难！

水到渠成

又过了一个星期，王云发邮件告诉我她已经签了AB公司的Offer。她把自己的“实地调查报告”以EMS方式快递给AB公司北京总部后，又得到了一次面试机会。此次面试是和北京的部门总监进行网络远程面试，核心问题都是围绕着王云的“调查报告”，所以进行起来异常顺利！最终人事选择权实际上就在总监手里，所以当天下午王云就收到了AB公司的Offer！

现在，我们把王云所做的“调查报告”概要内容列在下面，供大家参考。

患者教育专员工作计划书

目标：扩大AB产品的影响力，让更多的患者认同AB产品。

任务：1.找到目标患者。

2.对其进行健康教育，进而扩大AB影响力。

方法：收集患者数据库。寻找有效的教育途径和方法，并且实施。

重点途径：医院、社区。

辅助途径：药店、卫生行政部门、网络。

具体方法：与销售部门配合，在医院、社区等举办系列活动，给患者分发教材和宣传材料。

（有待完善）

实地调查报告及情况分析（以高血压/糖尿病为例）。

一、社区

广州市荔湾区7个社区站点糖尿病/高血压收录在档病案数列表

	金花站	龙津街	西村站	站前站	昌华站	文昌站	岭南站
高血压	771	479	530	530	328	240	650
糖尿病	189	66	127	110	33	100	110

*此为粗略数据，因某些站点区域划分变动，未能调查齐全。

分析：

1.社区有较系统和齐全的病案资料（详见附录）。

2.社区人员流动性相对小，收集到的数据全面而重复率低。

3.社区机构行政管理上相对简单，与之打交道更容易。

4.社区每季度随访一次，可以接触到较多患者，且社区工作压力较综合性医院要小，在出诊时与患者交流时间更多，方便某些项目的追踪。

二、综合性医院

1.可通过各临床科室、病案室收集。

2.医疗病历具有一定的法律价值，保密性强。

3.需要与销售配合来收集数据，方法有待探讨。

三、举办公益活动，如免费讲座、检查、咨询等

经调查广州市军区总医院、中山大学第一附属医院、北京市人民医院的免费讲座，情况如下：

睡眠呼吸暂停综合征的诊治病人参加人数：0　地点：广州军区总医院

关节病的治疗病人参加人数：60　地点：北京市人民医院

膝骨性关节炎康复（强生公司赞助）病人参加人数：100　地点：中山大学第一附属医院

（讲座讲义附后）

分析：

1.病人出席率可能受医院知名度、地点等因素影响。

2.讲座通知通常贴在不太显眼的地方，宣传力度不够。

3.某些患者听讲座不太有选择性，认为是关于保健的就来听。

4.有些讲座内容还不能十分贴近患者需求。

5.租用医院场地费用及教授出场费等费用较高。

四、行政部门

1.广州市卫生局疾病普查科，该部门只负责决策，故没有统计数据。

2.广州市疾病预防控制中心慢性非传染性疾病预防控制科，该部门负责两大疾病的普查工作，但刚成立一年，相关统计数据尚未完善，暂无法提供数据。

五、药店

广州市有140万人享有社会医疗保险，其中糖尿病患者有2万人。每位参保人员享有的费用高低不等，但糖尿病患者每月有120元额外补贴，高血压患者暂未享有。（广州市医疗办提供）

经查阅33份社区档案，自费7人，5人选择医院买药，2人选择药店；医保26人，21人选择医院买药，5人选择药店。

鉴于药店价格较医院便宜，部分患者还是会选择到药店买药。因此，药店也是一个可以接触到部分患者的渠道，具体方法有待探讨。

六、网络

糖尿病的发病人群大部分分布在相对富裕的阶层，而高血压的发病年龄也有提前的趋势，这类人群更多地会通过网络寻找资源，因此，通过网络对这类人群进行追踪和教育可能具有一定的可行性。

七、医学院校教授

医学院校教授手中掌握一定的资料，但这需要某些特殊的人力资源，且所得资料不一定全面。

（报告到此结束，谢谢！）

第二节 做“上门销售”，不做“应召女郎”

在求职这个“卖身”过程中，你是个“上门销售”，还是个“应召女郎”？

“上门销售”的花样层出不穷，他可能不管人家是否招聘，都想方设法地把简历亲自投递到公司的前台；他也可能在简历石沉大海之后，不管人家是否通知去面试，都一律赶赴“霸王面”。“上门销售”的做法有违常规，会遭到拒绝，会遭人白眼，无论是保安还是前台，都有权利和义务白你一眼。

“应召女郎”则颇为理直气壮，因为他们一定是等到了某某公司的电话通知，才会如约前往面试。

在两年多的教学中，我遇到的学员有99%都是“应召女郎”，而极少看到“上门销售”。然而，我经常思考的一个问题是：这个求职者是否具有“应召”的本钱？名校毕业生或经验丰富的求职者，大可以安然“应召”，因为电话的确会响个不停。然而，先天不足的求职者怎么办？你可能学历低人一等，可能经验是零，可能想彻底转行，当电话持续缄默的时候，该到你使用第三条“求职成功学”的时候了：做“上门销售”，不做“应召女郎”！

现在，我们来欣赏志伟的“上门销售”的真实案例。

走出去，看到世界的精彩

志伟是个女孩子，1996年初中毕业的时候，因为成绩优秀，在老师的强烈推荐下考入当地最好的中专：山东莘县自来水中专学校。1999年顺理成章地加入莘县自来水公司，成了一名女技师。

2003年的一次出差，彻底改变了志伟的生活轨迹。她第一次走出山东省，随领导来到北京采购设备。大城市的繁荣令她感到无比震撼，莘县和北京的生活竟然如此不同。志伟和酒店的前台聊天时，得知对方的工资是她的3倍！

快乐，往往源于无知。知道了大城市繁华生活的志伟再也不快乐了。出差之后的两个月，志伟瞒着家里人，办了辞职手续，离开了她熟悉的小县城，只身一人来到北京。

大城市生存第一篇：充电

志伟没有勇气凭借她的自来水中专文凭到北京的职场上去打拼，她选择了一条最保守的途径：先进修英语，再寻找机会。许许多多的外地青年，不甘于小城市的波澜不惊的生活，来到北京，往往都选择以参加英语或计算机培训开始他们的大城市生活。培训，教会了他们种种技能，更为重要的是，让他们来到大城市以后有一个喘息、观察、积累信心的机会。

志伟来到了北京，进行了为期一年的英语培训。有目标的人一定会更加努力，志伟没有缺过一次课，参加了全部的由班级或者学院组织的英语朗诵、英语小品、英语电影模拟等活动，读遍了图书馆里的“书虫”系列读物。

本来志伟还打算继续攻读一个学期，但宿舍里面几个高年级的女孩子整天讨论找工作的事情，极大地诱惑和扰乱了志伟原本平静的心。有一个女孩，志伟觉得她的英文还不如自己，竟然在北京最大的茶社找到了领班的工作，每个月工资加小费能拿到两三千元！再也无法两耳不闻窗外事的志伟立刻赶制了一份精美的简历，开始了她的京城找工之旅。

大都市里的小公司，你起飞的跑道

在这个人才不再稀缺的年代，不必说大公司，就连一个小小公司招聘一个前台，也要标明：大专以上学历。怀揣着中专文凭的志伟，在经历了几次人才招聘会被人冷遇之后，给自己制定了一系列战略。

1.把目标锁定在小公司对英语要求高的职位上，大公司简直是“庭院深深深几许”，很难闯过学历这一关。

2.在简历上隐掉自己的中专学历，直接写：

2002年—2003年，北京实用英语学院英语专业

获得学院语音语调比赛一等奖

获得学院英文电影背诵比赛二等奖

全英文主持班级英语角

3.最重要的，只要知道招聘公司具体面试的时间，不论是否收到面试的通知，直接上门！小公司往往由老板亲自主持面试，往往更看重申请人的态度，得到面谈机会的概率远远高于投递简历的成功率！

志伟的策略出奇奏效，其实，更准确的说法是，志伟的勇气奏效了。在求职过程中，狭路相逢勇者胜，当你有勇气冲上去说：“我只要求一个面谈的机会！”被拒绝的概率是多少呢？

志伟的运气终于被她找到了。她直接闯进一家刚刚在北京设立办公室的南非贸易公

司去面试，由于前台小姐第一天上班，还没有摸清头绪，听说志伟来应聘翻译，立刻把她派到会议室去参加面试。南非老板的面试方法实用到了极点，他带着志伟来到办公室大厦的物业办公室询问消防、水电费和空调等问题！半个小时之后，南非老板搞清楚了大厦的相关规定，志伟也得到了她梦寐以求的翻译工作！在工作了一个月之后，志伟发邮件告诉我，她后来问过南非老板为什么会舍弃名牌学校的毕业生而选择她？诀窍在哪里？我们引用一下南非老板的原话吧："You are not the one who speaks the best English，but you make me work most efficiently.Some interpreters only think about English，but you are thinking about how to make things easier and right.English is just a tool.Many interpreters haven't realized that.They are sometimes wasting my time instead of saving time for me."（你的英文水平并不是最好的，不过你能帮助我把工作做得有效率。有些翻译只想着英语，但你想的是如何把事情做得正确、做得更容易。英语毕竟只是一个工具，很多翻译没有意识到这一点，他们有时候在浪费我的时间，而不是帮助我节省时间。）

机会是"上门"找来的

每一天，都会有无数的年轻人，怀揣着或高或低的学历，肩负着家人的希望与担忧，带着自己憧憬未来的梦想以及对不可知的未来的隐约恐惧，奔赴北京、上海、广州等大都市。我几乎每隔一段时间就会收到老父亲的电话，委托我给家乡韩叔的闺女或是李叔的儿子在北京找个活儿。每每总是弄得我哭笑不得，而且内疚无法帮到家乡人！

我谨希望志伟这个真实的故事能够鼓励无数的外地人，在机会到来之前，首先把自己打造成可用之材。然后，去寻找自己的机会！当机会拒绝光顾你的时候，亲自上门，去捕捉它！

普通人等待机会，聪明人抓住机会，真正的成功者寻找机会并且制造机会！

后　记

2015年年初，我开设了QQ群与读者交流，后来发现QQ群太过封闭，无法广泛地共享问&答，于是我在天涯开通了《这些道理没有人告诉过你》读者交流帖。《道理》此次改版的时候，我就在相关章节中逐一回答了这些提问。

我想，你一定也有自己想问的问题。那么，就来天涯找我吧。

不过，留言后，别催我哦，翠喜一把年纪，孩子嚷老公叫，公司的事务要协调……

但是，请相信我，我一定会回复的，不仅是为了帮助你们，也是为了多接触年轻人，这样啊，一辈子都不觉得老啦。

围观一下吧，就是这样的问与答：

天涯论坛 > 天涯杂谈 [我要发帖]

《这些道理没有人告诉过你》读者交流帖

楼主：道理作者杨萃先 时间：2015-09-25 22:17:00 点击：432 回复：24 脱水模式 给他打赏 只看楼主 阅读设置

我是《这些道理没有人告诉过你》（以后简称《道理》）的作者杨萃先。

《道理》已经改版三次了，第一次出版，早在2007年，是新东方大愚出版机构发行的；2012年，磨铁图书对书籍提出了很多修改意见，使得该书继续保持旺盛的生命力；2015年，磨铁图书希望我能将书籍精炼，并加入与时俱进的内容。

我是一个认真的作者，以前我在新东方做老师，可以接触到大量的年轻人，我把他们的问题融入书籍当中，可以确保内容正好能解答大家的疑问。

不过，我现在已经不再继续做老师，而是加盟了古方红糖做人力资源负责人，无法接触到各个专业的求职者。

于是，来到天涯这方宝地开帖，希望《道理》的读者，以及读者的年轻小伙伴，可以到这里来提问，我把部分内容补充到新改版的《道理》中，让它一如既往地实用、实战，不辜负它求职指导第一工具书的长久信誉。

作者：qinqiyou 时间：2015-09-26 19:06:24

杨老师，您好，简历里的自我评价是必须的吗？

举报 | 回复

楼主：道理作者杨萃先 时间：2015-09-27 14:11:57

@道理作者杨萃先 @qinqiyou 2015-09-26 19:06:24
杨老师，您好，简历里的自我评价是必须的吗？

----

1. 如果自我评价都是形容词，比如：勤劳勇敢、发愤图强，就啥用没用，纯属扯淡。

2. 如果是形容词+例子，还凑合，比如：细心，从未丢过钱包。或者，善于反思，由于出门经常忘带手机，而总结出“伸手钥钱”的四字诀窍：身份证、手机、钥匙、钱包。